KB181202

러시아 몸짓 언어 사전

СЛОВАРЬ
ЯЗЫКА РУССКИХ ЖЕСТОВ

그리고례바 С.А. ГРИГОРЬЕВА

그리고례프 Н.В. ГРИГОРЬЕВ

크레들린 Г.Е. КРЕЙДЛИН 지음

이희숙 옮김

ЯЗЫКИ РУССКОЙ КУЛЬТУРЫ

WIENER SLAWISTISCHER ALVANACH

Sonderband 49

МОСКВА – ВЕНА

2001

지은이 그리고례바(С.А. ГРИГОРЬЕВА)
　　　　러시아 과학아카데미(РАН) 연구원

　　　 그리고례프(Н.В. ГРИГОРЬЕВ)
　　　　러시아 과학아카데미(РАН) 연구원

　　　 크레들린(Г.Е. КРЕЙДЛИН)
　　　　모스크바 국립대학교(МГУ) 언어학 박사
　　　　러시아 국립인문대학교(РГГУ) 러시아어과 교수
　　　　저서: 『비언어적 기호학』, 『비언어적 의사소통에서의 남성과 여성』

옮긴이 이희숙
　　　　하와이대학교 언어학 박사
　　　　대구가톨릭대학교 러시아어과 교수
　　　　연구논문: 「러시아 여성 속담의 은유적 표현」, 「러시아 합성어 연구」

러시아 몸짓 언어 사전

© 이희숙, 2014

1판 1쇄 인쇄: 2014년 01월 20일
1판 1쇄 발행: 2014년 01월 30일

지은이: С.А. ГРИГОРЬЕВА, Н.В. ГРИГОРЬЕВ, Г.Е. КРЕЙДЛИН
옮긴이: 이희숙
펴낸이: 홍정표
펴낸곳: 글로벌콘텐츠
　　　　등 록_제25100-2008-24호

공급처: (주)글로벌콘텐츠출판그룹
　　　　이 　사_양정섭
　　　　디자인_김미미
　　　　편 　집_노경민 최민지 김현열
　　　　기획·마케팅_이용기
　　　　경영지원_안선영
　　　　주 　소_서울특별시 강동구 천중로 196 정일빌딩 401호
　　　　전 　화_02-488-3280
　　　　팩 　스_02-488-3281
　　　　홈페이지_www.gcbook.co.kr
　　　　이메일_edit@gcbook.co.kr

값 15,000원
ISBN 978-89-93908-95-4 93790

* 이 역서는 2013년도 대구가톨릭대학교 연구기금의 지원에 의한 것임.

러시아 몸짓언어 사전

СЛОВАРЬ ЯЗЫКА РУССКИХ ЖЕСТОВ

글로벌콘텐츠

서 문
ПРЕДИСЛОВИЕ

이 사전은 러시아어의 비언어적 움직임이나 몸짓 체계의 기본 단위들 — 몸짓, 표정, 자세에 대해서 사전편찬 방식으로 기술한 책이다.

러시아 몸짓 언어 사전은 비언어적 텍스트의 구축(의미로부터 그 의미를 표현하는 텍스트로의 전이)을 목표로 하며 체계적인 사전편찬을 위한 기본적 원리들을 활용한 현대적인 종류의 사전으로 고안되었다. 본 사전은 어떤 의미를 표현하기 위한 신체 동작의 수단(кинетические средства), 즉, 필요한 의미를 표현하는 인간의 신체 움직임을 체계화하고 있는데, 이러한 작업은 러시아 신체 언어를 완벽하게 기술하기 위해서 반드시 필요한 부분이다. 이 사전은 또한 러시아어에 부여된 의미의 관용적인 표현을 보장해 주는 움직임의 단위들과 언어적 단위들 사이의 조화의 규칙을 보여준다.

본 사전은 언어의 통합적 기술 원리를 바탕으로 시도한 최초의 몸짓 해석 사전이다(아프레샨 1986을 참고). 이 사전을 집필할 때 몸짓 언어에 있어서 사전편찬적 기술과 문법적 기술을 일치시키기 위해 노력했다. 한 언어 내부의 기호 체계 영역에 존재하는 이러한 일치를 우리는 내적 일치(внутренняя согласованность)라 칭한다. 그 외에 자연 언어와 나란히 존재하는 기술되고 있는 기호 체계의 언어 외적인 성격도 역시 본 사전의 구조 및 사전적 기술의 형태에 추가적으로 요구된다. 사전은 내적 일치 — 몸짓 체계와 자연 언어 체계의 사전편찬적 표기의 일치 — 조건을 충족시켜야 한다고 판단된다.

사전에서 두 체계의 외적 일치는 적어도 다음의 두 측면에서 찾아볼 수 있다. 첫째 여기에 제시된 러시아 몸짓의 대부분은 표준적인 언어적 이름 혹은 명칭을 지닌다는 점이다. 둘째 사전에는 자연 언어에 직접적으로 기원을 두고 있는 일련의 어떤 특별한 영역이 있다는 것이다. 수록된 몸짓에 대한 언어적 정보들이 이러한 영역의 내용이 된다.

우리들이 구축하고 있는 본 사전은 사람들이 일상적으로 사용하는 기본적인 러시아어의 몸짓에 대한 모든 가장 중요한 정보를 지닌 교육적인 책으로서 뿐만 아니라, 공식적인 두 모델 — 언어와 비언어적 기호 체계의 통합 분석의 모델과 의사소통 과정에서 그들의 상호 작용의 모델 — 을 구축하기 위해서 반드시 필요한 첫 과정으로 의도되었다. 이 사전의 체제에서는 몸짓들 그리고 이들과 관련된 언어적 단위들에 대한 동일한 기술을 유지하면서, 연구자들의 사고에 부응하는 매우 중요한 두 종류의 목표 — 기호적 체계로서의 러시아 신체 언어의 제시와 이 비언어적 언어 단위들의 자연 언어 단위들과의 대조 — 에 대한 대답을 제시하고 있다.

본 사전은 이 밖에 또 다른 특성들도 지니고 있다: 이 사전은 학문적인 결과물일 뿐만 아니라, 러시아 몸짓 행위의 모든 다양성을 반영하는 실제적인 학습서로 만들 계획을 가지고 출발하였다. 그러므로 사전에서는 여러 다양한 의미의 러시아어 몸짓들이 사용되는 유형적인 문맥, 분류되는 범주, 그리고 기원 등에 대한 제시와 함께 소개되었다. 처음 시작할 때부터 우리는 의도적으로 사전 이용자들이 구체적인 러시아 몸짓에 대한 필요한 모든 정보를 쉽게 구할 수 있고, 총체적으로 러시아 몸짓 언어에 친숙해지도록 도움을 줄 수 있는 종류의 사전편찬 방식의 서적을 만들고자 노력했다.

사전이 실제적으로 유용한 참고서가 되려면 생동감 있는 언어로 기술되어야 하며 그의 자료들은 체계적이고 비교적 쉽게 기억되어야 한다. 그러므로 우리는 한편 몸짓의 기호언어학적인 분석 결과를 제시하는데 있어서 학문적인 엄격함과 정확성, 그리고 다른 한편 사전편찬식 자료의 기술에 있어서 접근성과 생동성 사이에서 절충점을 찾으려고 노력했다. 이 러시아어 몸짓 사전은 그에 의해 해결되는 임무로 보아도, 어휘목록의 구성요소로 보아도, 그리고 사전편찬 자료들을 기술하는 문체로 보아도 아직은 실험적이고 시도적임을 자인한다.

사전에 포함된 모든 사전의 조항들은 사전을 위해 구성된 연구단원들에 의해서 논의되었고, 1992년부터 러시아 국립인문대학교(РГГУ)의 이론 및 실용언어학과에서 크레들린(Г.Е. Крейдлин)에 의해 실시된 "러시아 몸짓, 표정, 태도에 관한 언어"를 주제로 한 학술발표대회에서 토론되었다. 사전의 조항들을 위한 많은 작업용 자료들은 세미나에 참여한 대학생과 대학원생들에 의해서 준비되었다. 아래에 열거한 РГГУ와 МГУ의 대학생들과 대학원생들은 사전을 만드는 여러 단계 중 본 판에 대한 작업에서 특별히 많은 공헌을 했다: 바룰리나(М. Барулина), 바를라모바(А. Варламова), 베레샤기나(Т. Верещагина), 불(О. Вуль), 고렐릭(Е. Горелик), 다니엘(М. Даниэль), 카샨(А. Касьян), 코발레코(О. Ковалеко), 코제렌코(А. Козеренко), 모델(Е. Модель), 민로스(Р. Минлос), 오체레트나야(О. Очеретная), 포니나(А. Понина), 프로코폐바(И. Прокофьева), 사도브니코바(Р. Садовникова), 사모힌(М. Самохин), 프리드(М. Фрид), 프리드(Н. Фрид), 슬레진게르(Ю. Шлезингер), 쉴랴프쩨바(А. Шляпцева), 쇼쉬타이쉬빌리(И. Шошитайшвили). 이 모든 분들에게 감사를 표한다. 우리는 공동 또는 단독 저자들에 의해 집필된 사전 조항들의 자료들을 가능한 범위에서 최대로 통일시키려고 노력했다. 그러나 흔히 많은 작업에서 그러하듯이 완벽한 통일성은 유감스럽게도 이루지 못했다고 판단된다.

모델(Е. Модель), 프로코폐바(И. Прокофьева), 로트쉬테인(О. Ротштейн), 사모힌(М. Самохин), 슐레진게르(Ю. Шлезингер) 등은 예문의 자료 수집과 주제 지표를 확립하는 데에 많은 도움을 주었다. 우리는 몸짓 **공중 키스**(*воздушный поцелуй*)와 같은 훌륭한 예를 제공해 준 글로빈스카야(М.А.

Гловинская)에게 마음으로부터 깊은 감사를 표한다.

연구의 결과는 아래에 열거한 학술대회와 세미나에서 발표되었다: 몸짓의 의미론과 화용론에 대한 국제 심포즈움(베를린 1998), PAH 모스크바 언어학 연구소에서 열린 3회의 국제학회(1996~1998), PГГУ 동양문화연구소 주최 비언어적 기호학과 텍스트의 제 문제에 대한 학회(모스크바 1999), 푸쉬킨 연구소 언어학부 세미나(모스크바 1997), 훔볼트대학 언어학부 세미나(베르린 1998), 아프레샨(Апресян 1997, 1999)에 의해 실시된 이론언어학 세미나의 학술회의(PAH 언어학 연구소, 모스크바 1996), 학술원 회원인 아루튜노바(Н.Д. Арутюнова)에 의해 실시된 "언어의 논리적 분석"에 대한 세미나(PAH 언어학 연구소, 모스크바 1996), 그리고 셀리베르스토바(Селиверстова)의 지도로 실시된 독일어학부 세미나(PAH 언어학 연구소, 모스크바 1996, 1997), PГГУ 문화인류학 연구소 세미나(모스크바 1996, 1997) 등에서 발표되었다. 우리는 이 연구의 토론에 참가한 모든 동료들에게 감사를 표한다.

몸짓 사전을 위한 작업 및 출판 준비는 "열린 사회(Открытое общество)" 연구소(죠지 소로스 기금), 국제학술기금, 러시아 인문학술기금의 조직적인 출판 및 재정 지원에 의해 실시되었다.

역자의 말

인간의 우월성은 무엇보다도 언어를 사용하여 서로 간에 감정을 표현하고 정보를 교환할 수 있다는 것, 즉, 의사소통의 도구가 있다는 것이다. 의사소통을 위해서 우리는 음성 언어와 문자 언어를 이용한 언어적 수단뿐만 아니라 몸짓, 얼굴 표정, 자세 등의 비언어적 수단도 사용한다.

비언어적 수단은 심리학, 사회학 분야에서 먼저 연구가 시작되었고 언어학 분야에서는 최근 교육 공학적인 측면에서 접근하는 사례가 늘어나고 있다. 연구보고서에 의하면 사람들은 말을 통해서는 60% 정도, 몸짓이나 얼굴 표정을 통해서는 70~98%의 감정을 인식할 수 있다고 한다. 이것은 언어적 수단보다는 비언어적 수단에 의한 정보 교환의 신뢰도가 훨씬 높다는 것을 말해준다. 비언어적 수단은 보완, 반복, 대체, 강조, 조절 등의 기능을 수행하면서 우리들의 표현을 풍부하고 다채롭게 형성하고 의사소통을 더욱 정확하고 원활하게 이루어지게 한다.

세계인들의 교류가 빈번해진 현재 정보 교류의 속도와 양은 상상을 초월하고 있다. 이 엄청나게 빠른 정보교환의 시대와 다문화 사회를 맞이하고 있는 우리에게 있어서 다른 언어 문화권에서의 몸짓 사용에 대한 올바른 이해는 언어에 대한 이해만큼이나 중요하다고 판단되며 이 서적의 번역을 시도하게 된 이유도 여기에 있다.

본 저서의 저자들은 의미론적으로 그리고 사전편찬 양식으로 형식 체계를 갖추면서도 일반인들이 부담 없이 접근할 수 있는 책을 만들려고 시도했다. 이 책에서 다루고 있는 몸짓은 비언어적 수단의 가장 대표적인 것으로 언어 체계와 유사한 속성들을 지니고 있다. 언어 체계는 기표와 기의의 관계를 이루고 있는데, 몸짓에서도 이러한 관계를 찾아볼 수 있다. 언어에서 이들의 관계는 대부분 임의적이기 때문에 학습을 해야 한다. 일단 습득되면 이들은 재생 가능하여 의도적으로 실행할 수 있는데, 이러한 관계는 일부 몸짓 체계에서도 동일하다. 상이한 언어 문화권의 몸짓 표현을 이해하려면 이에 대한 지식이 있어야 한다. 이러한 지식이 결여된 경우에는 상대방의 의도를 다르게 해석하거나 이해할 수 없게 되며 결과적으로 의사소통이 원활하게 이루어질 수 없게 된다. 이 번역서를 통해서 보다 더 체계적으로 몸짓에 대한 인식을 향상시킬 수 있고, 러시아 민족의 비언어적 관습에 대한 이해와 함께 이들에 대한 공감대가 형성되길 바란다.

이 서적을 번역하는데 있어서 많은 조언과 직접적인 협력을 아끼지 않은 김유진 선생님, 원어민으로서 원전 해독의 어려움을 해결하는 데 도움을 제공한 엘레나와 알라에게 감사드리며, 무엇보다도 이 책의 번역을 허용해 준 저자들과 내용이 돋보이도록 책을 만들어 주신 글로벌콘텐츠의 양정섭 이사님과 노경민 편집자님 등 출판사 가족들의 적극적인 지원에 깊은 감사의 마음을 전한다.

대구가톨릭대학교
2014년 1월 이희숙

차 례
ОГЛАВЛЕНИЕ

몸짓의 사전 항목
СЛОВАРНЫЕ СТАТЬИ ЖЕСТОВ —— 57

사전의 일반적인 특징과 구조
ОБЩАЯ ХАРАКТЕРИСТИКА И СТРУКТУРА СЛОВАРЯ

　본 사전은 러시아 신체 언어의 핵심을 이루는 단위들(единицы)을 포함하고 있다. 사전 어휘목록의 말뭉치에는 발화의 다양한 장르와 어체에서 사용되는 여러 유형들에 속하는 총 100종의 몸짓 어휘소(жестовая лексема)와 59종의 표제어(вокабула)에 대한 규칙이 포함되어 있다. 본 사전은 실험적인 성격을 지니고 있기 때문에 사전에 오른 어휘목록도 또한 상대적으로 소규모이다 — 초기 시도용으로 가장 빈번히 사용되며 가장 널리 분포된 러시아어의 일상적 몸짓들을 기술하는 것으로 제한하기로 결정했다.

　현 단행본은 두 부분으로 구성되어 있다. 사전과 사전에 대한 지표들이 첫 부분의 기본적인 부분을 이루고 있다. 단행본의 둘째 부분은 사전의 이론적인 측면을 제시하고, 본질적으로 책의 첫 부분의 내용을 보충하며 여러 가지 목적에 답을 제공하는 개요를 포함하고 있다. 여기에는, 첫째, 인체의 동작학(кинесика) — 몸짓과 몸짓 체계에 대한 학문 — 움직임의 체계, 그리고 분류되고 있는 몸짓의 기본적인 종류에 대한 일반적인 정보가 포함되어 있다. 둘째, 러시아 몸짓 체계에서 사용되고 있는 기호의 기본적 유형에 대해 밝혀 준다. 셋째, 그곳에 전체적으로 몸짓에 관련되거나 또는 몸짓의 큰 그룹 — 몸짓의 사전편찬적 유형과 관련되고 그것들의 의사소통 행위에서의 기능화에 관련된 문법적이고 화용론적인 성격 및 기타 다른 성격의 다양한 정보가 나타난다. 예를 들면, 여러 종류의 몸짓들의 결합에 대해 말해 주는 조합의 규칙이나 또는 개별적인 몸짓의 의사소통 행위의 일부 특성들에 대한 기술을 찾아볼 수 있다.

아래에서 우리는 다른 몸짓 사전들과 차별화되는 본 사전의 기본적인 특징에 대해 언급하고자 한다. 현존하는 사전들에서 다음과 같은 종류의 사전들이 전반적으로 가장 널리 알려져 있다: 다문화의 몸짓에 대한 소개와 문화 및 지리적 영역에 따른 몸짓의 분포에 대한 기술(Баракат 1969; Лэйкин 1963; Моррис 1994; Хьюис 1955; Хьюис 1957), 미국과 콜롬비아의 몸짓 사전(Сейтс и Сервенка 1972), 미국 동작소의 기술(Джонсон, Экман, Фризен 1975), 아메리카와 아랍 동작소의 비교 사전(Сафади, Валентайн 1990), 아랍(Баракат 1973; Брюер 1951)과 브라질(Ректор 1986, Ректор, Тринта 1985) 몸짓 사전, 아프리카(케냐, 카메룬) 몸짓 사전(Крейдер 1977; Сорин-Баррето 1982), 이브리트어(Сафади, Валентайн 1988)와 이디쉬어(Бройд 1977)의 몸짓의 기술, 홀랜드어(Андреа, Боер 1982)와 스페인어(Грин 1968; Колл 외 1990) 몸짓 사전들, 이탈리아어 사전들과 기술들 (Кендон 1992[기술]; Поджи, Зомпарелли 1987; Поджи 1998; Риччи-Битти 1976; Риччи-Битти 1992 [사전]), 카탈란어(Пайрато 1993)와 독일어(Кирх 1987; Познер 외 1998) 몸짓 기술, 이란어(Спархок 1981), 프랑스어(Вили 1977; Кальбрис, Монтредон 1986; Кальбрис 1990), 일본어 몸짓(Джонсон 1985; Тэйлор 1976; Лебра 1976)의 기술, 미국 흑인지역 주민들의 몸짓(Джонсон 1971), 그리고 미국 남부에서 사용되는 몸짓들(Джонсон 1972), 다국어 몸짓 사전(Баумль Б., Баумль Ф. 1975), 마지막으로 러시아어 몸짓 사전(Акишина, Кано 1980, Акишина А.А., Кано, Акишина Т.Е. 1991, Монохан 1983).

위에 열거된 사전들과 각각의 몸짓 및 몸짓의 종류에 대한 기술에 대해서 더 상세하게 분석하지 않고 이들은 모두 다음과 같은 공통적인 특징들을 지니고 있다는 것만을 언급하고자 한다. 더 자세한 것은 크레들린(Крейдлин 1999, 2000)을 참고하기 바란다.

첫째, 사전 집필자의 의도적인 방향은 비언어적 언어의 학술 · 사전 편찬적 기술이 아니라, 일상생활과 모국어 및 외국어 교육에서의 몸짓의 실제적인 사용이다.

둘째, 사전편찬적인 저술에 대해 현대 학문, 특히, 언어학, 기호학, 그리고 의사소통 이론이 요구하는 것을 철저히 등한시하고 있다: 기술 언어의 비정확성과 다의미성, 의미론적 정의의 부재 또는 비정확성, 비언어적 단위들의 사용 규칙에 대한 형식화의 부재, 채택된 대부분의 사전편찬적 결정의 불명확성과 비동기성, 기호학적으로 현존하는 공통의 특성이나 특징을 지닌 어휘 단위들의 기술에서의 통일성의 결여, 달리 표현하자면, 위에 열거한 몸짓 사전들은 어휘의 체계적 분석을 위한 많은 중요한 원리들을 고려하지 않았다.

셋째, 사전의 정보의 충실도: 사전에 포함되어 있는 몸짓에 관한 정보의 규모는 신체 언어의 완전하고 전면적인 참고서가 되기 위해서도 비언어적 텍스트의 통합 · 분석 모델의 구축을 위해서도 충분하지 않다.

넷째, 비언어적 기술과 언어적 기술의 불일치: 현존하는 몸짓 사전들과 그의 기술은 자연 언어의 자료들과 연계가 잘 되지 않고 있다. 이들은 방법론적으로 옳지 않으며, 이론적으로 부적절하고 실제적으로 논리에 맞지 않는 심각한 단점을 지니고 있다고 확신한다.

Д. 본 러시아어 몸짓 사전은 실제적인 언어학 이론을 중심으로 확립된 기본적인 사고, 원리, 그리고 개념적인 장치들을 바탕으로 했다. 우리는 기본적 이념과 입장을 전적으로 신뢰하는 멜축(И.А. Мельчук)과 졸콥스키(А.К. Жолковский)의 언어학 모델 **"의미(смысл) ⟷ 텍스트(текст)"** 이론을 채택했다. 이 외에도 의미론과 체계적인 사전편찬학 분야에서의 이론적이고 실제적인 연구와 그의 결과들이 본 사전의 이념적이고 개념적인 토대가 되었다. 우리는 무엇보다도 모스크바 의미론 학파의 이론적 틀을 중심으로 수행된 아프레샨(Ю.Д. Апресян)과 그의 제자 및 동료들, 폴란드 의미론 학파의 학자들, 주로 보구슬랍스키(А. Богуславский)

와 베즈비츠카야(A. Вежбицкая)의 자료들을 고려했다.

러시아 몸짓 사전을 구축할 때 고려한 몇몇 이론적인 개념과 결과를 열거해 보자: 언어 기술을 위한 이론과 모델의 단계적인 구축; 대상 언어와 기술 언어, 즉, 메타언어(метаязык)와의 구별; 다층적 언어 구조에서의 기본적이고 근원적이며 가장 심층적인 구성부로서의 의미론적인 기술에 대한 개념; 의미적 관계에 있어서 보다 단순한 단위에 대한 보다 복잡한 단위의 정보로서의 의미적 단순성 및 의미적 변형의 개념; 인간의 지적 활동에 있어서 가장 중요하고 복잡한 산물로서의 사전의 기술; 텍스트의 생성과 분석에 있어서 어휘와 문법의 동등하고 일치된 참여의 인식; 체계적인 사전편찬의 기본 원리들, 이러한 모든 요소들을 고려했다.

본 저서에서 우리는 정립된 이론적인 기술을 채택하고 동시대의 사전편찬의 전통을 따르며, 여러 유형과 양식의 해석 사전들에서(MAC 1981~1984, TKC 1984, HOCC 1995, АНГРУССИН 1979) 채택되고 승인된 어휘 기술의 방식을 준수한다. 이 방식은 화용적인 측면, 즉, 기술되고 있는 몸짓이 속하는 언어적 단위의 일정한 부류, 유형이나 그룹, 그리고 이들 속에서 몸짓이 위치하는 장소의 제시뿐만 아니라, 구문론적 측면, 즉 몸짓들 간의 적법적인 결합의 기술과 의사소통 행위에서 몸짓과 언어의 단위들 — 어휘 및 유사언어(параязыковые) 단위들 — 의 결합에 대한 기술에서도 비언어적 어휘가 반영된다는 것을 전제로 한다.

사전이 갖춰야 하는 일반적인 조직과 구조, 그리고 각 영역의 내용에 대해 논의하면서 우리는 일반 기호학의 다양한 개념, 입장 및 결과들 — 기호의 구조, 기호 및 기호 체계의 유형, 의사소통 행위와 그의 구조 등 — 에 주의를 기울였다. 끝으로 이 사전의 구축에 있어서 우리는 위에서 열거한 몸짓 사전 저자들의 경험과 기술뿐만 아니라, 농아용 언어 사전의 형성에 대한 많은 저서들, 그리고 여러 분야의 비언어적 기호학, 무엇보다도 몸짓 학문에 대한 이론적 연구들에 의존했다: 그 중에서 일부를 지적하자면 비르드비스텔(P. Бирдвистел), 칼브리스(Ж. Кальбрис).

켄도나(А. Кендона), 크나프(М. Кнапп), 콜레트(П. Коллет), 포즈네르(Р. Познер)와 그의 단원들, 포직(И. Поджи), 포야토스(Ф. Пойатос), 에크만(П. Экман), 에프론(Д. Эфрон)의 연구를 들 수 있다.

B. 러시아어 몸짓 사전은 설명을 곁들인 주석 사전이다.

이것은 이 사전의 기본적인 목적이 일상의 몸짓의 의미에 대해서 독자들에게 가능한 한 최대로 완전하고 정확하고 명확한 기술을 제시하며, 몸짓들과 유사한 자연언어들 사이에 존재하는 모든 관계를 보여주는 것임을 의미한다. 이를 위해 우리는 메타언어에 대해서 연구했으며, 이를 바탕으로 몸짓의 의미가 기술되고 있다. 이렇게 하여 몸짓의 어휘소들(лексема)과 표제어들(вокабула)의 문맥이 부분적이지만 의미론적인 용어들로 형식을 갖추게 되었다, 즉, 몸짓의 의미론적인 부류와 그의 의미론적인 특징이 구문론적이고 화용적인 특징과 함께 제시되었다.

러시아어 몸짓 사전의 의미론적인 기반은 우리가 채택한 아래와 같은 원리와 입장의 명백한 결과에 의거하고 있다.

(a) 실용적으로 습득되고 인식되며 정착된 몸짓 행위의 형태들은 자신의 의미론을 지니며, 표준적인 모델과 규칙에 맞게 사용되는 문맥을 지닌다;

(b) 모든 기호들과 마찬가지로 몸짓은 대체로 의미되는 것 — 기의(смысл), 의미하는 것 — 기표(форма), 통사론, 그리고 화용론을 지닌다;

(c) 일상적인 몸짓, 태도, 기호적인 신체 움직임과 얼굴 표정들은 자연언어에서 부호화되어 있는 의미들과 동일한 유형의 의미들을 보유하고 있다: 단어와 마찬가지로 몸짓은 명칭(имя), 행위(действие) 등을 의미할 수 있다;

(d) 러시아어의 몸짓과 신체 움직임 사이의 중간적 위치에 있는 기호적인 몸짓의 사전편찬적 유형이 한정적인 수량으로 존재하지만, 몸짓은 대부분 상징적인 기호이며 일상의 신체적 움직임과는 구

별된다. 본 사전의 어휘표에 포함된 몸짓의 의미는 대부분 추상적이고 관습적이다. 따라서 그것들은 암기하고 기억해야 한다;

(e) 언어적(вербальный) 기호의 의미와 마찬가지로, 몸짓의 의미는 사회적 기능과 의사소통적인 기능에서 뿐만 아니라 텍스트 사용의 조건에서도 차별성을 지닌다. 말하자면, 우리가 흔히 구문 *Как приятно с тобой разговаривать!*의 의미를 우울한 풍자와 연동된 모욕의 표현으로 기능화된 의미와 구별하는 것처럼, 몸짓의 의미도 그의 사용 조건을 구별해야 한다. 본 사전에서는 몸짓의 어휘소와 단어의 문맥들도 역시 부분적으로 의미론적인 용어들로 체계화된다, 즉, 다시 말해서 기술되고 있는 단위들이 결합되는 의미론적 특성(통사적 및 화용적 특성과 함께)과 특징들이 표시된다;

(f) 비언어적 의사소통의 실제 상황에서 해당 움직임을 몸짓으로 해석하는가 또는 신체적 반응으로 해석하는가의 문제는 몸짓수신자의 몫이다;

(g) 몸짓의 의미적인 성격은 오직 의미적으로 유사한 몸짓들과 언어적, 관용적 표현들과의 비교를 통해서만 완전히 밝혀지게 된다.

C. 러시아어 몸짓 사전은 내적 및 외적 일치의 특성을 지닌다.

D. 본 러시아어 몸짓 사전은 체계적인 사전으로 형성되기를 희망한다. 사전에 포함된 모든 몸짓들은 사전의 일반적인 방향과 규정에 부응하여 사전편찬적인 의미적 범주와 유형으로 구분된다. 몸짓의 정의에 따라 의미적으로 근원적이고 중요한 공통의 의미적 내용을 지닌 각 범주에 속하는 구성요소들은 사전에서 동일하거나 유사하게 기술된다. 예를 들면, 대화자와의 접촉을 중단하는 것에 관한 모든 몸짓들은 사전에서 거의 동일하게 제시되었다; 환영인사의 움직임이나 놀라움의 몸짓도 역시 마찬가지이다. 몸짓의 의미적 정의의 구조, 각각의 유형들이

결합하는 특성의 반영, 그리고 사용 규칙의 형식화에서의 모든 상이성은 그의 비언어적 행위 속에, 또 때로는 그의 명칭의 언어적 행위 속에 실제로 존재하는 차이점에 의해서 확인되어야 한다. 이처럼 사전에서 사전편찬적 의미론적 유형의 기술은 그 속에 제시된 움직임 단위들의 정교한 사전편찬적인 특징묘사에 의해서 보충되었다. 사전적 유형과 언어학적 단위의 특징묘사의 개념에 대해서는 아프레샨(Апресян 1986)을 참조.

러시아어 몸짓 사전은 의미론적인 견지에 입각하여 비언어적 어휘에 있어서 가장 중요한 모든 의미적인 이형(разновидность)을 제시하고 있다. 러시아어 몸짓에 의해 전달되는 정보는 다음의 두 종류로 나눌 수 있다: (1) 세상에 대한 정보 (2) 몸짓발신자의 정신적 ― 지적·심리적 ― 상태에 대한 정보.

러시아어 몸짓 사전에 제시된 의미들은 세상에 관한 정보에 대해 언급하면서, 다음과 같은 사항들의 표시에 관련된 다양한 의미적 자료들을 자신 속에 포함하고 있다: (a) 인물(лицо) (예를 들어 몸짓 **나, 너(я, ты)**를 비교); (b) 동물들(животные) (토끼 혹은 펄쩍 뛰는 개구리의 상징적 묘사); (c) 물체들(предметы) (**가위, 담배, 컵**의 상징적 몸짓들).

또한 러시아 몸짓 언어에서는 이따금 명사(имя)와 동사(глагол) 사이의 차이가 매우 명확하지 않고 모호하기 때문에, 일부 다른 몸짓들은 세상에 대해 무엇인가를 알려 주면서, 다음과 같이 의미론적인 술어들을 부호화한다: (a) 행위(действие) — 'резать', 'курить', 'идти', 'слушать', (b) 특징(свойство) — 'глупый', 'толстый', (c) 상태(состояние) — 'наелся', 'надоело', 'сонный', 'тошнит', (d) 관계(отношение) — 'связь', 'там', 'дружба', 'любовь', (e) 수량양화사(квантификаторы) — 'много', 'весь', 등

인간의 정신 및 심리 상태의 정보와 관련된 것들도 몇 개의 의미그룹으로 나뉘며, 그 중 다음과 같은 사항들에 대한 정보들을 구분할 수 있다: (a) 몸짓발신자의 목적에 관한 정보 (예를 들면, 맹세에 대한 몸짓(**зуб даю**); 상대방을 협박하는 몸짓(**погрозить пальцем, погрозить кулаком**), 협박하는 자

세; 질문에 대한 몸짓(**поднятая бровь**); 질문에 대한 대답에 관한 몸짓(**кивает головой**)을 비교); (b) 생각에 관한 정보 (예를 들면, 고개를 흔들면서 몸짓발신자는 몸짓수신자를 믿지 못하겠다는 것을 눈치채게 한다); (c) 감정들에 관한 정보 (몸짓 **нахмуриться** 또는 표정의 몸짓 **смотреть прямо в глаза**를 비교); (d) 평가들에 관한 정보 (예를 들면, 몸짓 "**во**" 또는 **показать большой палец**를 비교).

비록 현 단행본에는 위에서 언급한 몸짓들의 일부만을 포함시켰지만, 그것은 총체적으로 러시아 몸짓 "**어휘론(лексика)**"의 의미론적인 스펙트럼을 반영하고 있다.

E. 러시아어 몸짓 사전은 몸짓의 해설에서 논리의 순환을 배제한다.

몸짓의 기술 언어에서는 분명한 범주, 개념, 상징들만이 사용되었다고 판단된다. 사전편찬적인 기술(представление)을 도모하기 위해서 우리는 개별적인 동작소(кинема)의 의미와 총체적인 비언어적 행위의 특징에 대해서 직관적으로 판단하거나 또는 그릇된 표현을 배제하려고 노력했다. 우리가 작업하고 있는 모든 개념, 용어, 상징들은 무엇보다도 자주 책에서 직접 설명된다. 사전에서는 필요한 설명이 들어 있는 문헌에 대한 출처를 명백하게 밝혔다.

F. 러시아어 몸짓 사전은 문화적이고 백과사전적인 정보를 지닌다.

이 사전에서는 몸짓의 정확한 사용과 이해를 위해서 필요하다고 판단되는 경우 언어학적이고 기호학적인 정보와 함께 몸짓에 대한 문화적이고 백과사전적인 정보를 제시했다.

아래에서는 위에서 언급한 러시아 몸짓 사전이 지닌 특성들에 대해서 보다 더 자세히 설명할 것이다.

러시아어 동작 체계의 단위들
ЕДИНИЦЫ РУССКОЙ КИНЕТИЧЕСКОЙ СИСТЕМЫ

본 러시아어 몸짓 사전은 몸짓(жест), 얼굴표정(мимика), 자세(поза)에 대해서 기술하고 있다. 우리는 차후 이러한 모든 단위들을 몸짓 체계의 통합적인 부분들로 간주할 것이고 이들을 **몸짓**(жест)이라고 부를 것이다.

사전편찬적 기술을 위한 기본적인 단위들은 **동작소**(кинема)라는 것인데, 이 동작소는 정확히 하나의 의미를 지니고 있는 비언어적인 단위이다. 엄밀하게 말해서 관련된 모든 언어학과 기호학의 정보들은 동작소와 관계가 있다. 이것은 모든 개별적인 동작소, 즉, 개별적인 의미에 있어서 그의 결합의 속성, 변형 가능 영역, 문체적 특성을 밝혀주고 형식화하며, 그의 다른 어휘소들과 어휘소의 범주들과의 관계를 제시해 줄 수 있게 한다. 해설 속에서 동일한 형태와 공통의 중요한 의미적 특징을 지니고 있는 비언어적 단위들이 **몸짓의 표제어**(жестовые вокабулы)로 통합된다. 이 때 하나의 표제어에 관한 모든 몸짓 어휘소들에 관한 정보들이 얻어지고 "표제어로 등재되게 된다." (불필요한 혼동을 피하기 위해서 여기에서 ТКС(1984: 47)의 용어를 그대로 사용하기로 한다) 예를 들면, 어떤 어휘들의 사전적인 유형의 공통적인 정보는 차례로 "러시아 몸짓 사전의 문법에 유입되며" 그의 이론적인 부분을 형성하게 된다.

모든 몸짓들은 표현되는 의미의 유형에 따라서 다음의 3종류로 세분화 된다: (a) 독자적인 의미를 지니고 있으며 언어적 문맥에 의존하지 않고 의미 전달 능력이 있는 유형, (b) 의사소통의 어떤 발화적 또는 다른 단면을 강조하는 유형, (c) 의사소통 과정의 흐름을 조절하는, 즉, 의사소통을 유지하거나 완성해 주는 유형.

* * *

러시아 몸짓 사전에는 속성상 언어적 문맥에 의존하지 않고 의미를 전달할 수 없고 문맥과 관계없이 사용되지 않는 몸짓들은 포함되지 않았다. 러시아어의 비언어적 단위들 "긍정문을 말할 때 발화의 끝에서 눈꺼풀을 아래로 떨어뜨리는 것(легкое опускание век при произнесении утвердительного предложения в конце его)", "일반적인 질문의 끝부분에서 눈을 약간 크게 뜨는 것(чуть расширяющиеся глаза в конце обычного вопроса)", "손바닥을 펴서 위로 하고 상대방 쪽으로 향하게 하는 것(раскрытые руки в направлении ладонями вверх и слегка наклоненные к адресату)"들이 그러한 몸짓의 예들이다. 위의 마지막 몸짓의 예는 몸짓발신자가 해당 몸짓을 수행하고 나서 즉시 자기의 발화에 새로운 주제의 도입을 의도하고 있다는 것을 표시한다. 의사소통 행위에서 해당 몸짓은 항상 *A теперь ... ;* ⟨*A*⟩ *вот сейчас ...* 등의 단어들과 함께 사용된다.

이 외에도 언어적 대화에서처럼 비언어적 대화에서도 역시 대화를 정립하고, 지지하고, 조절해 주는 동작소들은 러시아어 몸짓 사전에 채택되지 않았다. 러시아어에서 조절하는 몸짓의 예들에는 몇 차례의 **끄떡임**(кивки), 끄떡임과 유사한 표정인 **눈을 감고 뜨는 것**(закрывание и открывание глаз), **자세의 변화**(смена поз)와 같은 간단한 움직임, 그리고 **방향을 표시하는 신체의 움직임**들이 있다.

러시아어 몸짓 사전을 구축하는데 있어서 첫 번째 과제는 몸짓은 아닌데 몸짓과 동일한 생물학적인 특징을 지닌 인체의 움직임과 몸짓을 구별하는 방법을 찾는 것이었다. 몸짓과 신체 움직임을 구별하는 기본적인 기준은 몸짓이 지닌 기호적인 성격이다.

대체로 모든 기호와 마찬가지로 몸짓에도 기표(означающее)와 기의 (означаемое)가 있는데, 이들의 관계는 대부분 관습적(상징적)인 성격을 지닌다. 바로 이러한 현상이 몸짓을 신체 움직임과 구별할 수 있게 한다. 신체 움직임은 생리적 또는 실용적이라는 점이 특징이다. 예를 들면 가려울 때 긁적이는 행위, 근육의 무의식적인 수축에 의한 경련, 모기를 쫓는 사람의 움직임, 고통에 의한 찡그린 표정, 취침자의 수평적인 위치, 식탁에서 부스러기를 터는 행동 등은 몸짓이 아니라, 신체의 움직임이다. 이러한 움직임들은 동일한 육체적(физический) 또는 생물학적(биологичный) 속성을 지니면서 특별한 의미를 표현하기 위해 사용되는 몸짓들과 구별되어야 한다. **목덜미 긁기(Почесывание в затылке)**는 망설임을, **어깨를 으쓱하기(пожатие плечами)**는 무지를 표시하는 기호가 될 수 있고, 머리를 긍정적으로 **끄떡이거나(кивнуть)** 부정적으로 **흔들(помотать)** 수 있는데, 이러한 모든 것이 관습적인 기호-몸짓이다. 몸짓들의 기표는 몸짓의 많은 부분에 있어서 움직임의 형태들과 일치한다.

해당 움직임을 몸짓으로 해석하는지 아니면 신체적 반응으로 해석하는지는 비언어적 의사소통의 실제적인 상황에서의 몸짓수신자의 역할이다. 이러한 해석은 정확할 수도 있고 그렇지 않을 수도 있는데, 후자의 경우에는 의사소통이 단절될 수 있다. 예를 들어, 대화 도중에 대화자 중 한 사람이 하품을 했다고 하자. 상대 대화자는 이 하품을 두 가지로 해석할 수 있다. 예를 들면, 상대방의 만성적인 수면부족에 의한 신체적인 반응으로 해석하거나 아니면 이 대화가 하품하는 사람에게는 재미없거나 노골적으로 지루하다고 암시하는 신호로 해석할 수 있다.

몸짓과 신체 움직임 사이의 경계가 명확하지 않고 이들이 동일한 생물학적 기반을 가졌다는 점은 의사소통 행위에서 많은 움직임이 의도적으로 몸짓처럼 이용될 수 있는 이유를 부분적으로 설명해 준다. 화자는 이의 통증에 대해 상대방의 관심을 끌기 위해서 볼에 손을 댈 수 있는데, 이런 경우 해당 움직임은 몸짓이 된다. 러시아어 몸짓 사전에서는 이러한 종류의 사용은 고려되지 않았다. 사전에는 안정적이고 실용적으로 습득된 몸짓만이 포함되었다.

　이미 언급한 것처럼 몸짓에는 특별하고 일반적으로 인정되는 언어적인 의미, 명칭이 존재한다는 것이 실용적으로 습득되는 부류에서 몸짓을 분류하는 유일한 기준은 아닐지라도 매우 중요한 기준이 된다. 예를 들면, 동의 또는 시인을 의미하는 머리를 앞으로 숙이는 행동은 끄떡임(*кивок*)이라고 불리는데, 이와 비슷한 움직임이 슬픔을 표현하는 특수한 상황에서 수행된다면(보통 장례식이나 무덤 앞에서), 이러한 행동에는 표현 *склонить голову*(고개를 숙이다)가 사용된다. **кивок**과 **склонить голову**는 양자 모두 몸짓이다. 땅이나 바닥에 있는 어떤 물체를 바라보기 위해서 머리를 앞으로 숙이는 것은 (즉, 몸짓이 아니라 신체적인 움직임에는) 위에서 지적한 언어적 단위들이 사용되지 않는다. 다음의 비문법적인 결합을 참고하시오: *바라보도록 동의했다*(*кивнул, чтобы рассмотреть*), *자세히 인지하기 위해 머리를 숙여 경의를 표했다*(*склонил, голову, чтобы разглядеть*) **Потрепать по щеке** — 이것은 몸짓이지만, похлопать по щеке는 움직임이다. *Поднятие* 그리고 *опускание плеч* — 이것은 미지의 어떤 움직임의 명칭이며, *пожатие (пожимание) плечами* — 이것은 몸짓의 명칭이다. 어떤 사소한 행동에 대한 벌로 어떤 사람에게 **подзатыльник**(뒤통수를 치는 행위)을 하는 것(징벌의 몸짓)과 *ударить по затылку*(움직임)는 전혀 다른 문제이다.

　기호가 아닌 신체 움직임과 기호적인 몸짓이 구별되는 또 다른 하나는 지리적, 문화적, 그리고 시간적인 공간에서 자신의 의미를 변화시킬 수 있는 몸짓의 능력이다. 그러므로 몸짓은 지리적, 사회적, 문화적인 다양한 의미의 변형들을 지니게 된다. 생체적 움직임은 형태와 의미 사이의 비관습적인 관계로 인하여 그러한 특성을 지니지 않는다. 브레메르(Бреммер), 루덴부르그(Руденбург 1991)의 저서에서는 역사가 흐르는 동안 의미가 변한 몸짓의 많은 예들을 찾아볼 수 있다. 세월이 흐르면서 의미가 변했을 뿐만 아니라, 사용 환경이 확대된 러시아 몸짓의 예로는 **перекреститься**(십자를 긋다)가 있다.

이제 아래에서 우리는 사전편찬에 있어서 기술의 대상이 되는 몸짓들의 특징을 살펴본 다음, 그들의 기본적인 의미 유형들을 살펴보도록 하겠다.

몸짓의 기본적인 의미 유형들에는 **의사소통적 몸짓**(коммуникативный)과 **증후적 몸짓**(симптоматический)의 두 가지 유형이 있다.

1. 의사소통적 몸짓 коммуникативные жесты

의사소통 행위에서 몸짓발신자가 의도적으로 몸짓수신자에게 전달하려는 정보를 지니고 있는 비언어적인 단위들이 의사소통적 몸짓에 속한다. 이러한 몸짓은 속성으로 보면 순수한 대화의 몸짓들이다. 그 중의 어떤 것은 일차적 혹은 고무적인 언어 행위에 상응하며 (예를 들면, **погрозить кулаком, подмигнуть, поманить рукой, протягивать руку, показать язык, показать нос** 등), 또 다른 것은 답변 – 반응이다(비교: **кивнуть головой 〈в знак согласия〉, помотать головой, захлопать в ладоши, "стоп", отвернуться, заткнуть уши**). 이러한 몸짓들의 명칭에 의해 판단할 수 있는 것처럼, 실제의 모습뿐만 아니라, 신체기관의 배열 및 위치, 그의 움직임의 유형 및 방향도 역시 몸짓의 의미 전달에 참여한다.

모든 의사소통적 몸짓들은 3종류의 하위그룹으로 나누어진다.

이들 중의 일부는 자신의 의미 속에 실제의 의사소통 상황에서의 참여자들과 이 상황에 관련이 있는 물체, 장소 또는 시간에 대한 지시를 포함한다. 우리는 몸짓의 학문에서 이미 정착된 전통에 따라 이러한 의사소통적인 몸짓들을 지시적 또는 지칭적 몸짓이라고 부른다. 다음의 단위들이 러시아어의 지시적 몸짓의 예에 속한다: **показать рукой, подзывать рукой, показать пальцем, поманить пальцем, поманить глазами, показать руками** (размер, объем), **показать руками** (рост). 몸짓의 지시적 하부그룹은 이미 오래 전에 정착된 것으로 언어의 몸짓 체계에서 가장 오래된 것이다. 여러 다양한 민족과 문화에 관련된 몸짓들이 가장 많은 공통적인 특징들을 드러낸다는 것은 이러한 상황에 의해서 설명될 수 있다(Дживенс(1986)의 '상이한 문화에서의 크기에 관한 기호적 및 상징적인 몸짓'에 관한 논문을 참고).

의사소통적 동작소(кинема)의 또 다른 하부그룹은 **예법적 몸짓들(этикетные жесты)**이다. 이들은 구체적이고 확고하게 고정된 상황 속에서 몸짓발신자가 자신이 속한 집단의 구조에 대한 정보나 또는 전개된 상황의 유형에 대한 정보를 전달하는 요소로 사용된다.

러시아어의 예법적 몸짓들에는 **악수(рукопожатие)**, **키스(поцелуй)**, **(의자, 소파로부터의) 기립(вставание)**, **손을 흔들다(помахать рукой)**, **인사(поклон)**와 같은 환영인사와 작별, 식탁 예절의 몸짓들, 외교적인 몸짓 등이 있다.

예법적 몸짓들은 설명적으로 사용되며 언어적 의사소통의 의례적인 성격을 강조하면서 언어를 동반할 수 있다. 환영과 작별을 위해 사용하는 러시아어 예법 언어공식인 *Здравствуйте, Добрый вечер, До свидания* 등은 일정한 몸짓 또는 자세와 함께 사용되며(**улыбка, протягивание руки для рукопожатия, приподнимание шляпы** 등) 또한 기호적인 신체 움직임과(움직임에서의 **остановка, поклон**) 결합한다.

의사소통 몸짓에서 규모가 가장 큰 하부 그룹은 **공통의사소통 몸짓 (общекоммуникативные жесты)**이다. 다른 말로 표현하자면 공통적 몸짓 혹은 상황적으로 중립적인 몸짓이라고 할 수 있다. 러시아 공통의사소통적인 몸짓에는 **склонить голову, приложить палец к губам, протягивать руку** (여러 의미들에서), **подмигнуть, покачать головай, погрозить кулаком, покрутить пальцем у виска, отвернуться, поцеловать руку, постучать рукой по лбу, похлопать рукой по животу** 등과 같은 단위들이 있다.

이러한 3종류의 의사소통적 몸짓들은, 사전적인 기술을 하도록 허용하는, 그들에게 엄격하게 고정된 보편적이고 규범적인 사용 조건을 지니고 있다. 그러나 언어적 기호에서와 마찬가지로 몸짓 사용에 있어서 규범화된 문맥 조건은 변화되거나 파괴될 수 있다. 문맥 조건이 파괴되는 전형적인 예로는 익살스런 상황이 있는데, 이러한 상황에서는 일반적으로 몸짓발신자의 표준적인 진실성의 조건이 실행되지 않는다. 예를 들면, 러시아어의 지시적 몸짓 **погрозить пальцем**을 농담처럼 사용하면 실제의 협박의 개념을 전달하지 않게 된다.

의사소통적 몸짓의 또 다른 특징은 구체적이고 실제적인 상황에 대한 연대성이다. 몸짓 **похлопать рукой по животу**는 포만감의 느낌과 음식으로부터 얻은 만족감을 전달한다. 그러나 이 몸짓은 "복통(боль в животе)"을 의미하는 상황에서는 사용되지 않는다.

본 사전에 포함된 러시아어 의사소통 몸짓의 구성요소에는 3종류의 의미적 하부그룹인 **공통의사소통(общекоммуникативные) 몸짓, 예법적(этикетные) 몸짓, 지시적(дейктические) 몸짓**에 속하는 대표적인 예들이 포함되어 있다. 러시아 몸짓 사전에 제시된 사전편찬적 유형 중에서 접촉의 단절, 협박, 음주로의 초대와 같은 몸짓은 공통의사소통 몸짓에 속하며 환영과 작별의 몸짓은 예법적 몸짓에 속한다.

2. 증후적 몸짓 симптоматические жесты

증후적 몸짓들은 화자의 감정적 상태에 대해서 말해준다. 이 증후적 몸짓에 속하는 동작소(кинема)에는 **прикрыть рот рукой (от изумления), сжать губы, кусать губы, барабанить пальцами по столу** 등이 있다. 예를 들어, **сжать (стиснуть) губы**는 분노를 표현하는 몸짓이며, **кусать губы**는 악의나 초조한 상태를 표현하는 몸짓이다.

증후적 몸짓은 생리적인 움직임과 의사소통 몸짓 사이의 중간적 위치를 차지하고 있다. 어떤 감정의 표출이 기본적으로 생리적이라는 점에서 몸짓은 움직임과 비슷하다. 그렇지만 증후적 몸짓에 있어서 기의(означаемый)와 기표(означающий) 사이의 관계는 다소 협정적이다: 어떤 증후적인 몸짓의 기의는 감정 자체이며, 감정에 의해 나타나는 생리적 현상이 아니다. 언어의 몸짓 체계에 이러한 몸짓들이 유입되고 바로 이러한 것들이 우리 사전에 포함된다는 것은 몸짓발신자가 상응하는 감정의 의미를 표현하기 위해 의도적으로 그것들을 재현할 수 있다는 것을 말한다. 이러한 경우 몸짓발신자는 이 감정을 전혀 느끼지 못할 수도 있고, 몸짓이 보여주는 것보다 훨씬 덜 느낄 수도 있다. 여기에서 말하고자 하는 핵심은 실제로 징후적인 몸짓에서 의사소통적인 몸짓으로의 전이가 규칙적으로 가능하다는 것이다. 즉, 수치심의 징후로서 볼이 붉어지는 것은 몸짓이 아니다. 개인의 의지를 발휘하여 볼을 붉게 만들 수는 없다. 그러나 그러한 감정은 증후적 몸짓인 **закрыпь лицо руками** (от стыда)((수치심으로) **손으로 얼굴을 가리다**)로 표현될 수 있다. 수치감을 느끼지 않으면서도 몸짓발신자는 이를 모방하면서 얼굴을 손으로 가릴 수 있다는 점이 중요하다.

이러한 전이는 규칙적으로 일어나기 때문에 증후적인 몸짓을 위해서 사전편찬 기술의 두 단위들을 도입할 필요가 없다. 그러므로 증후적인 몸짓은 오직 자신의 초기 모습으로만 이 사전에 나타나게 된다.

몸짓 사전의 정보 유형
ТИПЫ ИНФОРМАЦИИ В СЛОВАРЕ ЖЕСТОВ

    사전의 조항들(словарная статья)은 몸짓에 대한 특정한 정보를 담고 있는 여러 영역으로 조성된다. 13가지 유형의 이러한 정보들은 몸짓 자체의 특성과 관련된다: (1) 사전 조항의 입항 (2) 문체적인 기호 (3) 신체묘사 (4) 보조 물체 (5) 동반되는 몸짓 (6) 해설 (7) 사용 조건 (8) 하나의 어휘에 의한 몸짓 의미의 특성묘사 (9) 동반되는 음성 (10) 몸짓에 대한 백과사전 및 문화적 정보 (11) 다른 명칭 (12) 관용적 표현 (13) 텍스트 예문. 이 외에도, 사전의 조항은 다음과 같은 참고적인 정보를 지니고 있다: (14) 유사한 몸짓 (15) 유사한 음성 및 유사한 언어. 또한 해당 사전에는 자유로운 형식의 주석이 계획되어 있는데, 여기에서는 해당 영역에 대한 언어학적인 배경 지식이 없는 독자들을 위해서 비형식적인 언어로 간략하게 단편적인 정보들이 제공된다.

    러시아 몸짓 사전에서 사전의 조항들은 몸짓 명칭의 첫 글자의 자모순으로 기록된다.

    아래에서는 각 영역의 구성요소와 운행 규칙에 대해서 간략하게 설명하겠다(다른 모든 사전들의 단위들도 이와 동일하다). 독자들이 사전의 조항들을 읽고 정확하게 이해할 수 있도록 그들을 준비시키는 것이 본 서문의 주요 목적의 하나인 만큼, 아래에 제시된 텍스트의 기술적 구성의 많은 조건들은 전부는 아닐지라도 대부분 이 사전에서 채택한 자료들을 제시하는 기준에 부합된다.

1. 입항 Вход

언어학 사전의 기술의 전통에 부응하여 본 몸짓 사전의 조항은 입항 (вход)과 해설(интерпретация)의 두 부분으로 이루어진다.

몸짓의 특이성은 그것이 의미하는 것을 서면에 명확하게 기술할 분명하고 공통적으로 인정되는 방법이 존재하지 않는다는 점에 있다. 그러므로 사전 조항의 입항은 본질적으로 더 복잡한 조직을 지니게 된다. 입항은 다음과 같이 구성된다:

* 몸짓의 도해적 형상화(그림) (схематическое изображение жеста(рисунка));
* 몸짓의 명칭 (номинация жеста);
* 유사-분류된 특성묘사 (тезаурусно-классификационная характеристика).

도해적인 형상화는 몸짓을 전체적으로 바라볼 수 있도록 한다. 그러나 정지된 그림이 몸짓의 모든 역동성을 반영할 수는 없다. 그러므로 필요한 경우에 하나의 그림 대신에 몸짓이 실현되는 여러 단계들이나 변형들을 보여주는 몸짓의 형상들이 제시될 수 있다.

이제 명칭(номинация)에 대해서 논의해 보자. 대체로 하나의 몸짓에 하나의 표현이 아니라, 여러 개의 언어적 표현들이 상응한다. 이러한 경우에 그들 중에서 가장 사용빈도가 높고 확고한 표현이 입항으로 선택되고, 나머지 표현들은 사전의 조항의 특정 영역에 자리한다. 몸짓이 언어에서 고정된 이름(имя), 즉, 표준적인 언어적 명칭을 지니지 않은 경우에는 몸짓을 동반하는 음성적 단어들과 그의 형태를 기술하는 단어들, 또는 그의 의미 구조의 핵을 이루고 있는 의미적 특징들에 의해서 형성된 상징적인 명칭이 입항에 기록된다(몸짓의 이름은 인용부호 속에 넣어 표시한다). 예를 들면, 몸짓 "**стоп**", "**ищу третьего**"를 참고.

텍스트에 나타나는 몸짓은 반고딕체로 표시되고, 입항에서의 그의 명칭은 대문자로 기록된다. 조항의 텍스트에서 몸짓의 명칭은 반고딕 이탤릭체로 표기된다. 명칭 옆에 첨가된 숫자는 개별적인 의미들 혹은 다의미적 몸짓의 하부의미들의 번호를 표시한다.

입항의 유사−분류 부분은 다음과 같은 중요한 대조에 의거하여 해당 몸짓의 패러다임적 관계를 제공한다.

몸짓을 이용한 의사소통에 실제적으로 신체부위가 참여하는 특징에 따라서 **수동 기관**과 **능동 기관**으로 분류된다. 능동 기관의 기능은 몸짓을 실현하는 방법에 있어서 구체적인 임무를 수행하는 것이다. 수동 기관은 이 몸짓이 실현되는 장소이다. 기관을 능동과 수동으로 나누고 능동 기관의 명칭에 따라서 사전 조항을 계속 분류하는 방식은 실제로 현존하는 몸짓 사전들에서 채택되고 있을 뿐더러, 사용자들에게 있어서 자연스럽고 편리한 수법이다. 능동 기관−도구에 대한 제시는 모든 사전 조항에 필수적으로 나타난다, 그러나 수동 기관에 대한 정보는 기록되지 않을 수도 있다. 예를 들면, 몸짓 **бить себя в грудь**에서 능동 기관은 КИСТЬ(кулак или ладонь), 수동 기관은 ГРУДЬ, 몸짓 **почесать в затылке**에서 능동 기관은 КИСТЬ(пальцы), 수동 기관은 ГОЛОВА로 구분된다. 표정 몸짓 **зажмуриться**에서는 능동 기관인 ГЛАЗА만 표시된다; 자세−몸짓 **сидеть нога на ногу**에서는 능동 기관인 НОГА만 표시된다.

2. 문체적 기호 Стилистические пометы

몸짓의 입항에 문체적 기호들이 제공될 수 있다. 문체적 기호는 문체적으로 표시된 유표적인 몸짓으로부터(비속(грубый), 무례(неприличный), 풍자(ироничный), 유희(игровый) 등) 표시되지 않은 무표적인 몸짓을 구별할 수 있게 한다. 만약 이 기호가 모든 경우에 적용되지 않고, 단지 몇몇 경우에 사용되는 몸짓을 특징화한다면, 이 기호는 소괄호 ( ) 속에 넣어 준다.

이러한 기호는 말(речь)이 아니라 몸짓발신자의 행동을 특성화한다는 점을 전제하면서 전통적인 문체적 기호를 사용하였는데, 이것은 독자들이 이미 잘 알고 있으므로 더 이상 설명하지 않겠다. 이 사전에서는 НОСС(1995) 서적에서 최초로 도입한 비교적 새로운 기호들 "*уходящ.*(고어)", "*обиходн.*(통속적)"을 사용하였다.

기호 "*уходящ.*"는 현재 사용 범위가 과거와 비교해 볼 때 현저하게 줄어들어 자주 사용되지 않는 몸짓들(устаревающие жесты)을 표시한다; 예를 들면, **поцеловать руку, простирать руки**에는 기호 "*уходящ.*"가 기록된다. 기호 "*обиходн.*(통속적)"은 교양 있는 사람이 자신의 명예를 실추시키지 않고 자유롭게 사용할 수 없는 몸짓과 중립적인 몸짓 사이의 중간적 위치를 차지하고 있는 동작소를 의미한다. 예를 들면, 몸짓 **почесать в затылке**에 이 기호가 첨가된다.

언어와 몸짓 체계에서 문체의 척도는 여러 방식으로 다양하게 형성된다는 것을 이해해야 한다. 이것은 무엇보다도 언어 문체의 척도와 관련된다 — 일반적인 사전에서 회화체에 해당하는 단어는 문체적 기호 "*разг.*(회화)"로 표시된다. 몸짓은 대화나 회화를 떠나서 생각할 수 없기 때문에, 어떤 의미로 보면 모든 몸짓은 회화적이라고 할 수 있다. 즉, 몸짓의 언어 문체의 척도에서 이러한 정도는 중립적인 것이므로 사전에 기호로 표기되지 않는다.

문체 기호는 사전 조항의 다른 부분들, 즉, "유사 몸짓(жестые аналоги)", "유사 말(речевые аналоги)", 그리고 "다른 명칭(другие номинации)"의 영역에도 나타난다. 그러나 입항에서와 마찬가지로, 위에서 언급한 유사 몸짓(жестые аналоги) 영역에서 기호가 몸짓 자체를 특징화한다면, '유사 말(речевые аналоги)'과 '다른 명칭(другие номинации)' 영역에서의 기호들은 상응하는 언어적 표현들의 문체적인 유표성을 표시한다. 몸짓 **сунуть руку**(손을 내밀다)에서의 기호 "*пренебр.*(멸시적)"을 참고.

ᒍ. 신체 묘사의 영역 Зона физического описания

이제 입항의 기술에서 해석의 특징묘사 영역으로 이동해 보자. 이 부분은 몸짓에서 매우 중요한 영역인 신체 묘사 영역으로 시작된다. 도해적 형상화(изображение) 영역이 몸짓 형성의 정지된 결과를 기록하고 보다 더 신속하게 몸짓을 인식하는 것, 즉, 분석하는 것을 목표로 한다면, 신체 묘사의 영역은 몸짓의 계속적인 재현이나 종합을 목표로 한다. 몸짓의 신체 묘사는 특수한 언어로 이루어진다. 이러한 언어는 인체의 기본적 부위의 명칭과 그들에 의해 수행되는 움직임의 명칭을 포함하고 있다. 움직임의 명칭은 러시아어의 일반적인 어휘소로 기술되는데, 동사로 시작된다. 인체 부위의 명칭과 관련하여 단위들의 선택은 몸짓 사전의 기술이 무엇보다도 대중들의 이용을 위한 것이라는 공통적인 목표에 의해서 결정된다. 그러므로 우리는 불가피한 경우를 제외하고는 협의적이고 전문적이며 분석적인 용어들을 배제하려고 노력했다. 적합한 신체부위를 나타내기 위해서 대부분의 경우에 전문용어와 동일한 일상적인 언어 표현이 참고용으로 선택된다. 신체부위의 일상적 명칭이 해부학적인 명칭과 부합되지 않는 경우에도 역시 일상적인 명칭을 사용하려고 노력했다(예: плечо). 그리고 일상적 언어 표현을 이용하면 그 기술이 너무 길어지고 이해가 모호해지는 경우에만 신체부위의 전문적인 용어를 사용했다(지골 фаланга, 외이 ушная раковина, 몸통 корпус 등).

동일한 몸짓이 여러 가지의 대안적인 방법의 신체적 실현을 할 수 있으며, 이들은 모두 신체 묘사 영역에 제시된다. 신체적으로 가장 무표적이고 수행하기가 보다 편리한 변형이 기본형으로 간주된다. 몸짓이 실현되는 장소와 가장 자연스런 몸짓 수행 방법이 일치되는 변형을 신체적으로 가장 편리한 변형이라고 한다. 따라서 몸짓 **покрутить пальцем у виска**는 일반적으로 오른손에 의해서 오른쪽 관자놀이에서 실시되며, 이러한 정보는 몸짓의 사전 조항에 직접 기록되지 않는다. 동작소 **заткнуть уши**의 신체 묘사에서 왼손으로 왼쪽 귀를 오른손으로 오른쪽 귀를 막는다는 것은 기술되지 않는다. 신체적으로 이용이 가장 편리한 방식을 선택한다는 원리를 준수하면 몸짓의 신체적 실현의 기술을 경제적으로 할 수 있게 된다.

몸짓을 형성하는 움직임의 실현 방법과 원칙에 대한 기술 외에도, 그 자체로는 개별적인 몸짓이 아니지만, 필수적이거나 혹은 병행할 수 있는 몸과 얼굴의 움직임에 대한 정보들이 신체 묘사 영역에 기록된다. *Корпус подается вперед, губы сжаты, взгляд направлен на адресата*와 같은 언어적 표현들을 비교. 예를 들면, 몸짓 **провести рукой по горлу**의 신체적 묘사에서 팔의 움직임과 동시에 몸짓 발신자는 목을 앞으로 빼고 눈을 위로 치뜰 수 있다는 점이 언급된다.

몸짓 발신자의 움직임에서 어느 정도 재구성될 수 있는 은유가 감지된다면, 이에 대한 정보도 역시 신체 묘사 영역에 기록된다. 예를 들면, 몸짓 **почесать в затылке**(뒤통수를 긁다)의 기저에는 몸짓 발신자가 자신의 움직임으로 뇌의 작동을 촉진시키고 사고를 시작하게 한다는 의도가 들어 있으며, 실망(досада)을 표현하는 몸짓 **ударить себя по лбу**에는 벌의 개념이 포함되어 있다.

신체 묘사 영역에는 인체의 일부나 기관이 아니면서 몸짓의 구성요소가 될 수 있는 물리적인 대상에 대한 정보가 첨가되며, 이러한 것은 보조물체(удлинитель)라는 명칭을 지닌다. 몸짓 **показать пальцем**(손가락으로 가리키다)은 손이나 손을 길게 연장해 주는 상대적으로 길고 가느다란 물체(연필, 잔가지 등)를 사용하여 실시할 수 있다. 이러한 경우에도 해당 몸짓의 명칭은 그대로 유지된다. 러시아어에 *показать ручкой*(펜으로 가리키다)라는 몸짓은 없다. 작별의 몸짓 *помахать рукой*(손을 흔들다)는 보조물체로 손수건을 사용하여 수행할 수 있다.

4. 동반되는 몸짓 Сопутствующие жесты

사전의 이 영역에는 기본 몸짓과 동시에, 몸짓의 실행 후에, 또는 드물긴 하지만 몸짓의 실시 이전에 직접적으로 수행될 수 있는 몸짓의 명칭이 자리한다. 이 영역의 바로 이러한 것들에 의해서 몸짓의 결합성 (сочетаемость)이 정해진다. 예를 들면, 몸짓 **развести руками**의 조항에 동반 몸짓 **пожимать плечами**가 기록되고, 몸짓 **махнуть рукой** 1에는 멸시 또는 유감을 나타내는 표정의 표출의 가능성, 예를 들면, *скривиться*(얼굴을 찡그리다) 또는 *поморщиться*(불만을 나타내다)가 제시된다. 대체로 동반되는 몸짓은 유사한 의미를 지니고 있으며, 그의 해설에 근거하여 기본 몸짓과의 일치가 어떤 의미적 구성분에 따라 일어나는지 쉽게 확인할 수 있다.

다의적 몸짓의 여러 의미들에는 신체 묘사와 동반 몸짓들의 공통의 영역이 자주 발견된다.

5. 해설 Толкование

몸짓 해설(толкование) 영역의 입항에는 문장 형식으로 제시된 그의 언어적 명칭이 기록된다. 몸짓의 의미적 특성을 반영하는데 있어서 가장 적절한 형태로 제시되며 동시에 그의 신체적 실현의 본질에 가장 잘 부합되는 상과 시제를 지닌 동사가 해설 입항의 기본적 요소가 된다. 예를 들면, **топнуть ногой**의 1회의 움직임을 나타내기 위해서 입항에 *X топнул ногой*가 선택된다. 입항의 변수는 일반적으로 술어의 의미상의 행위자를 나타낸다. 일정 시간에 걸쳐 계속되는 몸짓 **поманить пальцем, почесать в затылке**에서는 사실적-지속적인 의미를 지닌 불완료상 동사가 선택된다: *X манит пальцем У-а, X чешет в затылке.*

몸짓 해설의 텍스트에서는 불변요소와 가변요소들, 단언과 가정

(ассерция и пресуппозиция)이 구별되고 있으며 불가피한 원인-결과의 관계들이 언급된다.

본 사전의 해설에 사용될 언어를 선택할 때에 우리는 처음부터 그것을 모스크바 의미론 학파(예: Апресян 1995)에서 채택하고 있는 의미론적인 메타언어에 부합시키려고 노력했으며, 몸짓의 기술과 언어적 기술의 외적인 일치를 보장해야 한다고 판단했다. 그러나 실제로는 기술되는 자료들 자체가 현대 사전편찬의 해설에 있어서 의미론적인 언어에 대해 제기되는 요구로부터 이탈하고 있음을 보여 주었다.

이 사전에서 기술되고 있는 단위들이 비언어적인 성격을 지니고 있기 때문에, 우리는 총체적으로 모든 경우에 해설의 텍스트에서 가장 거대한 의미적 블록(семантические блоки)을 이용할 수 있다고 간주했다. 예를 들면, 우리는 몸짓의 해설에서 어휘소의 의미들이 의사소통 상황의 개별적인 구성부를 가장 명확하게 반영하는 어휘소(лексема)를 사용한다 — 그리고 심지어 그러한 어휘소가 문체적으로 유표적이거나 의미론적인 원소(примитив)에 대한 그의 정보가 길게 제시되는 경우에도 몸짓의 해설에서 어휘소를 사용한다. 우리는 또한 해설에서 만약 관용적 표현들이 몸짓의 의미를 더 명확하고 단순하게 표현할 수 있다면 이들을 이용한다. 이것은 무엇보다도 대중들이 편리하게 이용하도록 하기 위한 것이다. 전문적인 언어학자들은 러시아어 해석사전에 의거하여 독자적으로 심도 깊은 의미론적인 분석을 하는 것은 그리 어려운 일이 아니다.

본 사전에서 해설의 특수성은 고정된 최고의 요소들 — **몸짓 언어의 의미론적인 원소**(примитив)가 존재한다는 것이다. 의사소통 몸짓에서 '표시한다 показывает'(지시적으로 — '가르킨다 указывает'), 증후적 몸짓에서 '표현한다 выражает'가 그러한 요소들이다. 이러한 요소들이 존재하기 때문에 몸짓의 해설에 따라 몸짓의 사전편찬적 유형들을 정의하는 것이 용이해진다.

그러나 다른 대표적인 요소들과 마찬가지로 몸짓의 사전편찬적 유형에 있어서 몸짓의 원소들은 실제적인 정의에서 나타나지 않을 수도 있으나, 해설에 대한 아주 간단한 작업으로 쉽게 복구될 수 있다.

몸짓 의미를 기술할 때 당면하는 근본적인 난관은 동작 단위의 의미가 언어 단위의 의미보다 훨씬 더 활성적이라는 점이다. 어떤 측면에서 보면 몸짓 해설의 의미부는 대치되는 문맥에서 어휘소 해설의 의미부보다 훨씬 더 쉽게 지워지고, 제거되고, 후면으로 멀어진다. 또 다른 측면에서 보면 몸짓들은 문맥 속에서 다양한 화용적인 부가(добавка), 의미 확장(наращение)을 쉽게 획득한다. 이러한 관계로 구체적인 몸짓이 사용될 수 있는 상황의 범위를 엄격하게 규정하는 것이 쉽지 않은 경우가 발생한다. 이러한 경우에 몸짓의 해설은 사용 가능한 모든 상황들의 불변항으로 매우 일반적인 형태로 조성된다.

6. 사용 조건 Условия употребления

몸짓의 상황적이고 실제적인 사용 조건들, 주체 — 몸짓발신자와 몸짓수신자의 유형에 대한 정보들, 부분적으로 쌍방의 대화자들의 사회적 신분에 대한 정보들이 이 영역의 기본적인 내용을 이루고 있다. 예를 들면, 의사소통적 몸짓 **схватить за голову**는 전적으로 성인에 의해 사용된다는 점이 지적된다. 예법적 몸짓 **поцеловать руку**는 보통 남성이 여성에게, 또는 성에 관계없이 모든 사람이 지위가 높은 승려에게 행하며, 몸짓 **показать нос**는 익살스럽고 유희적인 성격의 상황에서 사용된다는 것을 표시한다.

이 영역에서는 몸짓 사용의 기본적인 범위에 대한 정보와 일정한 상황이나 문맥에서 의미의 여러 구성부의 중립화 조건들에 대한 정보가 제공된다. 위에서 이미 언급한 것처럼, 몸짓은 여러 가지 상황의 광범위한 영역에서 사용될 수 있기 때문에, 몸짓의 해설은 때로 가장 보편적인 모습으로 형성되어야 한다. 이러한 경우에 몇몇 가장 전형적인 상황들이 사용 조건 영역에서 강조되고 특징묘사 된다. 예를 들면, 몸짓 **развести руками**(두 팔을 벌리다)는 규범적 상황에서 몸짓수신자, 즉, 의사소통 상대방이 몸짓발신자에 의해서 복잡한 상황이 변경될 수 있을 것이라는 어떤 기대감을 지니고 있을 때 사용된다. 그러나 이와 관련하여 몸짓발신자는 다른 생각을 지닐 수 있고, 몸짓수신자의 기대감과는 상이한 견해를 지닐 수 있다. 한편, 이와 같은 상황에 영향력을 행사할 능력이 없음을 안타까워 할 수 있으며, 이런 경우에 몸짓발신자는 상대방에게 용서를 구한다. 다른 한편, 몸짓발신자는 몸짓수신자의 기대감이 부적절하다고 생각할 수 있고, 그래서 상대방이 기대하는 근거를 의심할 수 있다. 후자의 상황에서는 해당 몸짓을 몸짓 **пожать плечами**(어깨를 으쓱하다)와 결합하여 수행하는 것이 특징적이다. 이처럼 규범적인 것과 함께 해당 몸짓에는 몸짓수신자의 어떤 기대감의 존재를 전제로 하지 않는 변질되고, "모호해진(смазанное)" 사용이 있다. 이러한 경우에 몸짓발신자는 단지 일어나고 있는 상황에 영향을 끼칠 능력이 없다는 것만을 표시한다. 모호해진 사용의 경우에 해당 몸짓은 만물이 존재하는 질서에 대한 순종을 표현할 수 있다.

7. 몸짓 의미의 일어 표현 Зона однословной характеристики семантики жеста

몸짓 의미의 일어 표현(однословная характеристика)의 영역에서는 해당 몸짓과 가장 밀접하게 연관된 자연 언어의 단위가 표시된다. 예를 들면, 몸짓 **провести рукой по горлу**(손으로 목에 선을 긋다)는 이 영역에 어휘소 НАДОЕСТЬ(싫증나다)가, 몸짓 **ломать руки**(손을 쥐어짜다)는 단어 ОТЧАЯНИЕ(절망)와 БЕССИЛИЕ(무력)가 제시되었다. 물론 모든 몸짓들이 언어에서 일어 표현과의 상관관계를 지니고 있는 것은 아니기 때문에 사전의 조항에 해당 영역이 부재한 경우가 많다.

한편, 우리는 이 영역이 존재하는 이유는 몸짓 의미에 관해서 가장 일반적인 정보를 신속하게 얻기를 원하지만, 조항의 텍스트를 지속적으로 주의 깊게 읽을 수 없는 독자들의 노고를 줄여주는 데에 있다고 간주했다. 또 다른 한편 해당 지역은 몸짓의 의미론적 분류를 위한 유익한 토대를 만들어 준다: 절망(отчаяния), 협박(угрозы) 등의 몸짓들을 비교하시오. 이를 토대로 하여 주제적 지표 중의 하나가 형성된다.

8. 음성 및 언어 동반의 영역 Зона звукового и речевого сопровождения

몸짓을 동반하는 음성 및 언어의 영역에는 해당 몸짓과 함께 필수적이고 의무적으로 표현되는 연속적인 소리들, 유사언어(параязыковые) 단위나 또는 언어 단위들이 포함된다. 예를 들면, 몸짓 **провести рукой по горлу**(손으로 목에 선을 긋다)에는 동반되는 소리 "*Во*! 보"〈"*Во, где*! 보, 여기까지", "*Во, как*! 보, 이렇게"〉가 기록되고, 몸짓 **приложить палец к губам**(입술에 손가락을 대다)는 의미에 "Тс-с-с! 쉬!"가 표시된다.

9. 몸짓에 관한 백과사전 및 문화적 정보의 영역 Зона энтиклопедических и культурных сведений о жесте

본 사전에는 사전편찬자들이 몸짓의 정확한 사용과 이해를 위해서 필요하다고 인정하는 경우 고유한 언어학 및 기호학적 정보와 함께 몸짓에 대한 백과사전적이고 문화적인 정보가 제시된다. 이 백과사전 및 문화적 정보의 영역에는 몸짓에 대한 어원적, 역사적, 문화적 정보나 또는 몸짓에 관련된 인물과 사건에 관한 역사적 사실들이 위치한다. 예를 들면, 몸짓 **показать большой палец**(엄지손가락을 보여주다)와 연관된 흥미로운 역사가 그러한 경우이다. 문제의 핵심은 모든 정황으로 보아이 몸짓의 기원에 관한 허위적인 가설이 러시아와 전 유럽에서 이미 오래 전부터 존재해 왔다는 점이다. 제한적인 환경에서 사용되었던 이 승인(одобрение)의 몸짓이 고대 로마에서 탄생했다는 속설에 동의한다. 고대 로마의 콜로세움에서 열린 검투사의 결투에 참석한 황제는 결투에서 용감하게 처신한 패배자가 생명을 유지하길 바라는 이 신호를 보내면서 자신의 호의를 표현했으며 그 당시 원형극장에 나온 사람들에게 결투 중지 신호를 보내곤 했다. 사실, 이 몸짓의 상징은 아주 단순하다. 위로 치켜 올린 엄지는 하늘, 상부, 즉, 좋은 장소로 보낸다는 것을 상징한다.

만약 어떤 몸짓이 문화적으로 중요한 인물이나 예술 작품과 관련이 있다면, 이것도 역시 여기에 기록된다. 이 영역에서 *단톤의 주먹(Кулак Дантона)*이라는 역사와 관련된 명칭을 지닌 주먹을 쥐고 팔을 위로 힘차게 흔드는 몸짓을 정확하게 이해할 수 있도록 Дантон에 대한 모든 정보를 알려 주며, *사색가(мыслитель)*의 자세를 기술할 때는 로댕의 유명한 조각을 지적할 수 있다.

10~13 도우미 영역들 Справочные зоны

도우미 영역들은 독자들이 개별적인 몸짓의 제한적인 공간에서 공통의 러시아어 몸짓의 공간으로 나갈 수 있도록, 그리고 그곳에서부터 러시아어의 어휘-의미론적 공간으로 나갈 수 있도록 도와주기 위한 영역이다.

10. 유사 몸짓의 영역 Зона жестовых аналогов

유사 몸짓(жестовые аналоги) 영역에는 기본 몸짓 의미와 의미심장할 정도로 서로 의미가 교차하는 단위들이 모였다. 유사 몸짓은 항상 해당 몸짓과 함께 동일한 의미의 장으로 유입되는 단위들이며, 부분적으로는 그의 동의어(синоним)이다. 그러나 우리는 해당 몸짓과 의미적 친족성이 보다 먼 관계에 있는 몸짓에 대한 인용도 이 영역에 기록하도록 한다.

의미의 여러 구성분에 따라 다양한 종류의 유사 몸짓들이 나타날 수 있다. 그리하여 몸짓 **склонить голову**의 유사 몸짓 영역에는 몸짓 **обнажить голову**와 **закрыть лицо руками** 2에 대한 인용이 자리하게 된다.

11. 유사 언어 영역 Зона речевых аналогов

유사 언어 영역에는 기술되고 있는 몸짓과 의미가 유사하기 때문에 대화 도중에 자주 그것을 교체하여 사용하거나 또는 동시에 사용할 수 있는 러시아어의 단어와 표현들이 들어 있다. 그러나 음성이나 언어 동반의 단위들과는 달리 유사 언어는 몸짓의 의무적인 요소는 아니다. 몸짓 **поманить пальцем**에는 유사언어로 *Эй!* (어이!), *Поди сюда!* (이리 와!) 등의 표현들이, 몸짓 **приложить палец к губам**에는 유사 언어로 *Тише!* (조용해!), *молчи!* (입 다물어!)와 같은 표현들이 제시된다.

12. 다른 명칭 Другие номинации

이 영역에는 기술되고 있는 몸짓을 의미하고 이 몸짓의 기본 명칭과 유사어이지만, 원래의 것과 비교할 때 분포도가 더 낮고 문체적으로 더 유표적인 언어적 표현들이 기록된다. 텍스트에서 해당 몸짓을 "이해하기" 위해서는 이러한 명칭들에 대한 지식이 반드시 필요하다. 예를 들면, 몸짓 **схватиться за голову**는 이 영역에 명칭 *браться за голову, сжать* ⟨*стиснуть, обхватить*⟩ *голову руками*가 포함된다; 몸짓 **ударить кулаком** по столу에는 명칭 *треснуть〈стукнуть, хватить, тразнуть, ахнуть, жахнуть, грохнуть〉 кулаком по столу*가 포함된다; 몸짓 **голосовать** 2에는 명칭 *поднять руку 3, ловить машину*가 포함된다; 몸짓 **показать кукиш**에는 명칭 *показать фигу〈фиг, кукиш, дулю, шиш, комбинацию из трех пальцев〉; сделать〈сложить〉 комбинацию из трех пальцев; сложить дулю*가 기록된다.

13. 관용구 Фразеология

언어에서는 자연 언어를 기반으로 몸짓 의미로부터 파생된 의미와의 확고한 관용적 결합이 일어날 만큼, 어떤 몸짓들은 자연 언어와 밀접한 관계를 맺고 있다. 이러한 관용적 단위들을 우리는 **몸짓 관용구 (жестовая фразеология)**라고 명명한다. 예를 들면, 몸짓 **махнуть рукой** (손을 흔들다)를 기반으로 'перестать заботиться (걱정하기를 멈추다)', 'оставить попытки воздействовать на кого-л.〈что-л.〉 (어떤 사람〈것〉을 압박하려는 시도를 유보하다)'의 의미를 지닌 관용적 표현 *махнуть рукой на кого- или что-либо* (~를 내버려 두다)가 형성되었다. 그리고 몸짓 **стоять с протянутой рукой** (손을 내밀고 서다)는 'быть вынужденным просить кого-либо о чем-либо и тяготиться этим состоянием (어떤 사람에게 어떤 것을 부탁할 수밖에 없고 이러한 상황이 고통스럽다)'의 의미를 지닌 관용구 *стоять с протянутой рукой* (구걸하다)의 기저가 되었다. 다음의 예문을 참고하시오:

*Она щедро присылала деньги дочери, но понять ее не могла. Как это **махнуть рукой** на профессию, на себя, на людей?* (Г. Щербакова, Отчаянная осень); 그녀는 딸에게 돈을 넉넉하게 보냈다, 그러나 그녀는 딸을 이해할 수 없었다. 어떻게 직업을, 자신을, 사람들을 단념할 수 있단 말인가?

*Конгресс США, накладывающий запрет на платежи, несет теперь главную вину за то, что "успешно действующий миротворец **стоит с протянутой рукой**"* (Уппсальский корпус).

지불금지 조치를 고수하고 있는 미국의 의회는, "성공적으로 활동하고 있는 조정자가 구걸하고 있다"는 점에 대해 전적으로 책임이 있다.

이 관용구 영역에는 사회·문화적으로 가장 의미 있고, 언어적으로 가장 많이 사용되는 몸짓관용구가 기술된다. 이 영역에서 몸짓의 관용구가 제시되고 그에 대한 해설이 제공되거나 그의 몸짓과의 관계에 대해 상대적으로 강화된 해설이 제공된다.

14. 텍스트 예문의 영역 Зона текстовых иллюстраций

텍스트 예문의 영역은 몸짓에 있어서 실제적으로 의미적이고 기능적인 잠재능력을 보여주기 위한 것이다. 이 영역에서는 몸짓의 명칭을 포함하고 있는 언어적인 문맥이 소개된다. 표준적 명칭을 지니지 않은 몸짓의 사전 조항의 해당 지역에는 당연히 아무 것도 제시되지 않으며, 이러한 조항에는 이따금 몸짓발신자가 생성하는 움직임에 대해 상세한 언어적 묘사를 포함하고 있는 문학작품의 예들이 제시될 수 있다.

예문의 자료들은 방대한 텍스트의 전산 말뭉치와 저자들의 색인카드를 바탕으로 수집하였으며, 또한 인터넷으로 접근할 수 있는 많은 문학과 예술적 텍스트를 이용하였다. 텍스트의 이러한 방대한 말뭉치에도 불구하고, 대표적으로 선별된 예를 이용하여 개별 몸짓들을 충분히 설명할 수 없었다는 점이 유감스럽다.

예문에는 먼저 기본 명칭을 지닌 예들이 기록되고, 그 다음 그 밖의 다른 명칭을 포함한 예들이 기록된다. 텍스트 예문의 영역은 텍스트에서 언어적 명칭의 행위가 아니라, **의사소통 상황에서의 몸짓의 사용을** 보

여 주기 때문에, 우리는 특별한 종류의 예들을 그 곳에 기록하는 것이
적절하다고 판단했다. 즉, 다시 말하자면, 우연적이고 사용빈도가 낮기
때문에 다른 명칭의 영역에서 언급할 의미가 존재하지 않는 표제어 몸
짓의 기술이 이 영역에서 제공된다, 그러나 이러한 경우에도 이것은 분
명히 해당 몸짓과 관계가 있으며 그의 사전편찬의 작업에 새로운 특성
들을 부여해 준다.

참고문헌
ЛИТЕРАТУРА

Акишина, Кано 1980 – А.А. Акишина, Х. Кано. *Словарь русских жестов и мимики*. Токио, 1992.

Акишина А.А., Кано, Акишина Т.Е. 1991 – А.А. Акишина, Х. Кано, Т.Е. Акишина. *Жесты и мимика в русской речи. Лингвострановедческий словарь*. М.: Русский язык, 1991.

АНГРУССИН 1979 – *Англо-русский синонимический словарь (коллектив авторов под рук. А.И. Розенталя и Ю.Д. Апресяна)*. М.: Русский язык, 1979.

Андреа, Боер 1982 – Andrea, P., de Boer, H.P. *Nieuw Nederlands Gebarenboekje*. Amsterdam: Manteau, 1982.

Апресян 1986 – Ю.Д. Апресян. *Интегральное описание языка и толковый словарь* // Вопросы языкознания, No.2, 1986, 57~70.

Апресян 1995 – Ю.Д. Апресян. *О языке толкований и семантических примитивах* // Апресян Ю.Д. Избранные труды, т. 2. М.: Школа "Языки русской культуры", 1995, 466~502.

Баракат 1969 – Barakat, R. *Gesture systems* // Keystone folklore quarterly, 14, 1969, 105~121.

Баракат 1973 – Barakat, R. *Arabic gestures* // Journal of popular culture, 6, No.

4, 1973, 749~893.

МАС 1981~1984 – Словарь современного русского литературного языка. Т. I~IV. М.: Русский язык, 1981~1984.

Баумль Б., Баумль Ф. 1975 – Bauml, B.J., Bauml, F.H. *A dictionary of gestures*. Metuchen, N.J.: Scarecrow Press, 1975.

Бреммер, Руденбург 1991 – J. Bremmer, H. Roodenburg (ed.) *A cultural history of gesture*. Ithaca, N.Y.: Cornell Univ. Press, 1991.

Бройд 1977 – Broide, N. *Israeli emblems – Israeli communication units: Emblems repertoire of "Sabras" of East European Descents*. MA dissertation. Tel Aviv: Tel Aviv Univ., 1977.

Брюер 1951 – Brewer, W.D. *Patterns of gesture among the Levantine Arabs*. American anthropologist, 53. No.2, 1951, 232~237.

Вили 1977 – Wylie, L. *Beaux gestes: A guide to French body talk*. Cambridge, MA: The Undergraduate Press, 1977.

Грин 1968 – Green, J.R. *A gesture inventory for the teaching of Spanish*. Philadelphia, PA: Chilton Books, 1968.

Дживенс 1986 – Givens, D.B. *The big and the small: toward a paleontology of gesture*. Sign language studies, 51, No.3, 1986, 145~170.

Джонсон 1971 – Johnson, K. *Black kinesics: Some non-verbal communication patterns in the Black culture*. The Florida foreign language reporter, 57, 1971, 17~20.

Джонсон 1972 – Johnson, H.G. *American communicative gestures: the emblem repertoire of middle-class males in the western United States*. Ph. D. dissertation. Univ. of California, San Francisco, 1972.

Джонсон 1985 – Johnson, S. *Japanese nonverbal communication*. Rowley, MA: Newbury House, 1985.

Джонсон, Экман, Фризен 1975 – Johnson, H.G., Ekman, P., Friesen, W. V. *Communicative body movements: American emblems*. Semiotica, 15, No.4, 1975, 335~353.

Кальбрис 1990 – Calbris, G. *The semiotics of French gestures*. Bloomington: Indiana University Press, 1990.

Кальбрис, Монтредон 1986 – Calbris, G., Montredon, J. *Des gestes et des mots pour le dire*. Paris: Cle International, 1986.

Кендон 1992 – Kendon, A. *Some recent work from Italy on quotable gestures ("emblems")*. Journal of linguistic anthropology 2, No.1, 1992, 72~93.

Кирх 1987 – Kirch, M.S. *Deutsche Gebardensprache*. Hamburg: Baske, 1987.

Колл и др. 1990 – Coll, J., Gelabert, M.J. & Martinelli, E. Diccionario de gestos con sus giros mas usuales. Madrid: Edelsa, 1990.

Крейдер 1977 – Creider, C.A. *Toward a description of East African gestures*. Sign language studies, 14, 1977, 1~20.

Крейдлин 1999~2000 – Г.Е. Крейдлин. Невербальная семиотика. М., 1999~2000.

Лебра 1976 – Lebra, T.S. *Japanese patterns of behavior*. Honolulu: East-West Center of the Univ. Press of Hawaii, 1976.

Лэйкин 1963 – Laikin, P. *A hand guide to language, with a guide to famous international hand gestures*. N.Y.: Sloves & Frey, 1963.

Монохан 1983 – Monohan, B. *A dictionary of Russian gestures*. Ann Arbor, MI: Hermitage, 1983.

Моррис 1994 – Morris, D. *Bodytalk: A world guide to gestures*. London: Jonathan Cape, 1994.

Николаева, Успенский 1966 – Т.М. Николаева, Б.А. Успенский. *Языкознание и паралингвистика* // Лингвистические исследования по общей и славянской типологии (ред. Т.М. Николаева). М.: Наука, 1966, 63~74.

НОСС 1995 – Ю.Д. Апресян, О.Ю. Богуславская, И.Б. Левонтина, Е.В. Урысон. *Новый объяснительный словарь синонимов*. Проспект. М.: Русские словари, 1995.

Парайто 1993 – Payrato, L. *A pragmatic view on autonomous gestures: A first repertoire of Catalan emblems.* Journal of pragmatics, 20, 1993, 193~216.

Поджи 1998 – Poggi, I. *Italian gestionary. Lexical gestures of Italian hearing people*, 1998 (рукопись).

Поджи, Зомпарелли 1987 – Poggi, I, Zomparelli, M. *Lessiko e grammatica nei gesti e nelle parole* // I. Poggi (ed.) Le parolle nella testa. Guida a un'educazione linguistica. Bologna: Sosieta editrice il Mulino, 1987, 291~327.

Познер и др. 1998 – Posner, R., Kruger, R., Noll, T. & Serenari, M. *The Berlin Dictionary of everyday gestures* // The semantics and pragmatics of everyday gestures. Berlin, Research center for semiotics of the Technical University, 1998 (тезисы доклада).

Ректор 1986 – Rector, M. *Emblems in Brazilian culture* // P. Bouissac, M. Herzfeld & R. Posner (eds.). Iconicity: Essays on the nature of culture. Festschrift for Thomas A. Sebeok on his 65th birthday. Tubingen: Stauffenburg Verlag, 1986, 447~462.

Ректор, Тринта 1985 – Rector, M., Trinta, A.R. *Communicacro nro-verbal: A gestualidade Brasileira.* Petropolis, Rio de Janeiro: Editora Vozes, 1985.

Риччи–Битти 1992 – Ricci–Bitti, P.E. *Communication by gesture in South and North Italian. Italian journal of psychology*, 3, 1976, 117~126.

Риччи–Битти 1992 – Ricci–Bitti, P.E. *Facial and manual components of Italian Symbolic gestures* // F. Poyatos (ed.). Advances in nonverbal communication: Sociocultural, clinical, esthetic and literary perspectives. Amsterdam/ Philadelphia: John Benjamins Publishing Company, 1992, 187~196.

Сафади, Валентайн 1988 – Safadi, M., Valentine, C. *Emblematic gestures among Hebrew speakers in Israel.* International journal of intercultural relations, 12, 1988, 327~361.

Сафади, Валентайн 1990 – Safadi, M., Valentine, C. *Contrastive analysis of American and Arab nonverbal and paralinguistic communition.* Semiotica, 82, No.3, 1990,

269~292.

Сорин-Баррето 1982 – Sorin-Barreteau, L. *Gestes narratifs et langage gestuel chez les Mofu (North Cameron)*. Cahiers de litterature orale, 11, 1982, 37~93.

Спархок 1981 – Sparhawk, C.M. *Contrastive-identificational features of Persian gesture*. Semiotica, 24, 1981, No.1, 1981, 49~86.

Сэйтс и Сервенка 1972 – Saits, R.L. & Cervenka, E.J. *Handbook of gestures: Colombia and the United States* (Approaches to Semiotics. 31). The Hague: Mouton, 1972.

ТКС 1984 – И.А. Мельчук, А.К. Жолковский. *Толково-комбинаторный словарь современного русского языка*. Опыты семантико-синтаксического описания русской лексики. Вена, 1984.

Тэйлор 1974 – Taylor, H.M. *Japanese kinesics*. Journal of the Association of teachers of Japanese, 9, 1974, 65~72.

Хьюис 1955 – Hewes, G.H. *World distribution of certain postural habits*. American anthropologist, 57, No.2, 1955, 231~244.

Хьюис 1957 – Hewes, G.H. *The anthropology of posture*. Scientific American, 196, No.2, 1957, 122~132.

Эфрон 1941~1972 – Efron, D. *Gesture and Environment*. New York: King's Crown Press, 1941 (2nd edition – 1972: в 1972 году книга вышла под названием *Gesture, Race and Culture*).

강조방식과 기호
ПРИЕМЫ ВЫДЕЛЕНИЯ И УСЛОВНЫЕ ЗНАКИ

몸짓의 명칭은 반고딕 이탤릭체로 표기하고 표제어의 명칭은 대문자 직립체를 사용한다. 몸짓 명칭의 구성소에 표기된 숫자는 이해를 방해하지 않는 경우에 생략될 수 있다. 조항에서 다른 몸짓들이 언급되는 경우에 이들의 명칭은 이탤릭체로 구분된다. 언어적 표현들은 일어 묘사를 제외한 모든 영역에서 역시 이탤릭체로 기록되며, 이 영역에서는 어휘소들이 대문자 직립체로 표기된다. 몸짓의 해설은 직립체로 기록되며 인용부호(' ')를 사용하여 표시한다. 사전 조항의 텍스트에서 독자들이 특히 주의할 필요가 있는 중요한 키 개념은 글자 간격을 넓게 표기하여 강조한다. 본 역서에서는 해당 단어 위에 방점을 찍어 강조한다.

원전의 인용은 직립체로 표기하며 소괄호 속에 넣는다. 이 부분은 대체로 예문이 발췌된 문헌의 명칭과 저자의 필명으로 구성되는데, 저자의 필명은 19세기 저자들은 2개의 이니셜을 사용하고, 20세기 저자들은 1개의 이니셜을 사용한다.

사전 조항의 텍스트에서는 소괄호, 각괄호, 사각괄호가 사용된다. 각괄호 속에 몸짓 명칭의 일부 변이형이나 언어 표현의 변이형들이 포함된다: 예를 들면, *поднести〈приставить, прижать〉 палец к губам*에서처럼 각괄호 속에 몸짓 명칭의 선택적인 부분이나 그들과 함께 동반되는 음성과 텍스트 내의 참조문헌이 자리한다. 사각괄호에는 사전 조항의 각 영역에서 텍스트의 여러 종류의 주석이나 문학적 예들에 대한 "해설(пояснение)"이 자리한다. 예를 들면, 문학작품에서의 등장인물들의 이름이 대명사로 나타나거나 전혀 명시적으로 나타나지 않을 경우에 이들이 제시된다. 몸짓 **показать кукиш 쿠키쉬를 보여주다**의 동반 음성 의 영역을 비교하시오: **показать кукиш** – *фиг*⟨*шиш*⟩ *тебе* 너한테 이것 ⟨피그, 쉬쉬⟩을 줄께; *фигу* 피구[아무 것도 안 주겠어]; *накося выкуси* 안 줄거야; *а это видел* 봤지; *а это*⟨*этого*⟩ *не хочешь* 이것을 원하지 않니; *вот тебе* 이거나 받아라; *во!* 보 옛다! [만약 상황 P의 실현이 몸짓발신자 자신에게 달려있다면, 그 몸짓은 음성을 동반하지 않고 실 현될 수 있다; 만약 상황 P의 실현이 몸짓발신자의 의지가 아니라 외적 상황에 달려 있다면, 음성을 동반하지 않고 몸짓을 실현할 수 없다.]

수직 화살표 '↑↓'는 이전이나 이후에 나오는 텍스트를 참조하기 위한 기호로 사용된다.

약어 'VS.'는 사용되는 쌍에 있어서 서로에 대한 대조에 독자의 주의 를 끌기 위해서 사용된다.

일반적으로 동등함을 의미하는 물결 표시 '≃'는 완벽하게 정확한 해 설이 아니고 매우 근접한 해설이라는 것을 표시하기 위해 사용한다. 부호 '...'은 인용에서 텍스트의 일부를 의도적으로 생략한다는 것을 표 시한다.

부호 '/'는 몸짓 의미의 일어 묘사 영역에서 선택성의 의미로 사용된 다, 예를 들면, ОТЧАЯНИЕ / БЕССИЛИЕ로 기록된 경우에 해당 몸짓 이 절망 또는 무력을 표현한다는 것을 의미한다.

사전의 출처 목록
СПИСОК ИСТОЧНИКОВ СЛОВАРЯ

비노그라도프(В. В. Виноградов) 러시아어 연구소의 이론적 의미론 섹터와 동 연구소의 기계기금부에 의해서 제공된 텍스트의 전산 말뭉치들이 사전의 기본적인 참고문헌의 출처로 사용되었다. 텍스트의 다른 부분들은 저자들이 독자적으로 인터넷 망을 이용하여 수집했다.

우리 관리에 있는 텍스트의 전산 말뭉치의 총 규모는 600만에 달한다. 거기에는 러시아 고전문학, 은세기 문학, 여러 장르의 현대작가들의 작품 — 산문, 시가, 희곡, 사회정치평론, 문학비평 등이 들어 있다.

기록의 편리를 위해서 우리는 다음과 같이 기본적인 문헌의 출처만을 밝히기로 한다: С. Антонов, Анкета; Ф. Абрамов, Потомок Джима; Ф. Абрамов, Слон голубоглазый; Ф. Абрамов, Новогодняя елка; Ф. Абрамов, А у папы были друзья?; Ф. Абрамов, Братья и сестры; В. Аксенов, Апельсины из Марокко; В. Аксенов, Пора, мой друг, пора; Архив Независимой Газеты (НГ); А. Блок, Собрание сочинений, тт. 1~3; М. Булгаков, Белая гвардия; М. Булгаков, Мастер и Маргарита; М. Булгаков, Театральный роман; И. Бунин, Избранное; А. Вампилов, Прощание в июне; Н.В. Гоголь, Полное собрание сочинений; И.А. Гончаров, Обломов; И.А. Гончаров, Обрыв; С. Довлатов, Дальше; С.

Довлатов, Заповедник; С. Довлатов, Соло на ундервунде; Ф.М. Достоевский, Бесы; Д. Гранин, Дом на Фонтанке; В. Ерофеев, Москва −Петушки; А. Житинский, Внук доктора Борменталя; А. Житинский, Дитя эпохи; Ф. Искандер, Кролики и удавы; Ф. Искандер, Рассказы; И. Ильф и Е. Петров, Золотой теленок; А. Кабаков, Сочинитель; А. Кабаков, Последний герой; М.Ю. Лермонтов, Герой нашего времени; С. Лем, Солярис, пер. Д. Брускина; А. Молчанов, Дао; В. Набоков, Стихи и рассказы; Б. Пастернак, Доктор Живаго; К. Паустовский, Рассказы; В. Пелевин, Омон Ра; В. Пелевин, Желтая стрела; В. Пелевин, Жизнь насекомых; В. Пелевин, Принц Госплана; Л. Петрушевская, Сырая нога, или встреча друзей; Л. Петрушевская, День рождения Смирновой; Л. Петрушевская, Три девушки в голубом; Л. Петрушевская, Лестничная клетка; Л. Петрушевская, Любовь; А.С. Пушкин, Выстрел; А. Рыбаков, Дети Арбата; К. Симонов, Стихотворения; А. и Б. Стругацкие, Град обреченный; А. и Б. Стругацкие, Путь на Амальтею; А. и Б. Стругацкие, Малыш; А. и Б. Стругацкие, Понедельник начинается в субботу; Ю. Трифонов, Предварительные итоги; И.С. Тургенев, Бежин луг; И.С. Тургенев, Отцы и дети; И.С. Тургенев, Отцы и дети; И.С. Тургенев, Дворянское гнездо; И.С. Тургенев, Дым; И.С. Тургенев, Рудин; Уппсальский корпус; В. Ходасевич, Колеблемый треножник; А. Чехов, Рассказы; Ю.К. Щеглов, Романы И. Ильфа и Е. Петрова.

문체기호의 약어표
СОКРАЩЕНИЯ ИСПОЛЬЗОВАННЫХ
СТИЛИСТИЧЕСКИХ ПОМЕТ

воен. – военное (군사적)

груб. – грубое (비속어)

детск. – детское (유아)

необиход. – необиходное (비통속적)

офиц. – официальное (공식)

офиц.-фам. – официально-фамильярное (공식-친밀)

пренебр. – пренебрежительное (멸시)

обиход. – обиходное (통속적)

прост. – просторечное (구어)

редк. – редкое (희귀)

сленг. – сленговое (속어)

спец. – специальное (전문)

устар. – устаревшее (사어)

уходящ. – уходящее (고어)

шутл. – шутливое (농담)

몸짓의 사전 항목
СЛОВАРНЫЕ СТАТЬИ ЖЕСТОВ

БИТЬ СЕБЯ В ГРУДЬ, обиходн.
자신의 가슴을 치다, 통속적.

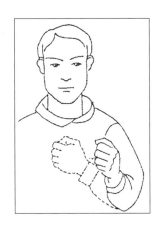

часть тела 신체부위: *РУКА* 팔
активный орган 능동 기관: *КИСТЬ* 손
пассивный орган 수동 기관: *ГРУДЬ* 가슴

Физическое описание 신체 묘사

몸짓발신자는 주먹이나 손바닥으로 자신의 가슴을 친다. 이 때 몸짓발신자의 몸체는 몸짓수신자를 향해 앞쪽으로 기울어질 수 있다. 이 몸짓은 손바닥을 사용하면 조금 더 부드럽게 느껴진다.

⚏ Толкование 해설

X бьёт себя в грудь (X는 자신의 가슴을 친다) = '몸짓발신자 X는 어떤 상황 P가 발생한다는 것을 몸짓수신자에게 확신시키고자 한다; X는 흥분한 상태이며 그는 상황 P가 발생한다는 것을 몸짓수신자는 믿어야 한다고 나타낸다; X는 자신의 말들이 진실이라는 것의 증표가 바로 자신임을 가리킨다.'

⚏ Условия употребления 사용 조건

몸짓은 풍부한 표현적 성격을 지닌다. 이 몸짓은 몸짓발신자의 내적인 상태가 이미 언어로는 표현할 수 없고 행동으로 표현되어야 할 정도로 흥분된 상태임을 나타낸다.

이 몸짓의 기저에는 보증의 관념이 깃들어 있다. 몸짓발신자는 자신이 주장하는 견해가 사실이라는 것을 자신의 생명과 신체로 보증한다는 것을 나타낸다. 또한 이 몸짓에서는 지시적 성분을 감지할 수 있다: 몸짓발신자는 자신의 움직임으로 자신을 가리킨다.

제안된 주장에 동조하지 않는 몸짓수신자를 설득하면서, 몸짓발신자가 자신의 공적이나 또는 자신이 처한 특별한 입장에 대해 몸짓수신자에게 상기시키고자 할 때 이러한 상황이 일반적으로 나타난다.

⚏ Однословная характеристика 일어 표현

УБЕЖДАТЬ 설득하다 / КЛЯСТЬСЯ 맹세하다

⚏ Жестовые аналоги 유사 몸짓

Приложить руку к груди 가슴에 손을 얹다; "*зуб даю* 맹세한다."

⚏ Речевые аналоги 유사 언어

Разрази меня гром! 벼락 맞는다! [만약 내 말이 틀리면 내게 벼락이 내릴 것이다! 자신의 말이 사실이라는 것을 강조할 때 사용한다]; *Голову даю на отсечение!* 내 목숨을 걸고 보증한다!; *Вот тебе крест!* 너에게 성호를! [내 말이 진실임을 성호를 그어 보증한다는 의미로 사용한다]; *Клянусь!* 맹세해!; *Ей–ей* 신에게 맹세코!; *Да я P!* 정말로 난 P를 확신해!

₩ Другие номинации 다른 명칭

ударять ⟨стучать⟩ себя в грудь. 자기 가슴을 치다⟨두드리다⟩.

₩ Энциклопедические сведения 백과사전 정보

원래 бить себя в грудь는 고해의 의미를 표현하는 몸짓이었다. 몸짓 발신자가 이 몸짓을 가슴에 대고 실시하는 이유는 서약할 때 사용하는 전통적인 신비로운 물체인 신체에 직접 닿도록 거는 십자가가 가슴에 놓인다는 사실과 관련이 있다.

₩ Иллюстрации 예문

*Босяк не унимался, он **ударил себя** кулаком **в грудь**, стал, поднимая плечи и хрипя, декламировать: Кто пьянствует с похмелья, Тот действует умно...* (И.А. Бунин, Деревня).

부랑자는 감정을 억누르지 못하고, 자신의 가슴을 주먹으로 치며, 어깨를 들썩거리며 쉰 목소리로 연설하기 시작했다: 숙취를 풍기면서 마시는 사람은 현명하게 행동하는 사람이다...

*Судили–рядили и постановили: лишить премии на 50 процентов. И что же? Пострадавшие бросились в кабинет директора, стали **бить себя в грудь*** (Уппсальский корпус).

논의 끝에 이렇게 결정했다: 특별수당을 50% 삭감하기로 했다. 그런데 이게 무슨 일이야? 피해자들이 부장의 집무실에 들이닥쳐 자신들의 가슴을 치기 시작했다.

*Они имеют право, как ветераны, **бить себя** пьяной культею **в грудь** в том смысле, что проливали кровь за советскую водку для финнов и финский терилен для Советов* (А. Битов, Пушкинский дом).

핀란드인들은 소비에트 보드카를 주기 위해서 피를 흘렸고 소비에트 인들은 핀란드의 테릴렌[인공섬유]을 주기 위해서 피를 흘렸다는 의미 에서, 재향군인으로서의 그들은, 주정뱅이 불구의 손으로 자신의 가슴 을 칠 권리를 가지고 있다.

*Когда Будрин начал перебивать его вопросами насчет тех же самых шестисот литров, он вскричал с горьким смехом, **ударив себя в грудь кулаком**: — Ну, и вор, ну, и украл, — сам выпил!* (В. Катаев, Молоко).

부드린이 동일한 바로 육백 리터에 관한 질문으로 그를 방해하기 시 작하자, 그는 주먹으로 그의 가슴을 친 후, 쓴 웃음을 지으며 외쳤다: — 저~ 도둑이, 저~ 훔쳐갔어, — 자신이 다 마셔버렸어!

ВОЗДУШНЫЙ ПОЦЕЛУЙ, необиходн.
공중 키스, 비통속적.

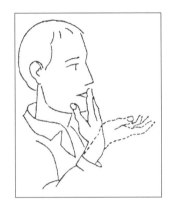

часть тела 신체부위: *РУКА* 손
активный орган 능동 기관: *РУКА* 손
пассивный орган 수동 기관: *ЛИЦО* 얼굴

ⅲ Физическое описание 신체 묘사

몸짓발신자는 몸짓수신자를 바라보면서 손바닥을 펴고 손가락을 입술에 대고 입을 맞춘다. 그런 다음 즉시 손바닥을 몸짓수신자에게 향하게 하고, 마치 대기를 통해서 풍선과 같은 어떠한 가벼운 물체를 공기 속으로 날려 보내려고 하는 것처럼 몸짓수신자를 향해서 손과 몸으로 그러한 움직임을 만든다.

ⅲ Сопутствующие жесты 동반 몸짓

улыбка 미소

ⅲ Толкование 해설

X посылает Y-у воздушный поцелуй (X는 Y에게 공중키스를 보낸다) = '몸짓발신자 X는 자신이 Y에게 키스를 해 주면 Y는 기뻐할 거라고 생각 한다; X는 몸짓수신자 Y에게 만약 키스를 할 수 있다면 그에게 키스하고 싶다는 것을 나타낸다; 어떤 사정으로 인해 몸짓발신자는 몸짓

수신자에게 키스를 할 수 없지만, 그는 사람들이 일반적으로 누군가와 키스할 때 느끼는 그런 감정을 지니고 있음을 몸짓수신자에게 표시한다.'

ⵌ Условия употребления 사용 조건

일반적인 키스를 할 수 없는 어떤 상황에서, 예를 들어, 몸짓발신자와 몸짓수신자가 거리의 간격이나 장애물로 인해 상당히 떨어져 있는 상황에서 이러한 몸짓을 수행한다. 그러나 반드시 몸짓수신자는 몸짓발신자를 볼 수 있는 거리에 있어야 한다. 일반적으로 X와 Y는 상당히 가까운 사이이며 이러한 몸짓은 몸짓발신자가 몸짓수신자에 대해 사랑과 애정을 느끼고 있다는 것을 증명한다.

몸짓 *воздушный поцелуй*(공중 키스)는 흔히 작별할 때 사용한다. 이 몸짓은 어떤 경우에는 남성이 잘 모르는 여인과의 관계에서 그녀가 자신의 마음에 든다는 것을 보여줄 목적으로 사용할 수 있다. 이러한 경우에 해당 몸짓은 경박스럽거나 품위가 없다는 느낌을 자아낼 수도 있다.

ⵌ Жестовые аналоги 유사 몸짓

поцелуй 키스; *помахать рукой* 손을 흔들다

ⵌ Другие номинации 다른 명칭

послать рукой поцелуй 손으로 키스를 보내다

ⵌ Иллюстрации 예문

*Удерживайте, как говорится, крепость, а я вам принесу шоколадку. Секретарша расцвела. Нунан послал ей **воздушный поцелуй** и покатился по коридорам института* (А. и Б. Стругацкие, Пикник на обочине).

그러니까 말하자면 집을 지키고 있으시오, 난 당신에게 초콜릿을 가지고 오겠소. 비서는 얼굴이 활짝 피어났다. 누난은 그녀에게 공중 키

스를 보내고 나서 연구소의 복도를 굴러가듯이 내려갔다.

*Заметив одну женскую фигуру в окне второго этажа, господин Голядкин послал ей **рукой поцелуй*** (Ф.М. Достоевский, Двойник).

이층의 창문에 나타난 한 여인의 모습을 발견하고 골랴드킨은 그녀에게 한 손으로 공중키스를 보냈다.

*Он послал ей **рукой поцелуй** и получил в ответ милый поклон* (И.А. Гончаров, Обрыв).

그는 그녀에게 한 손으로 공중키스를 보냈고 그녀는 사랑스럽게 고개를 끄떡이며 응답했다.

ВСПЛЕСНУТЬ РУКАМИ, уходящ.
놀라서 두 손을 맞부딪치다, 고어.

часть тела 신체부위: *РУКИ* 두 팔
активный орган 능동 기관: *РУКИ* 두 손

⫸ Физическое описание 신체 묘사

몸짓발신자는 급격히 손을 들어 올린다, 그리고 마치 손뼉을 치려는 것처럼 양쪽으로 손을 약간 벌린다, 그 다음 손은 출발 위치로 다시 돌아오거나 몸짓발신자의 가슴 높이에서 손뼉을 친다.

⫸ Сопутствующие жесты 동반 몸짓

몸짓발신자의 얼굴 표정에는 놀라움, 고뇌, 혹은 기쁨 등 강한 감동이 나타난다.

⫸ Толкование 해설

X всплеснул руками (X가 두 손을 맞부딪쳤다) = '몸짓발신자 X는 어떤 상황 P의 도래가 그에게는 전혀 예상 밖이었다는 것을 나타내며, 그는 항상 상황 P의 동기에 대해서 강한 감정 Q를 느낀다.'

⚏ Условия употребления 사용 조건

예기치 않게 어떤 상황이 발생하면 몸짓발신자에게는 여러 가지 감정이 일어날 수 있다. 가장 전형적으로 나타나는 것은 놀람, 강한 고뇌, 격분, 공포, 절망 등이며 드물게는 기쁨이 나타날 수도 있다.

해당 몸짓 *всплеснуть руками*(두 손을 부딪는다)는 일상적인 생활에서 점점 사용이 줄어들고 있다. 이 몸짓은 조금은 일부러 꾸민 듯한 극적인 성격을 띠고 있으며 주로 여성들이 사용한다. 지나치게 감정적인 여성의 행동을 흉내내기 위해 이 몸짓을 익살스럽게 사용하기도 한다.

⚏ Жестовые аналоги 유사 몸짓

захлопать глазами 어리둥절하여 눈만 깜빡이다; *сделать большие глаза* 눈을 크게 뜨다; *прикрыть рот рукой* 손으로 입을 가리다

⚏ Звуковое сопровождение 음성 동반

해당 몸짓은 대체로 감탄사를 수반하며 다음과 같은 표현들과 함께 사용된다: "*Ах, Боже мой!* 아아, 어머나!"; "*Ах, ты, Господи!* 원 저런!"; "*Вот не ожидали!* 뜻밖이야!"; "*Да как же это* 어떻게 이런 일이!" 등.

⚏ Иллюстрации 예문

*В одной из монашенок, небольшого роста, с худенькими плечами и с черною косынкой на голове она узнала Олю, хотя Оля, когда уходила в монастырь, была полная и как будто повыше. — Софья Львовна подошла к послушнице и через плечо поглядела ей в лицо и узнала Олю. — Оля! — сказала она и **всплеснула руками**, и уж не могла говорить от волнения* (А.Чехов, Володя большой и Володя маленький).

비록 수도원으로 떠날 당시의 올랴는 살이 통통했고 키가 더 컸으나, 그녀는 수도원생 중의 어깨가 마르고 머리에 검은 스카프를 쓴 키

가 크지 않은 한 명이 올랴라는 것을 알아보았다. 소피야 리보브나는 수련수녀에게로 다가가서 어깨너머로 그녀의 얼굴을 바라보았고 올랴라는 것을 확인했다. — 올랴! — 그녀는 말했다, 그리고 두 손을 부딪치고는 감정이 격해서 아무 말도 할 수 없었다.

*Так вы сами, сами, так-таки прямо в лицо, признаетесь, что вы не князь! — Говорю, никогда не был. — Господи! — **всплеснула** она **руками**, — всего от врагов ожидала, но такой дерзости — никогда!* (Ф.М. Достоевский, Бесы).

그러면 당신이 스스로, 스스로, 얼굴을 똑바로 하고 당신은 공후가 아니라고 고백하세요. — 저는 공후인 적이 없었어요. — 맙소사! — 그녀는 두 손을 맞부딪쳤다. 그녀는 적들로부터 모든 것을 기대했으나, 그들은 그렇게 무례하지는 않았다.

*В эту минуту послышались тяжелые шаги в соседней комнате, которые прямо шли в спальню: это были те самые шаги, которые всходили на лестницу. — Боже! это мой муж! — вскрикнула дама, **всплеснув руками** и побледнев белее своего пеньюара* (Ф.М. Достоевский, Чужая жена и муж под кроватью).

이 순간 옆방에서 침실로 곧장 걸어오고 있는 무거운 발걸음 소리가 들려왔다: 이 소리는 계단을 내려가던 바로 그 발걸음이었다. — 맙소사! 우리 남편이에요! — 부인은 두 손을 부딪치며 자신의 화장복보다 더 하얗게 질린 창백한 얼굴을 하면서 외쳤다.

*Генеральша как была, так и осталась с разинутым ртом и с бутылкой малаги в руках. Перепелицына побледнела и затряслась от ярости. Приживалки **всплеснули руками** и окаменели на своих местах. Дядя задрожал и хотел что-то проговорить, но не мог*

(Ф.М. Достоевский, Село Степанчиково).

장군의 부인은 여전히 입을 크게 벌리고 손에 포도주 병을 든 채로 남아 있었다. 펠레펠리쩨나는 얼굴이 창백해졌고 분노로 몸을 떨었다. 식객들은 두 손을 탁 부딪치고 그 자리에서 움직이지 않았다. 아저씨는 몸을 떨었고 무언가를 말하고 싶었지만 아무 말도 할 수 없었다.

И все запуталось, перепуталось — и наконец распуталось так неожиданно, что сам волшебник, привыкший к чудесам, и тот **всплеснул руками** *от удивления* (Е. Шварц, Обыкновенное чудо).

그리고 모든 것이 뒤엉키고, 뒤죽박죽이 되었다 — 그런데 온갖 기적에 익숙한 마술사 자신도 놀라서 손뼉을 칠 정도로 결국 예기치 않게 풀렸다.

ВСТАТЬ НАВЫТЯЖКУ, воен.
부동자세로 서다, 군사.

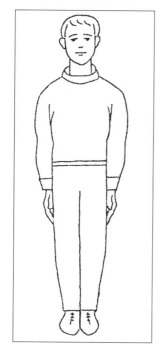

часть тела 신체부위: *КОРПУС* 몸체
активный орган 능동 기관: *КОРПУС* 몸체
пассивный орган 수동 기관: *КОРПУС* 몸체

⚜ Физическое описание 신체 묘사

몸짓발신자는 자연스럽게 서 있던 자세로부터 재빠르게 부동자세로 똑바로 서며, 손을 아래로 뻗어 양 옆구리에 꼭 붙인다. 양 다리는 가지런히 모아서 서로 밀착시킨다. 이렇게 딱딱하고 긴장된 자세를 얼마 동안 유지한 채로 서있는다.

⚜ Сопутствующие жесты 동반 몸짓

воен. 군사. *отдать честь* 경례를 하다

§ ВСТАТЬ НАВЫТЯЖКУ 1.1. 부동자세로 서다 1.1.

ⅲ Толкование 해설

X встал навытяжку 1.1 перед Y-ом (X는 Y앞에 부동자세로 섰다) = '몸짓발신자 X는 Y라는 인물이 자신보다 사회적으로 월등하다는 사실을 인정하며 Y에게 복종할 마음의 준비가 되어 있음을 나타낸다.'

ⅲ Условия употребления 사용 조건

이와 같은 몸짓을 사용하는 사람들은 주로 군인들이다. 이 몸짓은 직급이 낮은 군인이 상사에 대해 절대적인 복종을 할 각오가 되어 있음을 표현한다. 또한 이러한 몸짓은 일반시민들 사이에서 사회적 신분이 더 낮은 사람들이 자기보다 신분이 더 높은 사람들 앞에서 사용하기도 한다. 이러한 경우 몸짓은 보통 몸짓발신자의 종속적인 위치, 하인근성, 비굴성 등을 나타낸다.

군인들에게 있어서 이 몸짓은 구령 "*Смирно*(차려)"에 대한 반응이다.

몸짓은 또한 장난스런 상황에서 사용되며 몸짓수신자의 명령적인 어조 또는 지시적이고 상관적인 행위에 대한 빈정거림을 표현한다.

ⅲ Однословная характеристика 일어 표현

ПОДЧИНЕНИЕ 복종

ⅲ Жестовые аналоги 유사 몸짓

воен. 군사. *отдать честь* 경례하다; устар. 사어. *встать на колени* 무릎을 꿇고 서다; *сидеть за партой, положив руку на руку* 책상 위에 손을 가지런히 놓고 집중하며 앉아있다; *поклониться* 절하다

ⅲ Другие номинации 다른 명칭

Вытянуть ⟨опустить, стоять⟩ руки по швам 팔을 양옆에 붙이고 차렷

자세를 취하다〈내리다, 서다〉; *стоять по струнке* 똑바로 서다; *стоять по стойке смирно* 차렷 자세로 서다; *вытянуться перед кем-л* ~앞에서 똑바로 서다

⚏ Иллюстрации 예문

Признаете вы себя виновным? Пришибеев, сморщенный унтер с колючим лицом, **делает руки по швам** *и отвечает хриплым, придушенным голосом, отчеканивая каждое слово, ... : — Ваше высокородие, господин мировой судья!* (А. Чехов, Унтер Пришибеев).

당신은 자신의 죄를 인정합니까? 주름투성이의 하사관 프리쉬비예프는, 독기서린 얼굴을 한 채 똑바로 부동자세를 취하고 약간 목이 쉬고 짓눌린 듯한 낮은 목소리로 한마디 한마디를 분명하게 대답했다, ... : — 지체 높으신 치안판사님이여!

Когда подъехали к остановке и дверь растворилась, я не удержался и спросил еще раз у одного из выходящих: — это Усад, да? А он (совсем неожиданно) **вытянулся** *передо мной* **в струнку** *и рявкнул: "Никак нет!!"* (Вен. Ерофеев, Москва – Петушки).

나는 정류장에 이르러 문이 활짝 열렸을 때 참지 못하고 나가는 사람 중의 한 사람에게 다시 물었다: — '이곳이 우사드인가요?' 그런데 그는 (전혀 예상 밖으로) 내 앞에 부동자세로 서서 "아닙니다!!"[군인들이 말하는 것처럼]라고 외쳤다.

С нечистой силой знается... И так его не поймаешь. Санитары почему-то **вытянули руки по швам** *и глаз не сводили с Ивана* (М. Булгаков, Мастер и Маргарита).

그는 귀신과 친하다... 그래서 그를 잡지 못한다. 위생병들은 웬일인지 부동자세를 취했고 이반에게서 눈을 떼지 않았다.

§ ВСТАТЬ НАВЫТЯЖКУ 1.2. 부동자세로 서다 1.2.

⁑ Толкование 해설

X встал навытяжку 1.2. (X는 부동자세로 섰다 1.2.) = '몸짓발신자 X는 성스러운 대상 Y에 대해서 존경하는 마음을 표현한다.'

⁑ Однословная характеристика 일어 표현

ПОКЛОНЕНИЕ 존경

⁑ Условия употребления 사용 조건

이 몸짓은 일반적으로 군인들에 의해서 군의 영광을 상징하는 물체들 — 깃발, 국기, 기념물 등 — 앞에서 사용되었다. 이 몸짓은 어떤 계층의 일반사람들 (운동선수, 정치당원들, 사회기관원들)에 의해서 국기 게양 및 하양 시에, 애국가를 부를 때, 사회적으로 중요한 의식을 행할 때에 사용될 수 있다.

⁑ Жестовые аналоги 유사 몸짓

преклонить колени 무릎을 구부리다; *поклон* 경례; *обнажить голову* 모자를 벗다; *склонить голову* 머리를 숙이다

⁑ Другие номинации 다른 명칭

встать ⟨*стоять*⟩ *по стойке смирно.* 부동자세로 일어서다⟨서다⟩.

⁑ Иллюстрации 예문

Оркестр грянул гимн, на лицах **стоящих навытяжку** *новобранцев читалась гордость, смешанная с тревогой* (Уппсальский корпус).

오케스트라는 성가를 연주했고 부동자세로 서 있는 신병들의 얼굴에서는 불안감이 뒤섞인 긍지의 느낌을 읽을 수 있었다.

*Только я ему это сказал, Коля, как он вдруг харкнул на 'Пашу Ангелину в Грановитых палатах примеряет корону Екатерины II', потом на 'Нет Вадиму Козину!', **встал по стойке смирно**, отдал честь полотну 'Органы шутят, органы улыбаются'* (Ю. Алешковский, Кенгуру).

콜랴, 내가 이것을 그에게 말하자마자, 그는 갑자기 그림들 '파샤 안겔리나에게 그라나빗 궁전에서 예카테리나 2세의 왕관을 씌운다', '바짐 꼬진에게는 하지마!'에게는 침을 뱉었고, 그리고 유화 '관중들은 농담하고, 미소 짓는다'에게는 그 앞에서 부동자세로 서서 거수경례를 했다.

*Я знаю забавную историю, суть которой в том, что пьяница - студент решил подшутить над своим сокомнатником - въетнамцем и, разбудив его в 6 утра, сказал, что в СССР существует такой порядок : как только утром заиграют Гимн, все граждане должны **стоять по стойке "смирно"** и отдавать честь правой рукой* (Е. Попов, Подлинная история "Зеленых музыкантов")

나는 재미있는 이야기를 알고 있다. 이것은 술을 좋아하는 어떤 대학생이 베트남에서 온 자신의 룸메이트를 놀리기로 한 것에 관한 것이다. 그를 아침 6시에 깨운 다음, 소비에트 사회주의 연방 공화국에는 이런 규칙이 있다고 말했다: 아침에 국가연주가 시작되자마자 모든 시민들은 그 자리에 "부동자세"로 서서 오른손으로 경례를 해야 한다.

*Встать, сволочь! **Стоять смирно**, когда гвардейцы поют свой марш!* (А. и Б. Стругацкие, Обитаемый остров)

일어나, 이 새끼야! 경비병들이 행진곡을 부를 때는 부동자세로 서!

*Очевидно, на 'Мальборо' был поднят Императорский штандарт, поскольку солдаты на борту транспорта **встали по стойке "смирно"** и запели гимн "Боже, Царя храни"* (Йен Воррес, Последняя Великая Княгиня).

군인들이 수송선의 뱃전에서 부동자세로 서서 국가 '오, 왕을 보존하소서'를 부르기 시작한 것으로 보아서 아마도 '말보로'에 황제의 기장이 계양되었음이 분명했다.

ВЫПЯТИТЬ ГУБУ, детск.
입술을 삐죽 내밀다, 유아.

часть тела 신체부위: *ГОЛОВА* 머리
активный орган 능동 기관: *ГУБЫ* 입술

⚡ Физическое описание 신체 묘사

몸짓발신자는 아랫입술을 앞으로 삐죽 내민다. 신체적 실현의 기저에는 어린아이 얼굴에 나타내는 무의식적인 표정이 들어 있는데, 이러한 표정은 어린아이가 울음을 터트리려고 하는 순간에 나타나곤 한다.

⚡ Сопутствующие жесты 동반 몸짓

Насупиться 얼굴을 찌푸리다

⚡ Толкование 해설

X выпятил губу (X가 입술을 삐죽이 내밀었다) = 'X는 자신이 심히 모욕을 당했거나 낙담했음을 몸짓수신자에게 보여준다.'

⚡ Условия употребления 사용 조건

이 몸짓은 주로 어린이들이 사용한다. 아이가 생떼를 부릴 때 이러한 몸짓을 사용한다. 불룩하게 내밀어진 아랫입술은 몸짓발신자가 변덕스런 사람이며 약간은 어린아이 같다는 인상을 준다.

해당 몸짓은 몸짓발신자가 몸짓수신자의 어떤 행위가 자기에게 모욕감을 일으키고, 몸짓수신자가 어린애처럼 자기를 동정하고 소원을 들어주기 위해 다가오기를 기다린다는 것을 표시할 때 장난스런 사용이 가능하다.

⚏ Однословная характеристика 일어 표현
ОБИДА 모욕

⚏ Жестовые аналоги 유사 몸짓
надуть губы 입술을 삐죽 내밀다; *насупиться* 눈살을 찌푸리다; *отвернуться* 외면하다

⚏ Другие номинации 다른 명칭
выпятить губы 입술을 내밀다; *выпятить челюсть* 턱을 내밀다

⚏ Иллюстрации 예문
*Сигнал верещал непрерывно, и Роберт представил себе сердитого Патрика, как он нажимает на клавишу вызова, обиженно **выпятив** добрые толстые губы* (А. и Б. Стругацкие, Далекая Радуга).

초인종이 계속해서 울렸다, 그리고 로베르트는 화가 나서 예쁜 도톰한 입술을 삐죽 내밀고 초인종 단추를 누르고 있는 화가 잔뜩 난 파트릭을 상상했다.

*Скосив глаза, он только и видел бегущую вдали воду ручья и, на фоне прыгающей воды, профиль юноши, нежный, чистый, с неожиданно припухлой нижней **губой**, капризно **выпятившейся**, как у молоденькой женщины* (В. Маканин, Кавказский пленный).

눈을 찡그리고서, 그는 오직 멀리 흘러 달아나는 강물만을, 그리고

넘실대는 강물을 배경으로 하여, 변덕스럽게 삐쭉 내민 젊은 여자의 입술처럼 특이하게 부어 오른 아랫입술을 지닌 부드럽고 깔끔한 젊은이의 옆얼굴만을 바라보았다.

Приходил гладко выбритый, с римским упадочным профилем, капризно **выпяченной** *нижней* **губой,** *председатель режиссерской корпорации Иван Александрович Полторацкий* (М. Булгаков, Театральный роман).

화가 나는 듯이 아랫입술을 삐쭉 내민, 로마인의 퇴폐적인 옆얼굴을 지닌 매끈하게 면도를 한 영화감독연합회 의장 이반 알렉산드로비치 폴토라츠키이가 도착했다.

ГОЛОСОВАТЬ I, офиц.
찬부를 표시하다 I, 공식.

часть тела 신체부위: *РУКА* 팔
активный орган 능동 기관: *РУКА* 팔

⑅ Физическое описание 신체 묘사

몸짓발신자는 팔꿈치를 약간 굽히고 팔을 위로 들어 올린다. 손바닥을 펼치고 손가락을 붙인 채 손을 위로 향하게 하며, 몸짓수신자를 향해 세로로 곧게 세운다. 이러한 모습 그대로 팔을 잠시 동안 유지한다. 이 몸짓은 주로 공공집회에서 사용되며 몸짓발신자는 보통 앉아서 그러한 몸짓을 실행한다. 비공식적인 상황에서는 한 쪽 팔을 곧게 펴거나 양팔을 사용하여 몸짓을 수행하기도 한다. 이 몸짓을 실시할 때 보조물체가 사용될 수도 있는데, 이러한 물체에는 보통 당원증, 대의원 위임장, 또는 몸짓발신자의 위력을 나타내면서 그의 견해를 더욱 비중 있게 만들어 주는 물체 등이 등장한다. 그러나 원칙적으로 몸짓발신자는 어떤 것이든지, 예를 들면, 몸짓하는 순간에 자신의 손에 있던 볼펜과 같은 물체를 보조물체로 사용할 수 있다.

⑅ Толкование 해설

X *голосует за* P (X는 P를 찬성한다) = '몸짓수신자는 몸짓발신자 X를

포함한 청중들에게 사건 P의 발전에 있어서 몇 가지의 의견을 제안한다; 몸짓발신자는 이러한 제안에 동의한다는 것을 표시한다.'

⁝ Условия употребления 사용 조건

공식적인 상황에서 해당 몸짓은 몸짓수신자의 다음과 같은 제안이 발언된 후에 행해진다(일반적으로 이러한 사람은 특권을 위임받은 자, 예를 들면, 집회에서의 의장 등이다): *"Прошу голосовать* (찬부를 표명해 주세요)." 또는 *"Кто — за* ⟨*против, воздержался*⟩, *прошу поднять руки* (찬성⟨반대, 기권⟩하는 사람은 손을 들어 주십시오)." 그리고 유사 언어의 사용은 허용되지 않는다. 비공식적인 상황에서 이 몸짓은 참석자의 의사 표시에 있어서 말로 동시에 답할 수 있는 질문에 대한 응답으로 사용된다. 비교: *Кто будет на обед грибной суп? — Жест* (점심에 버섯 스프를 먹을 사람? — 몸짓) / *Жест + речевое сопровождение (— Я!)* (몸짓 + 언어병행 (— 나!))

⁝ Жестовые аналоги 유사 몸짓

воен. 군사. *сделать шаг вперёд.* 한걸음 앞으로 나가다.

⁝ Другие номинации 다른 명칭

поднять руку 2. 손을 들어 올리다 2.

⁝ Жестовый фрзеологизм 몸짓관용구

*двумя руками за*라는 표현은 마치 양손을 들어 올리면서 그 제안에 찬성하는 것처럼 화자가 어떤 제안을 강력히 지지한다는 것을 의미한다. 그는 마치 그에게 "투표권"이 2표가 있다면 해당 제안에 2표를 모두 던지겠다고 말하려는 것 같다. 강조의 기능을 지닌 이러한 성구는 두 팔로 *голосовать 1*의 몸짓을 수행함으로써 설명된다.

⅋ Иллюстрации 예문

*Я вас так понимаю, что вы предлагаете **голосовать** сразу? Очень хорошо. Других предложений нет?* (А. и Б. Стругацкие, Жиды города Питера).

나는 당신들이 곧바로 표결에 붙이자고 제안한다고 그렇게 당신들을 이해해도 되나요? 매우 좋습니다. 다른 제안은 없습니까?

*Единогласно, что ль, и при одной против? — провозгласил председатель. Маланья Отверишкова, конечно, **голосовала** против* (А. Платонов, Чевенгур).

만장일치인가요? 반대표 하나? — 회장이 선포했다. 말라냐 오트베르쉬코바는 물론 반대표를 던졌다.

*Тем, кто желает, чтобы было заседание, я предлагаю **поднять** правую руку вверх, — предложила madam Виргинская* (Ф.М. Достоевский, Бесы).

회의를 열기를 원하는 사람은 오른손을 위로 들어주실 것을 제안합니다. — 비르긴스카야 양이 제안했다.

ГОЛОСОВАТЬ II
자동차를 세우려고 손을 들다 II

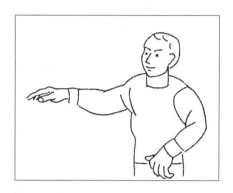

часть тела 신체부위: **РУКА** 손
активный орган 능동 기관: **РУКА** 손

⁑ Физическое описание 신체 묘사

몸짓발신자는 인도나 길가에 서서 달려오는 차량을 향해 오른손을
길 위로 들어 올리면서, 측면으로 내뻗는다. 손바닥은 펼쳐 아래쪽을
향하게 한다. 몸짓발신자의 팔은 자동차가 그 앞에서 멈춰야 하는 횡목
과 유사한 모양을 형성한다. 보조물체의 사용도 가능하다.

⁑ Толкование 해설

X голосует (X는 자동차를 세우려고 손을 든다) = '몸짓발신자 X는 몸짓
수신자–운전자에게 자신을 태워 주도록 요청한다는 것을 나타낸다.'

⁑ Условия употребления 사용 조건

보통 몸짓발신자의 목적은 어떤 지점까지 도착하는 것이다, 그래서
운전자에게 자신을 태워 달라고 요청한다. 그러나 이러한 몸짓의 사용

은 다음의 경우에도 가능하다: 몸짓발신자가 필요한 것은 단지 차가 정지하는 것뿐이다. 예를 들어, 운전자에게 어떤 정보를 얻을 목적, 즉, 길을 묻거나 어떤 도움을 요청하려는 목적으로 차를 세우는 것도 가능하다.

⁞⁞ Речевые аналоги 유사 언어

Остановитесь! 멈추세요!

⁞⁞ Другие номинации 다른 명칭

Поднять руку 3 손을 올리다 3; *ловить машину* 차를 잡다

⁞⁞ Иллюстрации 예문

*На развилке главного шоссе и дороги, ведущей в зверосовхоз, мы увидели плотную группу людей. Они стояли под фонарем и **голосовали**. Видно было, что это моряки. Чудаков притормозил, и моряки попрыгали к нам в кузов* (В. Аксенов, Апельсины из Марокко).

주요 고속도로와 국영동물농장으로 가는 도로의 분기점에서 우리는 밀집된 사람들의 집단을 보았다. 그들은 가로등 밑에 서서 손을 들었다. 이들은 선원들임이 분명했다. 추다코프가 브레이크를 밟아 멈추자 선원들이 우리의 차안으로 뛰어 들었다.

*Потом один, тощий, на кого-то очень похожий, поправил на голове каску, вышел на середину шоссе и **поднял руку*** (А. и Б. Стругацкие, Обитаемый остров).

그 다음 초췌하고, 누군가를 몹시 닮은 어떤 사람이, 머리에 철모를 고쳐 쓰고, 포장도로 중간에 나와서 손을 들어 차를 세웠다.

*Он стоял на краю тротуара, поднимая руку перед каждой проходящей машиной. Он помнил этот день... И знал, куда поедет, **поймав наконец такси** в Охотном* (А. Кабаков, Сочинитель).

그는 지나가는 자동차마다 앞에서 손을 들어 올리면서 인도의 가장 자리에 서 있었다. 그는 이 날을 기억했다... 그리고 마침내 아호트노이에서 택시를 잡고 나서, 어디로 가야 할지를 알았다.

*Бунькин сорвал с головы черную тряпку и, размахивая ею, **остановил такси**. — Большой проспект! — сказал он и, взяв из пачки шофера сигарету, закурил* (С. Альтов, Набрать высоту).

분킨은 머리에서 검은 두건을 벗었다. 그리고 그것을 흔들면서 택시를 세웠다. — 볼쇼이가로 갑시다! — 그는 그렇게 말하고서 운전자의 담배갑에서 담배를 꺼내서 피우기 시작했다.

ЗАКРЫТЬ ЛИЦО РУКАМИ
두 손으로 눈을 가리다

часть тела 신체부위: *РУКА* 팔
активный орган 능동 기관: *КИСТЬ* 손
пассивный орган 수동 기관: *ЛИЦО* 얼굴

‖ Физическое описание 신체 묘사

몸짓발신자가 어떤 것을 보지 않으려고 양손으로 또는 드물게는 한
손으로 얼굴을 가린다. 몸짓발신자는 자신의 얼굴을 가릴 수 있는 다른
보조 물체를 사용할 수 있다.

§ *ЗАКРЫТЬ ЛИЦО РУКАМИ 1* 손으로 눈을 가리다 *1*

‖ Сопутствующие жесты 동반 몸짓

이 몸짓은 어떤 것을 보지 않기를 바라는 몸짓들이나 움직임들을 수
반할 수 있다. *отвернуться* 얼굴을 돌리다; *зажмуриться* 실눈을 뜨다
를 비교.

⚓ Толкование 해설

X закрыл лицо руками 1 (X는 손으로 눈을 가렸다 1) = '원하지 않는 상황 P가 일어나거나 또는 일어날 것이라는 것을 전제로 하거나 또는 알고서 몸짓발신자 X는 그것을 보고 싶어 하지 않는다는 것을 나타낸다.'

⚓ Жестовые аналоги 유사 몸짓

Заткнуть уши 2 귀를 틀어막다 2; *отвернуться* 얼굴을 돌리다

⚓ Другие номинация 다른 명칭

Закрыть ⟨прикрыть⟩ глаза руками ⟨рукой⟩ 한 손⟨두 손⟩으로 눈을 가리다⟨덮다⟩

⚓ Иллюстрации 예문

*На доске тем временем происходило смятение. Совершенно расстроенный король в белой мантии топтался на клетке, в отчаянии вздымая руки. ... Маргариту чрезвычайно заинтересовало и поразило то, что шахматные фигурки были живые. Кот, отставив от глаз бинокль, тихонько подпихнул своего короля в спину. Тот в отчаянии **закрыл лицо руками*** (М. Булгаков, Мастер и Маргарита).

그러는 사이에 갑판에서는 곤혹스러운 일이 생겼다. 흰 망토를 입은 완전히 실망한 왕은 손을 올리며 절망한 듯 줄곧 체스판의 칸에서 서성거렸다. ... 장기의 말들이 살아있다는 것이, 마르가리타에게는 대단히 흥미를 불러일으켰고, 감동을 주었다. 고양이는 쌍안경을 눈에서 내려놓고, 슬그머니 자기 왕의 등을 밀었다. 그 순간 왕은 절망에 휩싸여 두 손으로 얼굴을 가렸다.

Она, как раненый зверь, упала на одно колено, тяжело приподнялась и ускоренными шагами, падая опять и вставая, пронеслась мимо,

закрыв лицо шалью *от образа Спасителя, и простонала : Мой грех!*
(И.А. Гончаров, Обрыв)

그녀는 마치 상처 입은 짐승처럼 무릎 하나로 서서, 힘들게 몸을 일
으켜 가다가 넘어지고, 다시 일어나서 숄로 얼굴을 가리고 구원자의 성
상 옆을 빠른 걸음으로 지나가며 신음하듯이 말했다: 내 죄입니다!

*Я знал, что эта невыносимая жажда — признак приближения
конца, и сказал это Печорину. "Воды, воды!..." — говорила она хриплым
голосом, приподнявшись с постели. Он сделался бледен как полотно,
схватил стакан, налил и подал ей. Я закрыл глаза руками и стал читать
молитву, не помню какую...* (М.Ю. Лермонтов, Герой нашего времени).

나는 이 심한 갈증이 종말이 다가왔다는 신호임을 알았다, 그래서 뻬
쵸린에게 이것을 말해 주었다. "물, 물!..." — 그녀는 잠자리에서 일어
나 앉아서 쉰 목소리로 말했다. 그는 백지장처럼 하얗게 되었다, 잔을
들고 물을 따라서 그녀에게 주었다. 나는 두 손으로 눈을 가리고 기도
하기 시작했다, 그리고는 어떤 것도 기억하지 않았다...

*Большая птица с перекошенным клювом, заслонив собой солнце и
вообще все небо, падала прямо на Нюру. — Ай! — В ужасе вскрикнула
Нюра и, закрыв лицо руками, замертво повалилась в борозду* (В.
Войнович, Жизнь и необычайные приключения солдата Ивана Чонкина).

구부러진 부리를 지닌 쇠로 만들어진 커다란 새[비행기]는 태양을,
하늘 전체를 가리고, 뉴라에게 곧장 떨어졌다. — 앗! — 공포에 질려서
누라는 소리쳤다, 그리고 얼굴을 손으로 가리고, 밭고랑으로 죽은 듯이
넘어졌다.

§ *ЗАКРЫТЬ ЛИЦО РУКАМИ 2,* необиходн.
두 손으로 얼굴을 가리다 2, 비통속.

‖ **Сопутствующие жесты** 동반 몸짓

기술되고 있는 몸짓은 *подпереть голову рукой* (팔로 머리를 괴다)의 몸
짓과 동시에 사용될 수도 있다. 이런 경우에 몸짓발신자의 머리는 팔꿈
치로 받치고 세운 팔에 기대지고, 얼굴은 그 팔의 손바닥으로 가려진다.

‖ **Толкование** 해설

X закрыл лицо руками 2 (X는 손으로 얼굴을 가렸다 2) = '몸짓발신자
X는 그 어느 것도 자신이 생각하는 것을 방해하지 않도록 외부 세계와
의 모든 접촉을 중단할 만큼 어떤 생각이 X의 주의를 끌고 있다.'

‖ **Однословная характеристика** 일어 표현

СОСРЕДОТОЧИТЬСЯ 집중하다 / УЙТИ В СЕБЯ 생각에 깊이 잠기다

‖ **Жестовые аналоги** 유사 몸짓

Смотреть в одну точку ⟨в пространство⟩ 한 지점⟨공간⟩을 바라보
다; *склонить голову* 고개를 숙이다; *сощурить глаза* 눈을 가늘게 뜨다

*Среди голода и сна, в момент любви — вдруг вдалеке, в глубине тела опять раздавался грустный крик мертвого, и молодая женщина сразу меняла свою жизнь — прерывала танец, если танцевала, — **закрывала лицо руками**, если была одна* (А. Платонов, Счастливая Москва);

굶주림과 꿈속에서, 사랑의 순간에 — 갑자기 멀리에서 신체의 심부에서 죽은 자의 슬픈 비명소리가 또 다시 울려 왔다, 그 때 젊은 여자는 곧 자신의 활동을 변화시키고 있었다 — 만약 춤을 추고 있었다면, 춤을 중단했다, — 혼자 있다면, 그녀는 손으로 얼굴을 가렸다.

*Он погрузился в собственные воспоминания о ранних годах молодости — и лег на диван. Долго лежал он, **закрыв лицо*** (И.А. Гончаров, Обрыв).

그는 자신의 젊었던 소년 시절에 대한 회상에 젖었다 — 그리고 소파에 누웠다. 얼굴을 가린 채 오랫동안 그렇게 누워 있었다.

§ ЗАКРЫТЬ ЛИЦО РУКАМИ 3
두 손으로 얼굴을 가리다 3

‖ **Физическое описание** 신체 묘사
몸짓발신자는 몸짓수신자가 그의 얼굴을 보지 못하도록 한 손바닥

으로 또는 양손바닥으로 얼굴을 가린다. 보통 그는 손바닥으로 눈뿐만 아니라 뺨도 가리려고 노력한다. 손수건과 같은 보조물체를 사용할 수 있다.

⠿ Сопутствующие жесты 동반 몸짓

몸짓발신자는 마치 손바닥에 얼굴을 숨기듯이 머리를 *아래로 숙이거 나(опускает голову)*, *옆으로 돌린다(отворачивается)* (ОТВЕРНУТЬСЯ를 참고).

⠿ Толкование 해설

X закрыл лицо руками 3 (X는 두 손으로 얼굴을 가렸다 3) = '몸짓발신자 X는 강한 감정을 느끼는데, 이 감정은 자신 혹은 자신이 처한 상황을 부정적으로 평가하기 때문에 야기된다. X는 스스로 이 상황을 수습할 수 없으며 몸짓수신자에게 자신의 얼굴에 나타난 이러한 감정의 표출 을 보이고 싶지 않다.'

⠿ Условия употребления 사용 조건

몸짓발신자가 눈물을 흘리고 슬픔, 당혹감, 수치심 등을 느낄 때 주 로 이러한 몸짓을 사용한다.

이 몸짓은 감정 자체가 아니라 감정의 표출을 감추기 위한 것이다. 일반적으로 이것은 슬픔의 표시인 눈물이나 수치심의 표시인 볼의 홍 조를 감추기 위해서이지 슬픔이나 수치심 자체를 가리려는 것은 아니 다. 이것은 교양인의 품격을 지키려는 것 때문이다: 예절 법규는 타인 앞에서 어떤 감정을 드러내는 것을 삼가라고 가르친다. 이 몸짓은 주로 성인들에 의해서 사용된다.

⠿ Другие номинации 다른 명칭

спрятать лицо в ладонях 손바닥에 얼굴을 숨기다, *прикрыть лицо руками* 손으로 얼굴을 가리다.

⅜ Иллюстрации 예문

*Он разрыдался, **закрыв лицо руками**, потом, стараясь одну руку так растопырить, чтобы она закрывала ему лицо, другою стал искать платок* (В. Набоков, Защита Лужина).

그는 양손으로 얼굴을 가린 채 통곡하기 시작했다. 자기 얼굴을 가리기 위해서 손을 아주 넓게 펴려고 노력하면서, 다른 손으로는 손수건을 찾기 시작했다.

*Москва, услышав это, **закрыла лицо руками** и неизвестно — заплакала или застыдилась себя* (А. Платонов, Счастливая Москва).

모스크바는 이 소식을 듣고서 양손으로 얼굴을 가렸다 — 그녀가 울었는지 아니면 부끄러워했는지는 모른다.

*Андрей. Перестань хныкать. Какая ты зануда! Таня. А ты бездарная личность! Бездарь! Бездарь! Она садится на обочину и **закрывает лицо руками*** (В. Аксенов, Пора, мой друг, пора).

안드레이. 훌쩍대지 마라! 너 정말 지긋지긋하다. 타냐. 너는 정말 멍청이구나! 무능해! 무능해! 그녀는 길가에 앉아서 손으로 얼굴을 가린다.

*Это ваш сын? — участливо осведомлялись в конторе. — Муж он мне! — ответила страдалица, **закрывая лицо платком*** (И. Илья, У. Петров, Двенадцать стульев).

이 사람은 당신의 아들입니까? 사무실에서 관심을 보이며 물었다. — 제 남편이예요! — 손수건으로 얼굴을 가리면서 여자순교자가 대답했다.

ЗАТКНУТЬ УШИ

귀를 막다

часть тела 신체부위: *РУКА* 팔

активный орган 능동 기관: *КИСТЬ* 손

пассивный орган 수동 기관: *УШИ* 귀

⚏ Физическое описание 신체 묘사

몸짓발신자는 귀에 두 손을 대며 듣지 않으려고 귀를 막는다. 그는 두 손으로 청각기관을 덮어버림으로서 소리가 그곳을 통과하지 않도록 차단한다. 이 몸짓은 여러 가지 신체적 변형을 취할 수 있다. 가장 널리 사용되는 변형은 아래와 같다:

1. 몸짓발신자가 손바닥으로 귀를 누른다.
2. 몸짓발신자가 손가락으로 (보통 검지) 귓구멍을 막는다.
3. 몸짓발신자가 관자놀이 쪽으로부터 귓구멍 위로 곧게 위치한 이각의 돌출부를 꼭 누르며 손가락으로 (보통 검지나 중지) 귓구멍을 막는다.

§ ЗАТКНУТЬ УШИ 1 귀를 막다 1

⁂ Сопутствующие жесты 동반 몸짓

해당 몸짓과 동시에 *머리를 흔드는(потрясти головой)* 몸짓과 *실눈을 뜨거나(зажмуриться), 얼굴을 찡그리는(поморщиться)* 등의 표정 몸짓을 선택적으로 할 수 있다. 머리를 흔드는 몸짓 (потрясти головой)은 보통 몸짓발신자의 대화 상대방들이 동시에 말을 하여 소음이 야기되는 상황에서 사용되기도 한다. 몸짓 *Заткнуть уши 1*은 '*X не может вынести действия некоторого раздражителя.* (X는 어떤 흥분제의 작용을 참을 수 없다)'는 구성부에 있어서 몸짓 '*머리를 흔들다 (потрясти головой)*'와 일치한다.

⁂ Толкование 해설

X Заткнул уши 1 (X는 귀를 막았다 1) = '어떤 소리를 들었을 때 몸짓발신자 X는 그 소리가 참을 수 없을 정도로 불쾌감을 일으킨다는 것을 나타낸다.'

⁂ Условия употребления 사용 조건

지나치게 크고 날카로운 음색으로 인해 그 소리는 불쾌한 성격의 소리가 될 수 있다. '***заткнуть уши*** 귀를 막다'의 몸짓은 불쾌감을 주는 소리를 약하게 하거나 차단하기 위한 간접적인 의도로 사용될 수 있다. 이 몸짓은 또한 상대대화자들이 모두 동시에 말을 하기 때문에 그들이 하는 말의 내용을 이해하지 못하고 단지 소음으로 감지되는 상황 때문에 몸짓발신자의 불쾌감이 야기된다는 것을 나타낸다.

⁂ Другие номинации 다른 명칭

закрыть ⟨зажать⟩ уши 귀를 가리다⟨누르다⟩

⁂ Иллюстрации 예문

Азазелло вынул второй револьвер из второго заднего кармана

брюк и вместе с первым, презрительно кривя рот, протянул их
*хвастуну. — Маргарита сидела, **заткнув** пальцами **уши**, и глядела на*
сову, дремавшую на каминной полке. Кот выстрелил из обоих
револьверов (М. Булгаков, Мастер и Маргарита).

아자젤로는 경멸적으로 입을 삐죽거리면서 바지의 두 번째 뒷주머니
에서 두 번째의 연발 권총을 꺼내 그것을 처음 것과 함께 자만심으로
가득 찬 사람에게 내밀었다. — 마르가리따는 듣지 않으려고 손가락으
로 귀를 틀어 막고 앉아 있었다, 그리고 돌 선반에 앉아 졸고 있는 부엉
이를 주시했다. 수고양이는 연발 권총을 발사했다.

*Администратор **затыкает уши**. Администратор. Сейчас, сейчас мы*
услышим пальбу! (Е. Шварц, Обыкновенное чудо)

행정관은 귀를 틀어막는다. 행정관. 이제 우리는 곧 포성 소리를 듣
게 된다!

*Музыкант поет, тоску наводит. Я, как захожу к нему, **затыкаю уши***
(Е. Шварц, Дракон).

음악가는 노래를 부를 때마다, 기분을 우울하게 만든다. 나는, 그한
테 들릴 때마다 귀를 막아버린다.

Из комнаты раздались наконец уже не стоны, а ужасные, чисто
животные крики, невыносимые, невозможные. он хотел было заткнуть
уши, но не мог и упал на колена, бессознательно повторяя: "Marie,
Marie!" (Ф.М. Достоевский, Бесы)

드디어 방에서 이미 신음소리가 아닌, 끔찍하고 완전히 동물과 같은,
견딜 수 없는 불가능한 울부짖는 소리가 울렸다. 그는 귀를 틀어막으려
고 했으나 그럴 수 없었다, 그리고 자신도 모르게 "마리, 마리!"라고 반
복하며 무릎을 꿇었다.

§ ЗАТКНУТЬ УШИ 2 귀를 막다 2

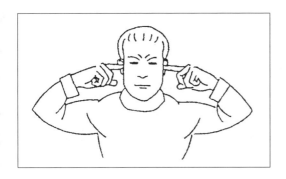

⁑ Сопутствующие жесты 동반 몸짓
помотать головой. 머리를 흔들다.

⁑ Толкование 해설
X заткнул уши 2 (X는 귀를 막았다 2) = '몸짓발신자 X는 몸짓수신자가 말하거나 또는 말하려고 하는 내용이 자신이 견딜 수 없을 만큼 듣고 싶지 않거나 또는 듣지 말아야 하는 정보를 가지고 있음을 보여준다.'

⁑ Условия употребления 사용 조건
해당 몸짓은 흔히 몸짓발신자의 겸손, 결백, 정의로움을 나타낸다. 여성이나 젊은 사람들이 자주 이러한 몸짓발신자의 역할을 수행한다.
대화를 중단시키는 다른 행동들과 마찬가지로 해당 몸짓은 몸짓발신자와 수신자와의 관계에서 대화 도중에 발생되는 긴장감을 나타낸다. 이러한 몸짓의 사용이 예법상으로 허용되는 경우는 몸짓수신자가 예법을 파괴하는 언어 행위를 하는 경우이다.

⁑ Жестовые аналоги 유사 몸짓
"*стоп*" 정지; *помотать головой* 머리를 흔들다

⫶ Речевые аналоги 유사 언어

Слышать этого не хочу〈не желаю〉! 듣고 싶지 않아〈원하지 않아〉!

⫶ Иллюстрации 예문

*У окон и дверей стояла стража, **заткнув уши** на всякий случай, хотя принцесса читала завещание про себя* (Е. Щварц, Тень).

공주가 마음속으로 소리를 내지 않고 유서를 읽고 있는데도, 경호원들은 만일의 경우에 대비해서 그 어떤 경우에도 귀를 막고 창문과 방문 옆에 서 있었다.

*Палача отняли, жандармов отняли, пугают. Свиньи вы, а не верно-подданные. Не смейте ходить за мною! Не слушаю, не слушаю, не слушаю! (Убегает, **заткнув уши**)* (Е. Щварц, Обыкновенное чудо)

사형집행인을 끌고 갔고, 헌병들도 끌고 갔다, 위협한다. 당신들은 불충한 돼지들이야. 내 뒤를 감히 따라오지 마. 안 들어, 안 들어, 안 들어! (귀를 막고 달려 나갔다)

*Секреты её стали для меня вдруг чем-то священным, и если бы даже мне стали открывать их теперь, то я бы, кажется, **заткнул уши** и не захотел слушать ничего дальше* (Ф.М. Достоевский, Бесы).

그녀의 비밀들은 나에게 갑자기 무엇인지 신성한 것이 되었다, 그래서 만약 나에게 지금 그 비밀들을 공개한다 하더라고, 나는 아마도 귀를 막고 아무 것도 더 이상 듣지 않을 것이다

*Оставь меня в покое, ради бога! — воскликнул со слезами в голосе Михайлов и, **заткнув уши**, ушел в свою рабочую комнату за перегородкой и запер за собой дверь* (Л.Н. Толстой, Анна Каренина).

제발, 나 좀 내버려 둬! — 미할로프는 눈물 섞인 목소리로 외쳤다, 그리고 귀를 막고 가리막 뒤의 자신의 작업실로 가서 안에서 문을 잠갔다.

ЗАХЛОПАТЬ ГЛАЗАМИ
멍하니 쳐다보다

часть тела 신체부위: *ЛИЦО* 얼굴
активный орган 능동 기관: *ГЛАЗА* 눈

▓ Физическое описание 신체 묘사
몸짓발신자는 몇 차례(보통 2~3회) 두 눈을 동시에 아주 빠르게 깜박인다. 몸짓발신자는 마치 어떤 상황을 상상해 보고는 자신의 눈을 믿지 못하겠다는 듯이 나타낸다.

▓ Сопутствующие жесты 동반 몸짓
вытянуть шею 목을 길게 빼다

▓ Толкование 해설
X захлопал глазами (X는 멍하니 쳐다보았다) = '몸짓발신자 X는 기대하지 않았던 어떤 상황 P가 일어난 것에 대해 매우 놀랐거나 당황했으며 어리둥절하다는 것을 표시한다.'

▓ Условия употребления 사용 조건
이 몸짓은 여성들의 특징을 잘 보여준다. 몸짓 *захлопать глазами*는 발생한 사태 속에서 어떻게 대처할지 모르는 몸짓발신자는 전혀 도와줄 수 있는 입장이 아니라는 것을 나타낸다.

▓ Однословная характеристика 일어 표현
УДИВЛЕНИЕ 놀라움 / РАСТЕРЯННОСТЬ 당혹감

⁂ **Жестовые аналоги** 유사 몸짓

потрясти головой 머리를 흔들다; *сделать большие глаза* 두 눈을 크게 뜨다

⁂ **Речевые аналоги** 유사 언어

прост. 구어. *Чего?!* 뭐?!

⁂ **Другие номинации** 다른 명칭

заморгать (глазами) 눈을 깜박이다; *захлопать ресницами* 속눈썹을 깜박이다

⁂ **Иллюстрации** 예문

*Рассказала про свой институт, невольно преувеличивая его 'кибернетичность'. Так и сыпала звучными словами: Алгол, Фортран, оперативная память, подпрограмма, цикл... Зоя Петровна слушала и только **глазами хлопала**: вот до каких высот добираются её ученики!* (И. Грекова, Кафедра)

그녀는 자기 연구소의 '사이버네틱스'를 본능적으로 과장하면서, 자신의 연구소에 대해 말했다. 그렇게 낭낭한 목소리로 연속 쏟아 냈다: 알코올, 포트란, 작업기억장치, 하부계획, 주기 ... 조야 페트로브나는 경청하며 단지 두 눈을 깜박일 뿐 이었다: 그녀의 제자들이 이렇게 높은 수준에까지 올라왔단 말인가!

*Вдоволь наигравшись, Мышлаевский окончательно зажег зал, коридор ... , запер ящик на ключ и опустил его в карман. — Катись, старикан, спать, — молвил он успокоительно, — все в полном порядке. — Старик виновато **заморгал** подслеповатыми **глазами**: — А ключик-то? ключик... ваше высокоблагородие...* (М. Булгаков, Белая гвардия).

실컷 스위치를 가지고 장난하고 나서, 므이슐랴옙스키는 마지막으로 홀, 복도에 불을 켰다 … , 열쇠로 서랍을 잠그고, 호주머니에 열쇠를 넣었다. — 할아범, 가서 잠이나 자시오 — 그는 평온한 어조로 중얼거렸다 — 모든 일이 완벽하군. — 노인은 죄를 지은 것처럼 잘 보이지 않는 두 눈을 깜박였다: — 그런데 열쇠요? 지체 높으신 나리, 열쇠는 …?

Ларион, дай мне по морде, — обратился он к Лариосику. — Тот **заморгал глазами**, *потом выкатил их и сказал: — Что ты, Николаша?* (М. Булгаков. Белая гвардия).

라리온, 내게 싸대기 한 대 올려 줘, — 그는 라리오시크를 향해 말을 했다. — 그는 두 눈을 껌뻑였다, 그리고 눈을 휘둥그렇게 뜨고 말했다: — 니꼴라샤, 내가 어떻게 널 때려?

Краюхин взглянул на него с таким гневом, что молодой человек остановился как вкопанный и растерянно **заморгал** (А. и Б. Стругацкие, Страна багровых туч).

크라유힌은 아주 분노에 차서 그를 바라보았기 때문에 젊은이는 그 자리에 장승처럼 멈춰서 어찌할 줄 모르고 눈을 깜박였다.

По ее лицу было видно, что эта игра ей уже надоела и что сейчас она что-нибудь отмочит. И она отмочила. Я даже глазами захлопал (А. и Б. Стругацкие, Хищные вещи века).

그 여자는 이미 이 놀이가 싫증났으며 그녀는 무엇인지 특별한 짓을 하고 싶다는 것이 얼굴에 나타났다. 그리고 그녀는 엉뚱한 행동을 했다. 나는 그저 멍하니 바라보았다.

"ИЩУ ТРЕТЬЕГО", жарг. или прост.
"셋이서 술을 마시자", 은어 또는 구어.

часть тела 신체부위: *РУКА* 팔
активный орган 능동 기관: *КИСТЬ* 손

ⅲ Физическое описание 신체 묘사

몸짓발신자는 검지와 중지를 곧게 펴서 라틴문자 V와 비슷한 모양을 만든다. 다른 손가락들은 구부린다. 몸짓은 몸짓발신자가 보여주고 싶은 사람들만 볼 수 있도록 비밀리에 이루어진다. 몸짓발신자는 보통 손가락을 옷(재킷, 외투)으로 가리거나 손이 몸에 닿도록 손을 몸에 압착시킨다.

ⅲ Сопутствующие жесты 동반 몸짓

подмигнуть 윙크하다; *движением головы показать в сторону* 머리의 움직임으로 방향을 제시하다

ⅲ Толкование 해설

X ищет третьего (X는 술을 함께 마실 사람을 찾고 있다) = '몸짓발신자 X는 알코올음료를 마시기를 원한다. 그러나 그것을 구매할 돈이 충분

하지 않다. X는 함께 술을 마시고 이에 필요한 경비를 분담하기 위해 사람을 구하고 있다.'

⚏ Условия употребления 사용 조건

1) 해당 몸짓은 셋이서 술을 마시자고 제안하는 언어행위(speech act)에 상당하며 몸짓의 상징적 의미는 다음과 같다: 두 손가락은 상징적으로 즉시 술을 마실 준비가 이미 되어 있는 두 남자를 의미한다, 그리고 이 두 사람과 합류하기를 원하는 세 번째 인물을 찾아야 한다. 이 외에 이 몸짓에는 또 다른 해설도 존재한다: 술에 대해 갈증을 느끼는 어떤 사람은 함께 마실 다른 두 사람이 더 필요하다. 세 사람이 필요한 이유는 술 한 병은 약 3잔의 분량이며 세 사람이 모이면 각각 균등하게 마실 수 있기 때문이다. 다 마신 보드카의 술값은 "3으로 잘 나누어진다." 셋이서 마시자는 초대의 행위는 과거 러시아 속어에서 '*돈을 같이 분담하자*(*сложимся по рублику*)'에 해당하는 완곡어법이라고 알려져 있다. 2) 이 몸짓은 술을 마시기를 좋아하는 보통 사람 또는 그러한 사람들의 행동을 모방하는 자들이 전형적으로 사용한다. 이 몸짓의 사용은 남자에 국한되어 있다. 3) 이 몸짓의 "비밀스런" 성격의 원인은 아래와 같다: 셋이서 술을 마시는 행위는 일반적으로 집 밖에서 대문 밑의 개구멍, 다락방, 현관, 또는 음주하도록 지정되지 않은 어떤 "음침한" 장소에서 보통 서서 마신다. 이러한 방식으로 알코올음료를 마시는 행위는 사회적으로 비난을 받는다. 이 몸짓은 의식, 축일, 야회 등에서 술을 마시자고 "교양 있게" 초대하는 것이 아니다. 셋이서 마시는 행동은 비밀스럽게 일어난다는 것을 전제로 하며, 이 경우 싸구려 보드카나 포도주를 마시고 안주는 최소한이거나 전혀 먹지 않는다 [**занюхать рукавом**을 참고]. 4) 함께 음주하는 이러한 상황은 "너(**ты**)" 호칭의 사용을 포함하여 특히 친밀한 방식의 교제: *어깨를 여러 차례 가볍게 두드리다*(*похлопать по плечу, положить руку на плечо*), 포옹(*объятия*)과 같은 몸짓을 사용하고, 심지어 술친구들이 잘 모르는 사람이라 할지라도 우호적이며 격식을

차리지 않는 몸짓의 사용을 전제로 한다.

‖ Жестовые аналоги 유사 몸짓

пощелкать по шее 목을 손가락으로 튕기다

‖ Речевые аналоги 유사 언어

Третьим будешь? 같이 마시겠소?; *Пойдем выпьем?* 한잔 하시겠소?; *Сообразим на троих?* 셋이서 어떠세요?

‖ Иллюстрации 예문

*Возле гастронома стояли два 'ханурика' из дома No 16, молчаливые и спокойные. Они заложили руки за борта пиджаков и перебирали высунутыми наружу двумя пальцами. **Искали,** стало быть, **третьего** в свою капеллу* (В. Аксенов, Папа, сложи!).

16동에 사는 병약한 알코올중독자 두 명이 나와서 식료품점 옆에 조용히 침착하게 서 있었다. 그들은 재킷의 옆자락에 손을 감추고 두 손가락을 펴 보이며 밖으로 내밀면서 신호를 보냈다. 그들은 자기들과 합류하여 술을 마실 세 번째 사람을 찾고 있었다.

КИВНУТЬ
고개를 끄떡이다

часть тела 신체부위: *ГОЛОВА* 머리
активный орган 능동 기관: *ГОЛОВА* 머리

§ КИВНУТЬ 1 고개를 끄떡이다 1

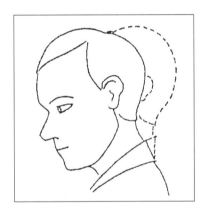

⚡ Физическое описание 신체 묘사

머리를 앞쪽으로 가볍게 숙였다가 다시 원래의 위치로 되돌린다. 이 몸짓을 표현성 있게 사용하기 위해서는 머리를 숙였다 들었다 하는 움직임을 몇 차례 반복 실행한다.

§ КИВНУТЬ 1.1. 끄떡이다 1.1.

⚡ Толкование 해설

X кивнул 1.1 (X가 머리를 끄떡였다 1.1) = '몸짓발신자 X는 몸짓수신자가 제시한 어떤 견해가 타당하다고 지지한다.'

⚏ Условия употребления 사용 조건

몸짓수신자의 발언는 질문의 형태로 이루어질 수 있다. 이러한 질문을 제기하면서, 몸짓수신자는 보통 몸짓발신자의 가능한 대답에 대해서 어떤 가설을 세운다. 해당 몸짓은 이 가설의 타당성을 지지한다.

고개의 *끄떡임(кивок)*은 몸짓수신자의 의견에 동조할 때 사용하거나 몸짓수신자의 요청을 수행할 각오가 되었음을 표현할 때 사용한다.

⚏ Однословная характеристика 일어 표현

СОГЛАСИЕ 동의 / ПОДТВЕРЖДЕНИЕ 보증

⚏ Звуковое сопровождение 음성 동반

Да 그래; *Угу* 〈*ага*〉*!* 그럼 〈물론〉!

⚏ Речевые аналоги 유사 언어

Хорошо! 좋아!; *Именно!* 바로 그래!; *Правильно!* 맞아!

⚏ Другие номинации 다른 명칭

кивок 끄떡임

⚏ Иллюстрации 예문

Обычно я прерывал его какой¬нибудь полувопросительной фразой: 'Ну, что ж, пойти поработать? ...' — *'Ага!'* — **кивал** *он охотно и улыбался* (Ю. Трифонов, Предварительные итоги);

나는 보통 질문 비슷한 말을 해서 그의 이야기를 끊어 놓았다: '자, 일을 하러 갈까? ...' — '좋아요' — 그는 흔쾌히 고개를 끄떡이며 미소를 지었다.

*— Ну, здесь вот так, — показал я, — и здесь все в порядке. В общем параметры подходящие. — Ага, — **кивнул** он* (В. Аксенов, Апельсины из Марокко).

— 자 여기는 이렇게 되고 있어 — 나는 보여줬다, — 그리고 여기는 모든 일이 잘 되고 있어. 매개변인이 대체로 잘 들어맞아. — 좋아, — 그는 고개를 끄떡였다.

*Падаем. На Юпитер падаем? Быков молча **кивнул*** (А. и Б. Стругацкие, Путь на Амальтею).

우린 낙하하고 있어요. 목성으로 떨어지나요? 븨코프는 조용히 고개를 끄떡였다.

*— Вы разрешите мне у вас? — Он беспомощно огляделся, и сразу по глазам его было видно, что у Турбиных ему очень нравится и никуда он уходить бы не хотел. — Все устроено, — ответила Елена и милостиво **кивнула**, — мы согласны* (М. Булгаков, Белая гвардия).

— 당신은 제가 당신 집에 있도록 허락해 주실 건가요? — 그는 힘없이 주위를 둘러보았다, 그리고 그는 투루빈 댁에 있는 걸 매우 좋아했으며 어디로도 떠나길 원하지 않는다는 것을 그의 눈을 보면 곧바로 알 수 있었다. — 모든 것이 결정되었어요. — 엘레나가 말하면서 호의적으로 고개를 끄떡였다, — 우린 동의한다.

*Ты ведь меня понимаешь? Понимаешь? Даша **кивнула** головой утвердительно* (Ф.М. Достоевский, Бесы).

너는 정말로 나를 이해하지? 이해하냐구? 다샤가 긍정적으로 머리를 끄떡였다.

§KИВНУТЬ 1.2. 고개를 끄떡이다 1.2.

░ Толкование 해설

X кивает 1.2 (X는 고개를 끄떡인다 1.2) = '몸짓발신자는 몸짓수신자가 말하는 것을 이해하며 계속해서 경청할 용의가 있음을 표시한다.'

░ Условия употребления 사용 조건

몸짓 *кивнуть 1.2*는 이른바 '학술적(*академический*)'인 동조인데 일반적으로 보고서, 회의, 어떤 문제에 대한 공개 토의, 시험 등에서 참가자들이 답변할 때 사용한다. 몸짓 *кивнуть 1.2*는 화자–몸짓수신자의 말을 지지하기 위해서 실행한다. 몸짓발신자는 자신의 견해가 몸짓수신자에게 중요하다는 것을 전제로 하고 있다. 보통 그는 몸짓수신자에 대한 존경심을 표현하거나 또는 주의 깊게 상대의 말을 경청하고 그를 지지할 목적으로 이 몸짓을 수행한다. 한편 몸짓 *кивнуть 1.2*는 사적인 대화에서 이 대화에 찬성을 표하고 몸짓수신자가 계속 말하도록 격려하기 위해서 사용하거나 또는 반대로 자신의 의견을 직설적으로 표현하는 것을 피하기 위해서 사용할 수 있다.

몸짓 *кивнуть 1.2*는 몸짓발신자의 불성실한 태도를 묵인한다. 이 몸짓은 몸짓발신자가 심지어 몸짓수신자를 이해하지 못했을 때나 단순히 몸짓수신자의 말을 듣고 있지 않을 때에도 예의를 갖추기 위해서 수행할 수 있다.

░ Речевые аналоги 유사 언어

이 몸짓을 수행할 때 몸짓수신자가 말을 하고 있기 때문에 보통 이 몸짓에는 말이 병행되지 않는다. 그러나 비공식적인 상황에서 대화를 지지하는 기능을 하는 실제적인 어휘들이 사용될 수도 있다. 비교하시오: *угу* 그래, *ага* 좋아; *Так* 훌륭해, *именно* 바로 그래, *конечно* 물론, *правильно* 정말 그래

⁂ Другие номинации 다른 명칭

кивок 끄떡임

⁂ Иллюстрации 예문

Как я вам уже говорил, Петр Николаевич, мы решили сделать вас ответственным исполнителем новой темы, — начал профессор. Я важно кивнул, сообразив, что мое дело состоит именно в этом (А. Житинский, Дитя эпохи).

표트르 니콜라예비치, 내가 이미 당신에게 말한 것처럼, 우리는 당신을 새로운 과제의 책임자로 결정했어요. — 교수님이 시작하셨다. 나의 업무가 바로 이것에서 이루어질 거라고 깨닫고, 나는 신중하게 고개를 끄떡였다.

Вероятно, ему не могло прийти в голову, что передачу о функциях мозга может делать физик. То и дело мелькали термины: первая сигнальная система, рефлекс, доминанта какая-то и церебростинальное что-то. Я кивал (А. Житинский, Дитя эпохи).

그는 아마도 물리학자가 뇌의 기능에 대한 방송을 할 수 있다는 생각을 못했을 것이다. 계속 학술용어들이 아른거렸다: 최초 신호체계, 반사작용, 어떤 주요한 특징과 뇌척수에 관련된 어떤 것. 나는 고개를 끄떡였다.

На каждое его слово Наставник коротко кивал, он больше не улыбался, лицо у него теперь было серьёзное и сочувственное (А. и Б. Стругацкие, Град обреченный).

교수(나스타브닉)는 그가 하는 모든 말에 가볍게 고개를 끄떡였다. 그는 이제 더 이상 웃지 않았고, 심각하고 동정적인 얼굴을 하고 있었다.

§ КИВНУТЬ 2 고개를 끄떡이다 2

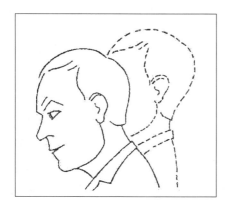

ⅲ Физическое описание 신체 묘사

몸짓발신자는 머리를 위로 빠르고 가볍게 움직이거나 한번 앞으로 숙인 다음 위로 든다. 만약 머리가 앞으로 숙여지면, 가벼운 목례로 몸체가 앞으로 기울 수 있다. 이 몸짓의 첫 번째 변형은 보통 몸짓수신자와의 관계가 동등한 상태에서 행해지며, 두 번째 변형은 몸짓발신자보다 더 월등한 신분의 몸짓수신자에게 행해질 수 있는데, 몸짓발신자가 다른 방법으로 몸짓수신자에게 환영인사를 할 수 없는 경우에 사용된다. 이 몸짓을 사용할 때에 몸짓발신자는 몸짓수신자의 눈을 바라본다; 눈은 약간 크게 뜨고 눈썹은 약간 치켜 올린다.

ⅲ Сопутствующие жесты 동반 몸짓

Приложить руку к груди 가슴에 손을 얹다; *улыбка* 미소

ⅲ Толкование 해설

X кивнул 2 (X는 고개를 끄떡였다 2) = '몸짓발신자 X는 몸짓수신자를 환영한다.'

⫸ Условия употребления 사용 조건

*끄떡임(kивок)*은 환영인사의 축소된 형태로 가장 단순한 것이다. 몸짓발신자가 시간이 충분치 않거나 공간적으로 너무 멀리 떨어져 있는 이유로 다른 방법으로는 몸짓수신자를 환영할 수 없을 때 이 몸짓을 사용한다. 이 몸짓은 또한 몸짓발신자와 몸짓수신자가 그 날 이미 만나 서로 인사를 한 경우에도 사용된다. 악수와는 달리 *kивок*은 경례보다 더 비공식적이고 일상적인 성격을 지니며 허례의식을 전혀 지니지 않는다.

*Кивнуть*는 기본적으로 두 종류의 환경에서 사용된다. 첫 번째 환경에서는 이 몸짓은 잘 알고 있고 자주 만나는 사람에 의해서 환영의 목적으로 사용된다. 흔히 *kивок*은 몸짓발신자가 몸짓수신자를 보았을 때 기쁨을 느끼고 있다는 것을 말해 준다.

몸짓발신자와 몸짓수신자는 일반적으로 동등한 사회적 지위를 지닌다. 그러나 신분이 더 낮은 몸짓수신자와의 사이에서도 이 몸짓을 사용할 수 있다.

두 번째 환경에서는 몸짓 *кивнуть*의 사용은 여러 가지 원인에 의해 야기될 수 있는 몸짓발신자의 자제심을 확인해 준다.

예를 들어, 몸짓발신자는 몸짓수신자에게 마음이 상했거나 화가 났을 수도 있으며 이러한 결과로 몸짓수신자를 환영하는 것에 상당히 냉담하다. 몸짓발신자는 또한 자신의 높은 지위나 신분 때문에 하던 일을 중단하지 않고 몸짓수신자에게 가볍게 인사해도 괜찮을 것이라는 것을 계산에 넣을 수도 있다.

⫸ Звуковое сопровождение 동반 음성

이 몸짓은 보통 공식적인 인사말과 함께 사용할 수 있다(ПОЖИМАТЬ РУКУ를 참고). 신분이 더 높은 몸짓수신자와의 관계에 있어서 거리가 멀리 떨어졌다든가 소음이 많다든가 한 경우처럼 언어에 의지하는 것이 불가능할 때에는 말없이 몸짓만 사용할 수 있다.

⁂ Однословная характеристика 일어 표현
ПРИВЕТСТВИЕ 환영인사

⁂ Жестовые аналоги 유사 몸짓

пожать руку 손을 잡다; *помахать рукой* 손을 흔들다; *поклониться* 절하다; *приподнять шляпу* 모자를 올리며 인사하다

⁂ Другие номинации 다른 명칭

кивок 끄떡임; *наклонить голову в знак приветствия* 환영의 표시로 머리를 숙이다

⁂ Иллюстрации 예문

*Назавтра я встретил Лизавету Николаевну верхом в сопровождени и Маврикия Николаевича — Она сверкнула на меня издали глазами, засмеялась и очень дружески **кивнула** головой* (Ф.М. Достоевский, Бесы).

다음날 나는 마브리키 니콜라예비치와 동행하여 말을 타고 있던 리자베타 니콜라예브나를 만났다. — 그녀는 멀리서 나를 보고 눈을 반짝이며 웃으면서 매우 친근하게 머리를 끄떡여 인사했다.

*Степан Трофимович привстал было протянуть ему руку, но Шатов, посмотрев на нас обоих внимательно, поворотил в угол, уселся там и даже не **кивнул** нам головой* (Ф.М. Достоевский, Бесы).

스테판 트로피모비치는 슬며시 일어나 악수를 청했지만 샤토프는 우리 두 사람을 유심히 살펴보고는 구석으로 돌아가서 그곳에 앉았다. 그리고 우리에게 머리를 끄떡이지도 않았다.

*Доброе утро, сэр, — хрипло звучит голос в тишине за спиной. Я еле **киваю**, не оборачиваясь* (А. Молчанов, Дао).

안녕하세요? 선생님, — 등 뒤에서 약간 쉰 목소리가 정적을 뚫고 들려온다. 나는 돌아보지 않고 간신히 고개를 끄떡여 인사한다.

До свидания, я надеюсь, вы устроитесь в конце концов. — Постараюсь, — ответил Игорь печально. — Бывай! — сухо кивнул Борис (А. Рыбаков, Дети Арбата).

안녕히 가세요. 나는 당신이 잘 정착되기를 바랍니다. — 노력해 보겠습니다, — 이고르가 슬프게 대답했다. — 잘 있어! — 보리스는 매정하게 머리를 끄떡였다.

Он был строг и торжественен. — Здра... — прошептал я, но задохнулся. Профессор кивнул мне немного холодновато (Ф. Житинский, дитя эпохи).

그는 엄격하고 신중했다. — '안녕하...' — 나는 속삭였지만 숨이 막혔다. 교수님은 나에게 조금 냉정하게 머리를 끄떡였다.

Фрося, здравствуйте, Фрося, — громко сказал я. Глаза ее были мутны, она кивнула мне и стала вынимать из сумки свертки (Д. Гранин, Дом на Фонтанке).

'프로샤, 안녕하세요, 프로샤.' — 나는 크게 말했다. 그녀의 눈은 흐릿했다. 그녀는 나에게 머리를 끄떡였고 가방에서 꾸러미들을 꺼내기 시작했다.

За воротами, миновав будку охранника, который ему кивнул и даже подмигнул ... он поднялся на низкое крыльцо, прошел мимо еще одного охранника, не останавливаясь (А. Кабаков, Сочинитель).

문 뒤에서 그에게 머리를 끄떡이며 윙크까지 한 보초병의 초소 옆을 통과한 다음, ... 그는 출입구의 낮은 계단을 올라갔다, 그리고 멈추지 않고 또 한 명의 보초병 옆을 통과했다.

§ КИВНУТЬ 3 고개로 가리키다 3

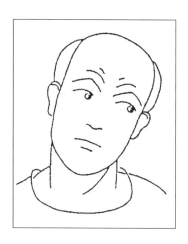

⫶ Физическое описание 신체 묘사

몸짓발신자는 머리를 움직여 어떤 대상을 가리키면서 빠르게 그러나 강하지 않게 머리를 기울인다. 그런 다음 머리는 원래 위치로 다시 돌아온다.

⫶ Сопутствующие жесты 동반 몸짓

показать глазами. 눈으로 가리키다.

⫶ Толкование 해설

X *кивнул 3 на ⟨в сторону⟩ Y* (X는 Y에게로 ⟨방향으로⟩ 머리를 기울였다 3) = '몸짓발신자는 지금 거론되고 있는 대상을 가리킨다.'

⫶ Однословная характеристика 일어 표현

УКАЗЫВАТЬ 가리키다

⫶ Речевые аналоги 유사 언어

Вон он! 저기 저 사람!

⫶ Жестовые аналоги 유사 몸짓

показать рукой 손으로 가리키다; *показать пальцем* 손가락으로 가리키다; *показать глазами* 눈으로 가리키다

⫶ Другие номинации 다른 명칭

указывать движением головы 고개짓으로 가리키다

⫶ Иллюстрации 예문

Посмотрите на него: не правда ли, в нем что-то есть? — *Говорила она своим друзьям, **кивая на** мужа и как бы желая объяснить, почему это она вышла за простого, очень обыкновенного и ничем не замечательного человека* (А. Чехов, Попрыгунья).

저 이를 좀 봐: 그에겐 정말로 무엇인가가 있어, 안 그래요? — 그녀는 남편을 고개로 가리키며 왜 그녀가 단순하고 매우 평범하고 아무런 놀랄 것도 없는 사람과 결혼했는지 설명하려는 듯이 자기의 친구들에게 말했다.

Какого черноглазого себе отхватила! — *весело проговорила Маруся, **кивая на** Сашу* (А. Рыбаков, Дети Арбата).

얼마나 멋진 검은 눈을 지닌 사람을 사로잡았는지! — 머리로 사샤를 가리키며 마루샤는 밝게 말했다.

Мы пять лет наблюдаем этого человека, — *Борменталь **кивнул на** экран, и имеем достаточно оснований, чтобы относиться к нему скептически* (А. Житинский, Внук доктора Борменталя).

우리는 5년 동안 이 사람을 관찰했어요, — 보르멘탈은 머리로 칸막이를 가리켰다. 그리고 그를 회의적으로 대해야 하는 충분한 근거를 가지고 있습니다.

*Он вдруг молвил, **кивнув** в мою сторону: — вот этот молодой человек тоже, верно, мечтает, мол, помрет в некий срок папенька, и будут у него куры не клевать золота (И. Бунин, Ворон)!*

그는 내 쪽을 고개로 가리키며 갑자기 말했다: — 아마도 이 젊은이도 아버지가 언젠가는 세상을 떠나게 되고, 그러면 자신이 부자가 되리라는 생각을 하겠지!

*Однажды, когда он угощал нашу общую возлюбленную виноградным соком, а мы с ее сестрой скромно стояли рядом, он **кивнул** в нашу сторону и сказал: — Налетайте, Чарли угощает (Ф. Искандер, Письмо).*

그가 우리의 공동의 연인에게 포도 주스를 대접하고, 나는 그녀의 여동생과 쑥스럽게 서 있었던 어느 날, 그는 우리 쪽을 고개로 가리키며 말했다. — 달려들어, 찰리가 대접한다.

ЛОМАТЬ РУКИ, уходящ.
손을 쥐어 짜다, 고어.

часть тела 신체부위: *РУКА* 팔

активный орган 능동 기관: *КИСТЬ* 손목에서 손끝까지

⚏ Физическое описание 신체 묘사

몸짓발신자는 교대로 거세게 한 손으로 다른 손의 주먹이나 손목을 쥐고 압박하며, 이와 동시에 손목이나 주먹을 부러뜨리려는 듯이 강하고 부자연스럽게 구부린다. 몸짓발신자의 머리나 몸체는 돌아가거나 이쪽에서 저쪽으로 흔들리기도 한다. 이 밖에도 몸짓발신자는 서 있는 곳에서 신경질적으로 왔다 갔다 할 수 있다. 이 몸짓에는 흔히 울음과 흐느낌이 동반된다.

⚏ Толкование 해설

X ломает руки (X는 손을 쥐어 짠다) = '몸짓발신자 X는 어떤 상황 P에

영향을 끼칠 능력이 없다는 것을 알고 절망을 표현한다.'

⧧ Условия употребления 사용 조건

이 몸짓은 일반적으로 몸짓발신자가 사건의 진행에 어떤 모습으로
든지 영향력을 행사하고 싶지만, 아무리 해도 그럴 수 없는 상황에서
수행된다. 자신의 무력감은 몸짓발신자에게 매우 고통스럽다. 그는 무
엇인가를 하기를 열망하면서 이 몸짓을 행한다. 이 때 보통 몸짓발신
자는 강한 부정적인 감정 ─ 슬픔, 무언가에 대한 두려움, 우울감 등을
경험한다.

몸짓발신자는 몸짓수신자에게 사건의 발전에 영향을 주고 사건을 호
전시킬 수 있는 능력이 있다고 믿으며 이 몸짓을 실시함으로써 간접적
인 방법으로 몸짓수신자의 관심을 해당 상황으로 끌어들일 수 있다고
생각한다. 이러한 이유로 해당 몸짓은 애원하는 상황에서 사용된다는
점이 특징적이다.

전체적으로 이 몸짓은 매우 표현적이며 다소 극적이다. 이 몸짓은 어
떤 상황을 연출하기 위해 이용될 수도 있으며, 주로 여성들이 사용하는
몸짓이다.

⧧ Однословная характеристика 일어 표현

ОТЧАЯНИЕ 절망 / БЕССИЛИЕ 무력

⧧ Звуковое сопровождение 동반 음성

стенания 신음; *причитания* 탄식

⧧ Речевые аналоги 유사 언어

Господи! 맙소사!

▒ Другие номинации 다른 명칭

заламывать руки 손을 구부려 꺾다

▒ Иллюстрации 예문

И видел я, как руки костяные

Моих друзей сдавили — их не стало —

Не стало даже призраков и теней...

Туманом облачился образ смерти,

Итак пошел на север. Долго, долго,

Ломая руки *и глотая слезы,*

Я на творца роптал, страшась молиться! (М.Ю. Лермонтов, Ночь).

그리고 나는 보았다, 뼈가 앙상한 두 손이

내 친구들을 꽉 쥐어짜는 것을 — 그들은 없어졌다 —

유령과 그림자들조차도 없어졌다...

죽음의 모습은 안개가 되었다.

그리하여 나는 북쪽으로 걸어갔다. 오랫동안, 오랫동안,

손을 쥐어짜며 눈물을 삼키며

나의 창조자에게 불평을 토했다, 기도하기를 두려워하면서!

*— Какой смех! мне не до смеха! — почти с отчаянием сказала она, встала со скамьи и начала ходить взад и вперед по аллее. Райский оставался на скамье. — А я все надеялась... и надеюсь еще... безумная! Боже мой — **ломая руки**, думала она* (И.А. Гончаров, Обрыв).

— 웃음이라니! 나에겐 웃음도 나오지 않는다! — 거의 절망적인 목소리로 말하고, 그녀는 벤치에서 일어나 오솔길을 따라 왔다 갔다 거닐기 시작했다. 라이스키는 벤치에 앉아 있었다. — 그래도 역시 나는 기대했었다, 그리고 여전히 기대하고 있다. ... 바보! 맙소사 — 손목을 꺾으면서 그녀는 생각했다.

*За массивным письменным столом с огромной чернильницей сидел пустой костюм. Костюм был при галстуке, из кармашка костюма торчало самопишущее перо, но над воротником не было ни шеи, ни головы, равно как из манжет не выглядывали кисти рук. — Красавица секретарь взвизгнула и, **ломая руки**, вскричала: — Вы видите? Видите?! Нету его! Нету! Верните его, верните!* (М. Булгаков, Мастер и Маргарита)

커다란 잉크병이 놓인 아주 큰 책상에 빈 양복이 놓여 있었다. 양복에는 넥타이도 착용되어 있었으며, 양복의 주머니에는 자동으로 기록되는 펜이 삐죽이 나와 있었다. 그러나 양복 깃 위에는 목도 머리도 없었고, 소매부리에는 손목이 보이지 않았다. — 아름다운 비서는 큰소리로 울었다, 그리고 몹시 슬퍼 손목을 쥐어짜며 외쳤다: — 당신 아시겠죠? 아시겠지요?! 그가 없어요. 그가 없다고요. 그를 돌려주세요. 돌려줘요!

*Я не позволю, чтобы в моем доме по ночам кричали ура от радости, что могут эксплоатировать такую психопатку, как вы! Жена, **ломая руки** и с протяжным стоном, как будто у нее болели зубы, бледная, быстро пошлась из угла в угол* (А. Чехов, Жена).

나는 내 집에서 밤마다 기쁨의 환호 소리를 지르도록 허용하지 않겠어, 왜냐하면 그러한 사이코를 이용할 수 있기 때문에! 아내는 손목을 비틀면서 마치 치통이 있는 것처럼 길게 신음소리를 내며 창백한 얼굴로 구석에서 구석으로 빠르게 걸어갔다.

*Он застал ее в крайнем замешательстве. Она и Катенька были одеты к выезду, все уложено, но Лариса Федоровна **ломала руки** и сдерживая слезы и прося Юрия Андреевича присесть на минуту, бросалась в кресло и вставала, ――― говорила быстро-быстро, бессвязною скороговоркой: — Я не виновата* (Б. Пастеркак, Доктор Живаго).

그는 극도로 혼란에 빠진 그녀를 발견했다. 그녀와 카텐카는 출발하려고 옷을 입었고, 짐들을 모두 챙겼다, 그러나 라리사 표도로브나는 자신의 손목을 쥐어짜며 눈물을 참으며, 유리 안드레예비치에게 잠시 앉아달라고 부탁했다, 그녀는 안락의자에 털썩 앉더니 다시 일어섰다, 그리고 --- 빠르게, 아주 빠르게, 두서없이 말했다: — 난 아무런 죄가 없어요.

МАХНУТЬ РУКОЙ
체념하여 손을 내젓다

часть тела 신체부위: *РУКА* 팔

активный орган 능동 기관: *КИСТЬ* 손

§ *МАХНУТЬ РУКОЙ 1* 손을 내젓다 *1*

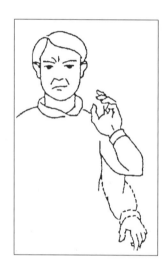

⅋ Физическое описание 신체 묘사

몸짓발신자는 마치 자기에게서 무엇인가를 물리치거나 쫓아버리듯이 팔꿈치를 구부리고 손을 아래쪽으로 또는 옆으로 가볍게 움직인다.

⅋ Сопутствующие жесты 동반 몸짓

몸짓은 멸시 또는 짜증을 내는 표정과 함께 사용할 수 있다. 예를 들면, 몸짓발신자는 얼굴을 찡그리거나 불만을 나타내는 표정을 지을 수 있다.

‖ Толкование 해설

X махнул рукой 1 (X가 손을 아래로 내저었다 1) = '어떤 인물 Y가 의견 P를 제기했다. 몸짓발신자 X는 Y의 의견 P가 현실적인 입장에서 볼 때 공통적인 사안이 아니며 주의를 끌 가치가 없다고 이해한다.'

‖ Условия употребления 사용 조건

이 몸짓은 비공식적으로 의견을 교환하는 상황에서 사용된다. 이 몸짓은 몸짓수신자 Y의 사회적인 신분이 몸짓발신자와 비교해 볼 때 동등하거나 더 낮은 경우에만 허용된다.

이 몸짓은 몸짓수신자가 예기치 않은 어떤 사안을 언급하거나 실행한 것에 대해서 몸짓발신자가 분노하는 상황에서 전형적으로 사용된다.

이 몸짓의 수행은 몸짓수신자로 하여금 모욕감을 느끼게 할 수 있다.

‖ Звуковое сопровождение 동반 음성

Да ну (тебя)! 좋소!; *Ай!* 아!

‖ Речевые аналоги 유사 언어

Ерунда! 무의미 한 것!; *Чушь!* 허튼소리!; *Брось!* 그만 둬!; *Да нет!* 그래 아니야!; *Какой ещё Р!* 무슨 Р!

‖ 다른 명칭

отмахнуться 손을 흔들어 기피하다

‖ Иллюстрации 예문

*Ну, милый, моя жена тоже больна. ... Но я не требую на этом основании, чтобы вы... ну... продали мне, положим, ваш пиджак за тридцать копеек... — Возьмите даром, — пропел отец Фёдор. Инженер раздраженно **махнул рукой** и холодно сказал: — Вы ваши шутки бросьте. Ни в какие рассуждения* *я больше не пускаюсь* (И. Ильф, Е. Петров, Двенадцать стульев).

여보게, 나의 아내 역시 아프다네. … 그러나 이러한 이유로 당신의 재킷을 30 코뻬이카에 팔도록 요구하는 것은 아니라오... — 그냥 가져 가게나, — 신부 표도르는 읊조렸다. 기사는 성가신 듯이 손을 내저으며 차갑게 말했다; — 당신은 농담을 집어 치우시오. 난 더 이상 어떠한 논의에도 빠지지 않을 거요.

Он сейчас стоял перед ним в черных спортивных брюках и белых кедах, незавязанные шнурки которых опасно болтались. Отец предупредил его относительно шнурков, но он только резко **махнул рукой** *и с горящими глазами приготовился к подаче* (Ф. Искандер, Авторитет).

그는 지금 검은 스포츠용 바지를 입고 하얀 운동화를 신고 그의 앞에 서 있었다. 잘 매지지 않은 운동화의 끈은 헐렁하게 달랑거렸다. 아버지는 그의 단화 끈에 대해서 그에게 경고했으나, 그는 단호하게 손을 흔들어 거절하고, 강렬한 눈빛으로 서브에 대비했다.

В Москве прямо легенды какие-то про вас рассказывают... Филипп Филиппович только отчаянно **махнул рукой**. *Тут пациент разглядел, что профессор сгорбился и даже как будто поседел за последнее время* (М. Булгаков, Собачье сердце).

모스크바에서는 당신에 관한 어떤 전설들을 정확하게 말하고 있습니다... 필립 필립포비치는 자포자기하여 손을 내저었다. 그때 환자는 교수의 등이 구부정하고 그리고 최근에 백발이 내린 것처럼 보이는 모습을 응시했다.

§ *MAXHУТЬ РУКОЙ 2* 손을 위에서 아래로 젓다 2

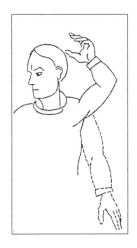

❖ **Физическое описание** 신체 묘사

몸짓발신자는 어깨높이보다 위로 손을 똑바로 펴서 올리고 그 손을 아래로 날쌔게 내린다. 고개는 반대편 어깨 쪽으로 돌린다.

§ *MAXHУТЬ РУКОЙ 2.1* 손을 위에서 아래로 내젓다 2.1.

❖ **Толкование** 해설

X махнул рукой 2.1 (X는 손을 위에서 아래로 저었다 2.1) = '몸짓발신자 X는 어떤 불유쾌한 상황 P에 대해서 생각하거나 회상할 때, 상황 P를 변경시키는 일을 단념했으며 그것에 대해 생각하고 싶지 않다는 것을 표시한다.'

❖ **Речевые аналоги** 유사 언어

И не говори! 말하지 마!; *Ничего не поделаешь* 아무 것도 할 수 없어; *Да Бог с ним* 저 놈 맘대로 내버려 둬; *Да пропади оно!* 꺼져 버려!; *Да гори оно синим пламенем!* 단념하다!

⅓ Жестовый фразеологизм 몸짓 관용구

махнуть рукой на кого -л. ⟨что -л.⟩ 어떤 사람 혹은 어떤 사물에 대해 손을 내젓다. '이것은 아무런 도움이 되지 않는다는 판단을 받아들이고, 이에 대해 영향을 주려는 시도를 중지한다.'

비교: *На домик* ***махнули рукой.*** *Он стал считаться диким и исчез со всех планов. Его как будто бы и не было. А между тем он был, и в нем жили люди (И. Ильф, Е. Петров, Двенадцать стульев).* (집에 대해서 손을 내저으며 포기했었다. 그것은 터무니없는 것으로 간주되었고, 집은 모든 계획에서 사라졌다. 그것은 마치 없었던 것 같았다. 그런데 집은 들어섰고 거기에서 사람들이 살게 되었다.)

⅓ Иллюстрации 예문

Вот ведь навалилось как! — ужаснулась Таня. — Не говори! — ***махнул он рукой.*** *— Пойдем хоть выпьем по рюмке* (В. Аксенов, Пора, мой друг, пора).

갑자기 불행이 몰려왔어! — 타냐는 공포스럽게 말했다. — 말도 마! — 그는 팔을 내저었다. — 술이나 한잔 하러 가자.

— Не переживай, Гера, — сказал Иван. — Не надо. Я ***махнул руками*** *и поймал на себе сочувствующий взгляд Бори* (В. Аксенов, Апельсины из Марокко).

게라, 걱정하지 마. — 이반이 말했다. —그럴 필요 없어. 나는 두 손을 내저었고 내게 향한 보랴의 동정어린 시선을 느꼈다.

"Попы -то", — я говорю — Тут он и ***рукой махнул:*** *Ты мне, говорит, Жилин, про попов лучше и не напоминай* (М. Булгаков, Белая гвардия).

"사제들은", — 내가 말했다. — 이 때 그는 손을 내저었다: 너는 나에게 사제들에 대해서 상기시키지 않는 것이 좋을 거야, 라고 질린이 말했다.

*Вам не об этом теперь надо думать, а о прощении... — Я давно ее простил, — передил Лаврецкий и **махнул рукой*** (И. С. Тургенев, Дворянское гнездо).

당신은 지금 이것에 대해서가 아니라, 용서에 대해서 생각해야 합니다... — 난 오래전에 그녀를 용서했어요, — 라브레츠키이는 말을 중단시키며 손을 저었다.

§ *MAXHУTЬ РУКОЙ 2.2* 손을 내젓다 2.2

⫴ **Толкование** 해설

X махнул рукой 2.2 (X가 손을 내저었다 2.2) = '몸짓발신자 X는 원하지 않는 어떤 행위 P를 수행해야 한다. 머릿속에서 P의 수행을 피할 수 있는 가능성을 타진한 다음, 몸짓발신자는 어느 하나도 P를 실행하지 않을 충분한 근거가 되지 않는다고 판단하며, P를 수행해야 한다고 결정한다.'

⫴ **Однословная характеристика** 일어 표현

РЕШИМОСТЬ 결단력 / БЕЗНАДЕЖНОСТЬ 체념

⫴ **Речевые аналоги** 유사 언어

Черт с ним! 젠장!; *Деваться некуда!* 그가 말 한대로 해 주마! 어디로 갈지 모르겠다!; *Была не была!* 될 대로 되라지!

⫴ **Звуковое сопровождение** 동반 음성

Эх! 아아!

⫴ **Иллюстрации** 예문

*Повернулся и, оскалившись, говорю: — Сделаете или нет? И она **взмахнула рукою**, как обреченная, 'все равно, мол', и тихо ответила:*

— *Давайте сделаю...* (М. Булгаков, Записки юного врача).

나는 돌아섰다, 그리고 이를 드러내고 웃고서, 말했다: — 하시겠어
요 아니면 안 하시겠어요? 그리고 그녀는 운명이 다한 것처럼 손을 내
저었다. '어떻게 하든지 마찬가지란 말이예요.' 그리고 조용히 대답했
다: — 하겠어요...

*Василиса, отчаянно **махнув рукой**, подчиняясь Карасю, выпил одну
рюмку* (М. Булгаков, Белая гвардия).

바실리사는, 절망적으로 손을 내젓고 나서, 카라샤에게 무릎을 꿇고,
술을 한 잔 마셨다.

*Сердечная сумка, надо полагать, задета, — шепнула Марья Власьевна,
цепко взялась за край стола и стала всматриватся в бесконечные веки
раненого (глаза его были закрыты). — Револьвер? — дернув щекой, спросил
хирург. — Браунинг, — пролепетала Марья Власьевна. — Э⌐эх, — как
бы злобно и досадуя, сказал хирург и вдруг, **махнув рукой**, отошел* (М.
Булгаков, Записки юного врача).

아마도 심낭을 다쳤을 거라고 봐야 합니다, — 마리야 블라스예브나
가 속삭였다. 블라스예브나는 책상 모서리를 단단히 잡고, 부상자의 눈
꺼풀을 자세히 보았다. (그의 눈은 감겨 있었다.) — 권총? — 볼을 잡아당
기며 외과의사가 물었다. — 브라우닝, — 마리야 블라스예브나가 중얼
거렸다. — 어허 — 적의적으로 짜증을 내며, 외과의사가 말했다, 그리
고 갑자기 손을 저으며 물러섰다.

НАДУТЬ ГУБЫ, детск.
입술을 삐죽 내밀다, 유아.

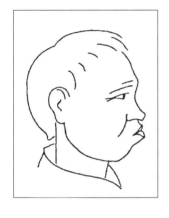

часть тела 신체부위: *ГОЛОВА* 머리
активный орган 능동 기관: *ГУБЫ* 입술

⅜ Физическое описание 신체 묘사

몸짓발신자는 꼭 다문 입술을 앞으로 내민다. 이 때 대체로 양 입술
사이로 공기를 내뿜는다.

⅜ Сопутствующие жесты 동반 몸짓

насупиться 얼굴을 찌푸리다; *поморщиться* 얼굴을 찡그리다

⅜ Толкование 해설

X надул губы (X는 입술을 삐죽 내밀었다) = 'X는 불만과 모욕감을 표현
한다.'

⅜ Условия употребления 사용 조건

해당 몸짓은 주로 아이들이나 여자들이 사용한다. 이 몸짓은 불만을
애교스럽게 표현하기 위해서 사용될 수 있다. (ВЫПЯТИТЬ ГУБЫ(입술을
내밀다)를 참고.)

▓ Однословная характеристика 일어 표현
ОБИДА 모욕

▓ Жестовые аналоги 유사 몸짓
выпятить губу 입술을 두둑하게 내밀다; *насупиться* 얼굴을 찌푸리다; *отвернуться* 얼굴을 돌리다

▓ Другие номинации 다른 명명
надуться 불만을 품다

▓ Иллюстрации 예문

*Ах, перестаньте, Павел Яковлевич, — возразила не без досады девушка, — отчего вы никогда не говорите со мной серьезно? Я рассержусь, — прибавила она с кокетливой ужимкой и **надула губки*** (И.С. Тургенев, Накануне).

아, 그만 두세요, 파벨 야코블레비치, — 처녀는 짜증을 내며 반대했다. — 어째서 당신은 항상 저와 진지하게 이야기하려고 하지 않나요? 그럼 전 화를 낼 거예요, 그녀는 요염하게 얼굴을 찡그리며 덧붙이고는 양 입술을 삐죽 내밀었다.

*Солнечные лучи весело шалят на ковре, на стенах, на подоле няньки и как бы приглашают поиграть с ними, но дети не замечают их. Они проснулись не в духе. Нина **надувает губы**, делает кислое лицо и начинает тянуть: — Ча-аю!* (А. Чехов, Событие)

햇빛은 양탄자 위에서, 벽 위에서, 유모의 옷자락 위에서, 마치 그들과 함께 잠시 놀자고 하는 것처럼 흥겹게 장난치고 있다. 그러나 아이들은 그들을 눈치 채지 못한다. 그들은 기분이 좋지 않은 채로 잠에서 깨어났다. 니나는 입술을 삐죽 내밀고, 찌푸린 얼굴을 하며 길게 말을

끌며 말한다: 차~ 좀! 주세요.

*Что ж делать, так надо было, Нелли. — Совсем не надо, — отвечала она почти шепотом, но как‑то вдруг, отрывисто, чуть не сердито, **надув губки** и еще упорнее уставившись глазами в пол* (Ф.М. Достоевский, Униженные и оскорбленные).

어떻게 하겠어, 그럴 수밖에 없었어, 넬리. — 전혀 그럴 필요 없어요, — 그녀는 거의 속삭이듯 대답했다, 그러나 웬일인지 갑자기, 단속적으로, 화가 나서, 입술을 삐죽 내밀고 더욱 고집스럽게 마루바닥을 응시했다.

НАДУТЬ ЩЕКИ
볼을 부풀리다

часть тела 신체부위: **ГОЛОВА** 머리
активный орган 능동 기관: **ЩЕКИ** 볼

⚕ Физическое описание 신체 묘사

몸짓발신자가 입안에 공기를 모아 볼을 부풀린 다음 세차게 공기를 내뿜는다. 몸짓발신자의 머리는 앞쪽으로 기운다. 때때로 몸짓발신자는 머리를 이쪽에서 저쪽으로 돌리거나 가볍게 고개를 끄떡인다.

⚕ Толкование 해설

X надул щеки (X는 볼을 부풀렸다) = 'X는 몸짓수신자에게 그가 지나치게 우쭐댄다는 것을 표시한다.'

⚕ Условия употребления 사용 조건

이 몸짓은 제3자를 묘사할 때에도 사용될 수 있다. 이러한 경우 몸짓발신자는 자신이 볼 때 이 제3의 인물이 너무 우쭐댄다는 것을 몸짓수신자에게 전달한다.

∷ Однословная характеристика 일어 표현
ПОСТАВИТЬ НА МЕСТО 콧대를 꺾어 놓다

∷ Жестовые аналоги 유사 몸짓
щелкнуть по носу 코를 튕기다; *стряхнуть пыль с ушей* 귀에서 먼지를 털다

∷ Речевые аналоги 유사 언어
Выпусти пар! 진정해!

∷ Иллюстрации 예문
Не для того, Капитонов, даны человеку зубы, чтобы другого человека кусать. — Женька хотел сказать что-то еще, такое же доброе и большое, но двоечник Капитонов **надул** *шершавые* **щеки** *и выдохнул* (А. Етоев, Бегство в Египет).

카피토노프, 사람에게 치아가 있다는 것은 다른 사람을 깨물기 위해서가 아니야. — 젠카는 더 멋지고 그럴싸한 무슨 말인가를 더 하고 싶었다. 그러나 2점짜리 밖에[낙제생] 안 되는 카피토노프는 꺼칠한 볼에 바람을 넣어 부풀렸다가 다시 내뿜었다.

Вам придется побыть часок гигантом мысли и особой, приближенной к императору. ... Вы должны молчать. Иногда, для важности, **надувайте щеки** (Ю.К. Щеглов, Романы И. Ильфа и Е. Петрова).

당신은 1시간 동안 위대한 사상가 그리고 황제의 측근자, 거물이 되어야 하오. ... 당신은 침묵해야 하오. 때때로 엄숙함을 보이기 위해서 볼을 부풀리시오.

ОБЛИЗНУТЬСЯ

입맛을 다시다

часть тела 신체부위: *ЛИЦО* 얼굴
активный орган 능동 기관: *ЯЗЫК* 혀

⅛ Физическое описание 신체 묘사

몸짓발신자는 혀를 둥글게 움직이면서 입술을 핥는다.

§ *ОБЛИЗНУТЬСЯ 1.1* 입맛을 다시다 1.1

⅛ Сопутствующие жесты 동반 몸짓

улыбка 미소; *"горящие глаза"* 탐욕스런 눈길

⅛ Толкование 해설

X облизнулся 1.1 (X는 입맛을 다셨다) = '몸짓발신자 X는 어떤 음식을
몹시 먹고 싶어 하고 그 음식으로부터 얻게 될 만족감을 미리 느낀다는
것을 나타낸다.'

⅛ Условия употребления 사용 조건

해당 몸짓은 일반적으로 몸짓발신자가 어떤 먹음직스런 음식을 보거

나 상상할 때 수행한다. 이 몸짓은 음식을 만든 사람을 칭찬하는 비공식적인 표현으로 사용될 수 있다.

몸짓 *облизнуться* 1.1은 사전에 느껴지는 관능적인 만족감을 나타내기 위해서 은유적으로 사용될 수 있다.

비교: *Мельком — я заметил, как, в сторону скользнув большим аквамариновым глазом, — он самым кончиком языка молниеносно **облизнулся**. Я машинально посмотрел туда же и увидел Нину* (В. Набоков, Весна в Фиальте). 순식간에 — 나는 커다란 남옥빛 눈이 옆쪽으로 미끄러지는 것을 눈치 챘다, — 그는 아주 빠르게 혀끝을 굴리며 입맛을 다셨다. 나는 기계적으로 그 쪽을 쳐다보았다. 니나가 보였다.

▓ Однословная характеристика 일어 표현
ПРЕДВКУШЕНИЕ 예감

▓ Жестовые аналоги 유사 몸짓
потереть руки 초조하게 두 손을 비비다

▓ Иллюстрации 예문

*Покажи-ка мне, матушка, осетра! — сказал Ахинеев, потирая руки и **облизываясь**. — Запах-то какой! Так бы и съел всю кухню!* (А. Чехов, Клевета)

어머님, 철갑상어를 저에게 보여줘요! — 아히네예프는 초조하게 손을 비비고 입맛을 다시며 말했다. — 음, 이 맛있는 냄새! 모든 음식을 다 먹어치우겠는 걸!

*Варенье варят. — Да, в самом деле! То-то я все замечаю, что Пашутка поминутно бегает куда-то и **облизывается*** (И.А. Гончаров, Обрыв).

사람들이 잼을 만들고 있어. — 그래, 바로 그거야! 바로 그것 때문에 파슈트카가 어디론가 끊임없이 이리저리 뛰어다니며 입맛을 다시고 있음을 나는 모두 알았다.

Ты, дескать, Иванушка-дурачок, ройся в мешках дедовских, пей, ешь, веселись, а ты, такой-сякой, только облизывайся (Ф.М. Достоевский, Бедные люди).

너는, 바보 이바누쉬까처럼, 할아버지의 자루들을 헤집어서, 마시고, 먹고, 즐겨라, 그러나 너는, 나쁜 놈, 입맛만 다셔라, 라고 말했다.

"А вы хотели коньяку бы," / "Не признаю я этой ерунды." / "Зачем же вы облизывали губы?" (И. Бродский, Горбунов и Горчакав)

"당신은 코냑을 원했어요," / "난 이러한 엉터리를 인정할 수 없어요." / "그러면 왜 당신은 입술을 핥으셨나요?"

А вода у вас настоящая? — Положительно настоящая, — ответил Плюс. — Не желаете ли выпить? Кузя облизнулся. Нам очень хотелось пить (Л. Гераскина, В стране невыученных уроков).

당신에게는 진짜 물이 있어요? — 정말 진짜 물이 있어, — 플류스가 대답했다. — 너희들은 마시고 싶니? 쿠쟈는 입술을 핥았다. 우린 매우 마시고 싶었다.

§ ОБЛИЗНУТЬСЯ 1.2 입맛을 다시다 1.2

⁝⁝ Толкование 해설

X облизнулся 1.2 (X는 입맛을 다셨다 1.2) = '몸짓발신자 X는 그가 방금 먹은 음식이 아주 맛있다는 것을 보여준다.

‖ Однословная характеристика 일어 표현
УДОВОЛЬСТВИЕ 만족

‖ Жестовые аналоги 유사 몸짓
погладить себя по животу 자신의 배를 어루만지다

‖ Речевые аналоги 유사 언어
пальчики оближешь 매우 맛있다

‖ Иллюстрации 예문

*Где у нас дело, которое бы каждый делал, так сказать, **облизываясь** от удовольствия, как будто бы ел любимое блюдо?* (И.А. Гончаров, Обрыв)

말하자면, 좋아하는 음식을 먹을 때처럼 만족스럽게 입맛을 다시며 할 수 있는 그러한 일이 우리에게 어디에 있겠는가?

*Говорун залпом осушил стакан воды, **облизнулся** и продолжал, надса-живаясь, как на митинге* (А. и Б. Стругацкие, Сказка о тройке).

연사는 단숨에 물 한 컵을 다 비웠고, 입맛을 다셨다, 그리고 마치 집회에서처럼 목청껏 외쳐대면서 계속했다.

*Потом он попросил стакан воды. — А мне, знаешь, пора, — сказал он, **облизываясь** и ставя стакан обратно на стол* (В. Набоков, Встреча).

그 다음 그는 물 한 컵을 부탁했다. — 아시겠지만, 저는 이제 그만 시간이 됐어요, — 그는 입맛을 다시며 컵을 다시 탁자 위에 놓으면서 말했다.

*Козел, как все, не умел смеяться, у него на лице вместо смеха делалось так, будто он ест что-то очень вкусное, сладкое и **облизывается**, —*

Это и был его смех (М. Пришвин, Кощеева цепь).

모든 사람처럼, 가쫄(염소)은 웃는 방법을 알지 못했다, 웃음 내신에 그의 얼굴에는 마치 그가 매우 맛있고 달콤한 어떤 것을 먹고 입맛을 다시는 것과 같은 그러한 표정이 나타났다, — 이것이 그의 웃음이었다.

ОБНАЖИТЬ ГОЛОВУ
모자, 두건 등을 벗다

часть тела 신체부위: *ГОЛОВА* 머리
активный орган 능동 기관: *РУКА* 팔
пассивный орган 수동 기관: *ГОЛОВА* 머리

§ *ОБНАЖИТЬ ГОЛОВУ 1 모자, 두건 등을 벗다 1*

‡ Физическое описание 신체 묘사

몸짓발신자는 모자를 벗는다, 그리고 그것을 두 손으로 들고 머리를 숙인다. [해당 몸짓은 필수적인 요소로서 *склонить голову*(머리를 숙이다)를 포함한다.]

‡ Толкование 해설

X обнажает голову 1 (X는 모자를 벗는다 1) = '몸짓발신자 X는 고인을 기리면서 경의를 표하고 애도한다.'

‡ Условия употребления 사용 조건

이 몸짓은 남성에 의해서 사용된다. СКЛОНИТЬ ГОЛОВУ를 참고하시오.

⫚ Однословная характеристика 일어 표현
СКОРБЬ 비애

⫚ Другие номинации 다른 명명
снять шапку 모자를 벗다

⫚ Звуковое сопровождение 음성 동반
이 몸짓은 대체로 침묵을 동반한다.

⫚ Жестовые аналоги 유사 몸짓
преклонить колено 무릎을 꿇다; *закрыть лицо руками 2* 손으로 얼굴을 가리다 2; *снять шляпу* 모자를 벗다

⫚ Иллюстрации 예문
— *Снимите шляпы*, — *сказал Остап*, — **обнажите головы.** *Сейчас состоится вынос тела* (И. Ильф, Е. Петров, Золотой теленок).
— 모자를 벗으십시오, — 오스타프는 말했다. — 애도를 표하십시오. 지금 출관식이 거행됩니다.

Остап **снял свою капитанскую фуражку** *и сказал :* — *Я часто был несправедлив к покойному...* (И. Ильф, Е. Петров, Золотойтеленок)
오스타프는 자신의 해군모를 벗고 말했다: — 나는 고인에게 공정하지 않았던 적이 많았습니다...

Люди в автомобиле были уверены, что Дернятин погиб, а потому **сняли свои головные уборы** *и дальше ехали уже простоволосые* (Д. Хармс, "Одна муха ударили в лоб...").
자동차 안의 사람들은 데르냐틴이 죽었다고 확신했기 때문에 자신들

의 모자를 벗고 애도했고, 모자를 벗은 채로 더 갔다.

§ ОБНАЖИТЬ ГОЛОВУ 2 모자를 벗다 2

‡ **Физическое описание** 신체 묘사
몸짓발신자는 모자를 벗는다.

‡ **Сопутствующие жесты** 동반 몸짓
поклон 인사; *перекреститься* 성호를 긋다

‡ **Толкование** 해설
X обнажает голову 2 перед Y (X는 Y앞에서 모자를 벗는다 2) = '몸짓발신자 X는 그가 성스런 대상인 Y를 숭배하고 있음을 나타낸다.'

‡ **Условия употребления** 사용 조건
이 몸짓은 종교적으로 성스러운 것 앞에서 교회에 들어갈 때 성상이나 십자가의 모습을 보고 가장 빈번하게 행해진다. 이 몸짓은 또한 숭고한 종교 의식에 참여한 신자들에 의해서 수행되며, 남성들에 의해서 사용된다.

‡ **Однословная характеристика** 일어 표현
УВАЖЕНИЕ 존경 / ПОКЛОНЕНИЕ 숭배

‡ **Жестовые аналоги** 유사 몸짓
преклонить колено 무릎을 꿇다; *встать навытяжку* 부동자세로 일어서다; *снять шляпу* 모자를 벗다

*Старцы божии, несмотря не лютый мороз, с **обнаженными головами,** то лысыми, как спелые тыквы, то крытыми дремучим оранжевым волосом, уже сели рядом по-турецки вдоль каменной дорожки, ведущей в великий пролет старософийской колокольни* (М. Булгаков, Белая гвардия).

무서운 추위에도 불구하고, 존경스럽고 신앙심이 많은 수도자들은, 잘 익은 호박과 같은 대머리로부터, 또는 숱이 많은 금빛 머리로부터 모자를 벗고, 고대소피아 종루의 대통로로 이어지는 돌길을 따라 양반 다리를 하고 나란히 앉았다.

*На воздухе воспрянул духом, глотнул силы крестный ход, перестроился, подтянулся, и поплыли в стройном чине и порядке **обнаженные головы,** --- митры и камилавки, буйные гривы дьяконов, скуфьи монахов, острые кресты на золоченных древках* (М. Булгаков, Белая гвардия).

십자가 행렬은 공중에서 활기를 띠었고, 힘을 냈고, 다시 정비했고, 집결했다, 그리고 정돈된 관등과 순서대로 모자를 벗은 사람들의 머리 들이 물결처럼 흘러갔다, --- 주교의 예모와 사제의 챙 없는 모자들, 집사들의 무성한 긴 머리들, 수도승들의 둥근 모자들, 도금한 깃대 위 에 달린 날카로운 십자가들.

*— Пусть нет караула, но какие-то элементарные правила должны же выполняться! Я же не требую, чтобы он встречал меня у дверей... Пусть сделает три шага навстречу и **обнажит голову!*** (А. и Б. Стругацкие, Сказка о тройке)

— 호위병들은 없다 할지라도, 기본적 규칙들은 수행되어야만 한다! 나는 그가 문에서 나를 맞이하도록 요구하지 않는다... 3보 나가서 영접 하고 모자를 벗도록 하라!

ОТВЕРНУТЬСЯ
얼굴을 돌리다

часть тела 신체부위: *ГОЛОВА* 머리

активный орган 능동 기관: *ГОЛОВА* 머리 / *КОРПУС* 몸체

⚟ Физическое описание 신체 묘사

　몸짓발신자는 몸짓수신자가 그의 얼굴을 보지 못하도록 머리와 몸체를 재빨리 돌린다.

§ *ОТВЕРНУТЬСЯ 1* 얼굴을 돌리다 *1*

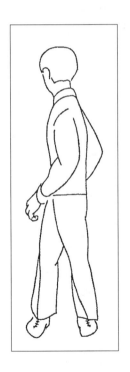

⁂ Толкование 해설

X отвернулся 1 от Y (X는 Y로부터 얼굴을 돌렸다 1) = 'X는 Y에 대해서 부정적인 감정을 느끼며 앞으로 Y와 어떤 일을 함께 하기를 원하지 않는다는 것을 나타낸다.'

⁂ Условия употребления 사용 조건

이 몸짓은 기본적으로 다음과 같은 2 종류의 환경에서 사용될 수 있다. 첫 번째 사용 환경은 몸짓발신자와 몸짓수신자 사이에 대화의 존재를 전제로 한다. 이 몸짓은 대화 과정에서 몸짓수신자의 어떤 행동이 몸짓발신자에게 부정적인 반향을 불러 일으켰을 경우에 종종 수행된다. 예를 들면, 몸짓발신자가 수신자에 의해 모욕감을 느끼거나, 분노하거나, 그에 대해서 경멸감을 느끼는 경우이다. 또 다른 전형적인 사용 환경은 몸짓수신자는 몸짓발신자에게 무엇인지를 호소하고 있으나, 몸짓발신자가 이를 달가워하지 않는 경우이다. 첫 번째 경우에는 몸짓발신자는 Y와 대화를 원하지 않는다는 것을 나타낸다. 두 번째 경우에는 대화의 존재 자체를 전제로 하지 않는다. 몸짓발신자는 불쾌감을 주는 Y를 보고 의도적으로 고개를 돌린다. 이 경우 몸짓 '고개를 돌리다*(отвернуться)*'의 사용은 그 몸짓의 기저에 몸짓발신자는 상대방의 존재를 무시한다는 표시가 들어 있기 때문에 대체로 과격하고 무례한 것으로 간주된다.

⁂ Жестовые аналоги 유사 몸짓

отпрянуть 껑충 뛰어 비키다; *отшатнуться* 갑자기 피하다; *повернуться спиной* 등을 돌리다; *отсесть* 조금 떨어진 곳으로 자리를 옮기다; *надуть губы* 입술을 삐죽 내밀다; *не подать руку для рукопожатия* 악수하기 위해 손을 내밀지 않다; *отвести глаза* 눈길을 돌리다.

⁂ Речевые аналоги 유사 언어

Не хочу с тобой больше разговаривать! 당신과 더 이상 이야기하고

싶지 않아요!

⬚ Жестовый фразеологизм 몸짓 관용구

이 몸짓은 *все отвернулись от Х-а* (모두가 X로부터 완전히 얼굴을 돌렸다) — 'X의 어떤 좋지 못한 행위를 경멸하며 그와의 협력 관계를 단절한다' 유형의 어결합에서 실현되고 있는 동사 *отвернуться* (단교하다)의 의미의 근거를 설명해 준다.

⬚ Иллюстрации 예문

*Вежливый доктор... спросил у Ивана: — Сколько вам лет? — Подите вы от меня к чертям, в самом деле! — грубо закричал Иван и **отвернулся**. — Почему же вы сердитесь? Разве я сказал вам что-нибудь неприятное?* (М. Булгаков, Мастер и Маргарита)

정중한 의사는 ... 이반에게 물었다: — 나이가 얼마나 되나요? — 당신 진짜 내 앞에서 당장 꺼지세요! — 이반은 난폭하게 소리치고는 고개를 돌렸다. — 무엇 때문에 당신은 화를 내나요? 정말 내가 당신에게 뭔가 언짢은 말이라도 했단 말입니까?

*Он отвел капитана в сторону и стал говорить ему что-то с большим жаром; я видел, как посиневшие губы его дрожали; но капитан от него **отвернулся** с презрительной улыбкой. "Ты дурак! — сказал он Грушницкому довольно громко, — ничего не понимаешь"* (М.Ю. Лермонтов, Герой нашего времени)

그는 대위를 한 쪽으로 데리고 가서, 그에게 뭔가를 아주 열성적으로 말하기 시작했다; 나는 그의 새파래진 입술이 떨리는 것을 보았다; 그러나 대위는 경멸적인 미소를 머금고 그로부터 고개를 돌렸다. "바보 같으니라고! — 그는 그루쉬니츠키에게 아주 큰 소리로 말했다, — 넌 아무것도 모르는구나."

*Он вышел из своего шарабана весь желтый от злости. На поклон Николая Всеволодовича не ответил совсем и **отвернулся** (Ф.М. Достоевский, Бесы).*

그는 분노로 인해 얼굴이 샛노래져서 자신의 이륜마차에서 내렸다. 니꼴라이 브세볼로도비치의 인사에도 전혀 응답하지 않고 고개를 돌려 버렸다.

§ ОТВЕРНУТЬСЯ 2 얼굴을 돌리다 2

‖ Сопутствующие жесты 동반 몸짓

몸짓 *закрыть лицо руками 3* (손으로 얼굴을 가리다 3)를 순차적으로 또는 동시에 수행할 수 있다.

‖ Толкование 해설

X отвернулся 2 (X는 얼굴을 돌렸다 2) = '몸짓발신자 X는 강한 부정적

감정을 느끼며 자신의 얼굴에 나타난 이 감정을 몸짓수신자가 보는 것
을 원하지 않는다.'

░ Условия употребления 사용 조건

해당 몸짓의 사용 조건은 전체적으로 몸짓 *закрыть лицо руками 3*
(손으로 얼굴을 가리다 3)의 사용 조건과 유사하다(ЗАКРЫТЬ ЛИЦО РУКАМИ
를 참고), 그러나 *закрыть лицо руками 3* (손으로 얼굴을 가리다 3)의 몸짓과
비교해 볼 때 *отвернуться 2* (고개를 돌리다 2)에서 몸짓발신자가 느끼는
감정은 대체로 더 강하지 않고, 감추려고 하는 감정의 표출도 보다 더
약하다. 몸짓 *отвернуться 2* (얼굴을 돌리다 2)는 몸짓발신자가 흐느껴 우
는 것이 아니라 단지 눈물만 흘리고 있을 때 가장 많이 사용된다.

░ Жестовые аналоги 유사 몸짓

закрыть лицо руками 3 손으로 얼굴을 가리다 3

░ Иллюстрации 예문

*Ничего не понимая, не сознавая хорошенько, что он делает, он
приблизился к ней, протянул руки... Она тотчас подала ему обе
свои, потом улыбнулась, вспыхнула вся, **отвернулась** и, не переставая
улыбаться, вышла из комнаты...* (И.С. Тургенев, Дым)

그가 무슨 일을 하고 있는지 아무 것도 이해하지 못하고, 충분히 인
식하지도 못한 채, 그는 그녀에게 가까이 가서 두 손을 뻗었다... 그녀
는 즉시 자신의 두 손을 그에게 내주었다, 그런 다음 미소를 지으며 얼
굴을 온통 붉혔다, 그리고 얼굴을 돌리고 미소를 머금은 채 방에서 나
갔다.

*Тут он **отвернулся**, чтоб скрыть свое волнение, пошел ходить по двору
около своей повозки, показывая, будто осматривает колеса, тогда как*

глаза его поминутно наполнялись слезами (М.Ю. Лермонтов, Герой нашего времени).

그는 자신의 흥분을 감추기 위해 얼굴을 돌리고, 마치 마차 바퀴를 점검하는 것처럼 행동하면서 마차 근처의 뜰을 걷기 시작했다. 그때 그의 두 눈에는 순식간에 눈물이 가득 고였다.

*С чувством огромной неловкости Гай **отвернулся**, мучительно пытаясь вспомнить* (А. и Б. Стругацкие, Обитаемый остров).

고통스럽게 기억해 내려고 노력하면서, 가이는 아주 난처한 감정을 느끼며 얼굴을 돌렸다.

ОТВЕСТИ ГЛАЗА

시선을 돌리다

§ ОТВЕСТИ ГЛАЗА 1 눈을 옆으로 돌리다 1

часть тела 신체부위: *ГОЛОВА* 머리
активный орган 능동 기관: *ГЛАЗА* 눈

§ ОТВЕСТИ ГЛАЗА 1.1 시선을 돌리다 1.1

⁂ Физическое описание 신체 묘사

몸짓발신자는 몸짓수신자와 시선이 마주치자 다른 쪽을 바라보기 시작한다.

⁂ Сопутствующие жесты 동반 몸짓

отвернуться 얼굴을 돌리다

⁂ Толкование 해설

X отвел глаза 1.1 от Y-a (X는 Y에게서 시선을 돌렸다 1.1) = '몸짓발신자는 몸짓수신자 Y가 자신을 쳐다보는 것을 눈치 채고, 이를 불쾌하게 느끼며 Y가 자신을 바라보지 않기를 바란다는 것을 나타낸다.'

⅔ Жестовые аналоги 유사 몸짓

отвернуться 얼굴을 돌리다; *отсесть* 떨어진 곳으로 자리를 옮기다

⅔ Другие номинации 다른 명명

отвести взгляд 시선을 돌리다

⅔ Иллюстрации 예문

*Глаза его глядели мягко, лицо вообще выражало скуку, давнюю скуку. Когда я глянул, он **отвел глаза*** (М. Булгаков, Театральный роман).

그는 부드러운 눈빛으로 바라보고 있었고, 얼굴은 전체적으로 지루함, 오래 지속된 지루함을 나타내고 있었다. 내가 바라보자 그는 눈길을 돌렸다.

*Двое солдат, вытянув шеи, заглядывали им через головы. Один из них поймал взгляд Андрея, поспешно **отвел глаза** и толкнул другого в бок* (А. и Б. Стругацкие, Град обреченный).

두 명의 병사가 목을 빼고, 머리 너머로 그들을 바라보고 있었다. 그들 중 한 병사가 안드레이의 시선을 느끼자, 서둘러 눈을 돌리고, 다른 병사의 옆구리를 찔렀다.

*Сколько раз за эти годы мне случалось миновать этот гранитный дом. Я убыстрял шаг, **отводил глаза**, словно кто-то наблюдал за мной* (Д. Гранин, Дом на Фонтанке).

최근 몇 년 동안에 몇 차례 나는 이 화강암으로 만들어진 집을 지나간 적이 있었다. 나는 걸음을 재촉하며, 눈을 돌렸다, 마치 누군가가 내 뒤를 감시하는 것 같았다.

§ ОТВЕСТИ ГЛАЗА 1.2 눈을 돌리다 1.2

⠿ Физическое описание 신체 묘사
몸짓발신자는 무엇인가를 보고서 다른 쪽을 보기 시작한다.

⠿ Толкование 해설
X отвел глаза 1.2 от Y (X는 Y에게서 눈을 옆으로 돌렸다 1.2) = '몸짓발신자 X에게 어떤 대상이나 상황 Y가 불쾌감을 준다, 그래서 몸짓발신자 X는 Y를 보기를 원하지 않는다는 것을 표시한다.'

⠿ Жестовые аналоги 유사 몸짓
отвернуться 얼굴을 돌리다

⠿ Иллюстрации 예문
*Отец **отвел глаза** от провинившегося сына, мать горько усмехнулась, прощение было получено* (А. Азольский, Клетка).

아버지는 죄를 지은 아들에게서 눈을 돌렸고, 어머니는 쓴 웃음을 지었다. 용서는 받아들여졌다.

*Кирилл ничего не сказал, повернул "галошу", подвел к гайке и только тогда на меня посмотрел. И вид у меня, должно быть, был очень нехорош, потому что он тут же **отвел глаза*** (А. и Б. Стругацкие, Пикник на обочине).

키릴은 아무 말도 하지 않고, "갈로샤"를 돌려서, 너트 쪽으로 끌고 와서야 나를 쳐다보았다. 내 모습은 아마도 꼴불견이었을 것이다. 왜냐하면 그는 곧바로 내게서 눈을 돌렸기 때문이다.

В зале по-прежнему висела в переднем углу большая красная лампада перед старыми золотыми иконами, только не зажженная. Я поспешил отвести глаза от этого угла и прошел за ней в столовую (И.А. Буние, Натали).

홀에는 여전히 오래 된 금빛의 성화 앞에 커다란 빨간 램프가 앞의 구석에 걸려 있었고, 불은 켜져 있지 않았다. 나는 이 구석으로부터 서둘러 눈을 떼고, 그녀를 따라 식당으로 걸어갔다.

*В данный момент Страх представлял из себя вовсе не привлекательное зрелище, и Уинки поспешил **отвести глаза*** (Б. Гребенщиков, Лес).

그 순간에 스트라흐는 전혀 매력적이지 않은 모습을 나타냈다, 그래서 우인키는 허둥지둥 눈길을 돌렸다.

§ *ОТВЕСТИ ГЛАЗА 2* 눈을 옆으로 돌리다 2

⅏ **Физическое описание** 신체 묘사

몸짓발신자는 대화 상대방-몸짓수신자의 얼굴 쪽을 보기를 중지하고, 시선을 돌리며 다른 쪽을 보기 시작한다.

⅏ **Толкование** 해설

X отвел глаза 2 (X는 눈을 옆으로 돌렸다 2) = '몸짓발신자는 곤혹스러움을 느낀다.'

⅏ **Условия употребления** 사용 조건

이 몸짓은 흔히 대화에서 몸짓발신자가 거짓말하고 있음을 보여 주거나 또는 어떤 개인적인 이유로 몸짓발신자에게는 언급하는 것이 불유쾌한 주제를 몸짓수신자가 대화에서 다루고 있다는 것을 나타낸다.

⅏ **Жестовые аналоги** 유사 몸짓

опустить глаза 눈을 아래로 내리깔다

⁝⁝ Другие номинации 다른 명명

отвести взгляд 시선을 옆으로 돌리다

⁝⁝ Иллюстрации 예문

*Почему вы одна? Она ответила как-то напряженно и **отводя глаза** в сторону: — Моего мужа сейчас нет* (М. Булгаков, Белая гвардия).
왜 당신은 혼자인가요? 그녀는 어쩐지 긴장하며 눈을 옆으로 돌리며 대답했다: — 남편은 지금 없습니다.

*Что это у тебя на лице? — Машину занесло, ударился об ручку двери, — ответил Варенуха, **отводя глаза*** (М. Булгаков, Мастер и Маргарита).
네 얼굴에 이게 뭐야? — 자동차가 미끄러져 오는 바람에, 문 손잡이에 부딪쳤어요. — 바레누하는 **눈길을 돌리며** 대답했다.

*Они устремились друг к другу и взялись за руки. Я **отвел глаза** — мне стало неловко* (А. и Б. Стругацкие, Понедельник начинается в субботу).
그들은 서로에게 달려가더니, 서로 손을 잡았다. 나는 눈길을 옆으로 돌렸다 — 나는 불편했다.

*Скажи, Валя, правду говорят, что ты вчера был у Тани? — Вдруг тихо спросил он. Я посмотрел ему в глаза, он моргал и **отводил взгляд**. — Правда, — сказал я, — был у нее* (В. Аксенов, Пора, мой друг, пора).
발랴, 사실을 말해줘, 너 어제 타냐 집에 있었다던데 사실이야? — 갑자기 그가 조용히 물었다. 나는 그의 눈을 바라보았다, 그는 눈을 깜빡이더니 시선을 돌렸다. — 사실이야, 타냐네 집에 있었어, — 내가 말했다.

ОТПРЯНУТЬ
껑충 뛰어 비키다

часть тела 신체부위: *КОРПУС* 몸체
активный орган 능동 기관: *КОРПУС* 몸체

‖ Физическое описание 신체 묘사

몸짓발신자는 몸체를 급격히 뒤로 움직여서 몸짓수신자로부터 피한
다, 그리고 뒷걸음질을 치면서 그에게서 물러선다.

‖ Сопутствующие жесты 동반 몸짓

ОТШАТНУТЬСЯ(갑자기 피하다)를 참고.

‖ Толкование 해설

X отпрянул от Y (X는 Y로부터 껑충 뛰어 비켰다) = '몸짓수신자 Y는
몸짓발신자 X가 전혀 예상하지 않았던 어떤 정보를 그에게 알려 주거
나 그가 예상하지 않았던 어떤 사건이 일어났음을 알려 준다; X는 깜

짝 놀란다; Y 자체나, X에게 알려진 정보나, 또는 이 정보를 알린 방법이 X에게 매우 불쾌하다, 그래서 그는 Y와의 접촉을 중단하고 그로부터 멀어지길 바란다.'

▓ Условия употребления 사용 조건

전반적으로 해당 몸짓의 사용 조건은 몸짓 *отшатнуться*(갑자기 피하다)의 사용 조건과 유사하다(*ОТШАТНУТЬСЯ*를 참고). ***Отпрянуть***(껑충 뛰어 비키다)는 *отшатнуться*(갑자기 피하다)와 동일한 몸짓발신자의 감정 상태를 전달한다, 그러나 이 몸짓은 힘의 세기가 더 강하다. 만약 *отшатнуться*(갑자기 피하다)의 몸짓에서 몸짓발신자는 단지 자신과 수신자 사이에 거리를 넓히는 것이라면, ***отпрянуть***(껑충 뛰어 비키다)에서는 몸짓발신자는 마치 몸짓수신자와 자기를 연결시키고 있는 소통의 공간을 차단하려는 것이다.

상기 몸짓은 몸짓발신자로부터 부정적인 감정을 일으키지 않도록 애매모호하게 사용될 수도 있다. 이 경우 몸짓은 단지 예기치 못한 사건에 대한 무의식적인 반응으로 사용될 뿐이다.

▓ Однословная характеристика 일어 표현

ПОТРЯСЕНИЕ 충격

▓ Жестовые аналоги 유사 몸짓

отшатнуться 갑자기 피하다; *отвернуться* 얼굴을 돌리다

▓ Иллюстрации 예문

*Он медленно поднял голову, и я увидел его глаза. Зрачки у него были во всю радужку. Я даже **отпрянул*** (А. и Б. Стругацкие, Жук в муравейнике).
그는 천천히 머리를 들었다, 그리고 나는 그의 눈을 보았다. 그의 눈동자는 온통 홍채였다. 나는 심지어 껑충 뛰어 몸을 비켰다.

Виктор уже собрался уходить, когда кто-то поймал его за штанину.
Он глянул вниз и отпрянул (А. и Б. Стругацкие, Гадкие лебеди).

누군가 빅토르의 바지를 잡았을 때, 그는 이미 떠날 채비를 하고 있었다. 그는 아래를 보고는 펄쩍 뛰어 몸을 비켰다.

*Дайте я вам кошелку поднесу, — предложил я. Старуха **отпрянула***
(А. и Б. Стругацкие, Понедельник начинается в субботу).

제가 당신의 바구니를 들어다 주겠어요, — 내가 제안했다. 노파는 펄쩍 뛰어 비켰다.

ОТШАТНУТЬСЯ
갑자기 피하다

часть тела 신체부위: *КОРПУС* 몸체
активный орган 능동 기관: *КОРПУС* 몸체

⚎ Физическое описание 신체 묘사
몸짓발신자는 몸체를 급격히 뒤로 움직여 몸짓수신자로부터 벗어난다.

⚎ Сопутствующие жесты 동반 몸짓
몸짓발신자는 동시에 한 손이나 양손을 앞으로 내밀 수 있고, 눈을 크게 뜰 수 있다.

⚎ Толкование 해설
X отшатнулся от Y (X는 Y를 피했다) = '몸짓수신자 Y는 몸짓발신자 X가 예상하지 못한 무엇인가를 그에게 알렸거나, 또는 몸짓발신자는 예기치 않게 어떤 물체 Y를 보았다; Y 자신이나 Y에 의해서 X에게 알려진 정보 또는 이 정보를 알리는 방법이 X에게는 불쾌하다. 그래서 그는 Y와의 접촉을 중단하기를 원하고, 그로부터 벗어나기를 원한다.'

░ Условия употребления 사용 조건

이 몸짓은 기분 나쁜 어떤 것과 예기치 않게 접촉했을 때 나타나는 인간의 무의식적인 반응이다. 몸짓발신자는 강렬한 부정적인 감정 — 공포, 혐오 등 — 을 느낀다. 그리고 본능적으로 이 감정을 일으키는 대상으로부터 멀리 떨어지려고 노력한다.

의사소통 과정에서 X가 얻은 예기치 못한 정보는 종종 Y의 나쁜 행실이나 대화 과정에서 나타난 그의 성격의 부정적인 특성과 연관된다. 이러한 경우 이 몸짓은 몸짓발신자에게는 몸짓수신자와 대화를 계속하는 것이 불쾌하다는 것을 나타낸다. 자신과 몸짓수신자 사이에 신체적인 간격을 넓히면서, 몸짓발신자는 자신의 개인적인 공간에서 몸짓수신자를 몰아내고, 그와 거리를 둔다.

이 몸짓이 사용되는 또 다른 중요한 환경에서는 몸짓수신자에 대한 몸짓발신자의 증오심의 발생을 전제하지 않고 사용된다. 몸짓수신자는 단지 몸짓발신자에게 매우 불쾌한 정보를 전달할 뿐이다. 여기에서 몸짓발신자는 구체적인 인물로서의 몸짓수신자로부터 벗어나려는 것이 아니라, 아주 부정적인 정보나 원하지 않는 상황으로부터 벗어나려는 것이다.

░ Однословная характеристика 일어 표현

ПОТРЯСЕНИЕ 심한 충격 / ОТВРАЩЕНИЕ 혐오

░ Жестовые аналоги 유사 몸짓

отпрянуть 펄쩍 뛰어 비키다; *отвернуться* 얼굴을 돌리다, *повернуться спиной* 등을 돌리다; *расширить глаза от ужаса* 공포심으로 눈을 크게 뜨다

░ Иллюстрации 예문

*Она не могла видеть, но он сразу узнал ее — и, **отшатнувшись**, застыл*

на месте (И. Бунин, Братья).

그녀는 볼 수 없었다, 그러나 그 남자는 즉시 그녀를 알아보았다 —
그래서 급히 피했고 그 자리에서 몸이 경직되었다.

Такое горькое горе оказывалось в его лице, во всех его движениях,
что Лаврецкий решился подойти к нему и спросить его, что с ним.
*Мужик пугливо и сурово **отшатнулся**, посмотрел на него* (И.С. Тургенев,
Дворянское гнездо).

매우 고뇌에 찬 슬픔이 그의 얼굴에, 그의 모든 행동에 나타났다, 그
래서 라브레츠키는 그에게 가까이 다가가 무슨 일이 있었는지 물어 보
기로 결심했다. 남자는 겁을 내며 침울한 표정으로 움찔 놀라 피하면서
그를 바라보았다

Ну так знай же... так как ты этого непременно требуешь (Ирина
широко раскрыла глаза и слегка отшатнулась), я сегодня все сказал моей невесте
(И.С. Тургенев, Дым).

자 그럼 말해 줄게... 왜냐하면 너는 이것을 틀림없이 요구할 테니까.
(이리나는 눈을 크게 뜨고 약간 몸을 피했다), 나는 오늘 나의 약혼녀에게 모
두 말했어.

Выпей, Богдан... Ну, знаю, что не терпишь, но ради меня — должен!
*Юрковский **отшатнулся*** (А. и Б. Стругацкие, Страна богровых туч).

술잔을 비워, 보그단... 자, 나는 네가 이것을 좋아하지 않는다는 것을
알아, 그러나 날 위해서 — 마셔야 해! 유르콥스키는 몸을 피했다.

Сорванный голос завизжал у него под ухом: "Почему машина? Ты
*почему здесь стоишь?" И, **отшатнувшись**, он увидел рядом с собой*
инженера (А. и Б. Стругацкие, Улитка на склоне).

그의 귀 밑에서는 찢어지는 것 같은 목소리가 울렸다: "왜 자동차가 있어요? 너는 왜 여기에 서 있어?" 그리고, 그는 움찔 피하고서 자기 옆에 있는 기술자를 보았다.

*От прежнего самого себя я **отшатнулся** с ужасом, с ужасом, презираю и стыжусь его* (А. Чехов, Жена).

나는 무서움에 떨면서, 예전의 나 자신으로부터 벗어났고, 그를 경멸하고 부끄럽게 여긴다.

ПОГЛАДИТЬ СЕБЯ ПО ЖИВОТУ, обиходн.
자신의 배를 쓰다듬다, 통속.

часть тела 신체부위: *КОРПУС* 몸체
активный орган 능동 기관: *РУКА* 손
пассивный орган 수동 기관: *ЖИВОТ* 배

⅋ Физическое описание 신체 묘사
몸짓발신자는 자신의 손바닥으로 배를 어루만진다.

⅋ Толкование 해설
X гладит себя по животу (X는 자신의 배를 쓰다듬는다) = 'X는 잘 먹었
으며, 먹은 음식이나 포만 상태로부터 만족감을 느끼고 있다는 것을 표
시한다.'

⅋ Условия употребления 사용 조건
이 몸짓은 주로 남성들이 수행한다. 이 몸짓을 실시하는 사람은 먹는
것을 좋아하는 사람으로 간주된다.

⅋ Однословная характеристика 일어 표현
УДОВОЛЬСТВИЕ 만족

⚟ Жестовые аналоги 유사 몸짓

облизнуться 입맛을 다시다; *похлопать себя по животу* 자신의 배를 가볍게 두드리다

⚟ Другие номинации 다른 명칭

погладить по пузу 〈брюху〉. 배〈복부〉를 어루만지다.

⚟ Иллюстрации 예문

После второй тарелки борща Пашка откинулся на стуле, довольно **поглаживая** *себя* **по животу***:* ˝*Спасибо, мать* ˝ (Л. Владимиров, Тяжба) 수프를 두 그릇 먹고 난 후 파쉬카는 만족스럽게 자신의 배를 쓰다듬으며 의자에 등을 기대고 앉았다: "고마워요, 엄마"

ПОГЛАЖИВАТЬ БОРОДУ
턱수염을 쓰다듬다

часть тела 신체부위: *ГОЛОВА* 머리
активный орган 능동 기관: *РУКА* 손
пассивный орган 수동 기관: *БОРОДА* 턱수염

⚏ Физическое описание 신체 묘사

몸짓발신자는 손으로 턱수염을 가볍게 잡는다. 그리고 그는 마치 턱수염을 길게 늘이는 것처럼 천천히 손을 아래로 내린다. 이 움직임을 반복해서 할 수 있다. 만약 턱수염이 짧거나 전혀 없을 경우에는 몸짓발신자는 유사한 동작으로 자신의 턱을 쓰다듬는다: 부드럽게 엄지와 검지로 턱의 양 방향을 따라 아래로 가볍게 누르듯이 움직인다. 몸짓발신자의 얼굴에는 깊은 생각에 잠긴 표정이 연출된다.

⚏ Толкование 해설

X поглаживает бороду (X는 턱수염을 쓰다듬는다) = '몸짓발신자 X는 무엇인지를 골똘히 생각한다.'

⚏ Условия употребления 사용 조건

턱수염을 쓰다듬으며, 몸짓발신자는 심사숙고하는 시간을 가진다.
이 몸짓은 오직 남자만이 사용한다.

⚏ Однословная характеристика 일어 표현

ЗАДУМЧИВОСТЬ 명상

⚏ Жестовые аналоги 유사 몸짓

барабанить пальцами по столу 손가락으로 탁자를 두드리다; *подпе-*
реть голову рукой 손으로 머리를 괴다; *чесать в затылке* 목덜미를
긁다; *грызть ручку* 펜을 물어뜯다; *потирать лоб* 이마를 문지르다;
теребить ухо 귀를 계속 잡아당기다; *насвистывать* 휘파람을 불다

⚏ Другие номинации 다른 명칭

гладить бороду 턱수염을 어루만지다; *сжать ⟨забрать⟩ бороду в*
кулак 주먹으로 턱수염을 쥐다⟨잡다⟩; *теребить бороду* 턱수염을 잡
아 당기다; *гладить ⟨поглаживать, сжимать⟩ подбородок* 턱을 어루
만지다⟨쓰다듬다, 누르다⟩

⚏ Иллюстрации 예문

Заслушаем мнение консультанта, — объявил он. Выбегалло поднялся.
*— Эта... — сказал он и **погладил бороду** (А. и Б. Стругацкие, Сказка о тройке).*
상담원의 견해를 들어봅시다, — 그가 말했다. 븨베갈로는 일어났다.
— 이것은... — 그는 말하고 턱수염을 어루만졌다.

Наступило молчание. Дауге и Быков переглянулись. Юрковский
*задумчиво **поглаживал подбородок** (А. и Б. Стругацкие, Страна багровых*
туч).

침묵이 흘렀다. 다우게와 븨꼬프는 서로 시선이 마주쳤다. 유르콥스키는 생각에 잠겨 턱을 쓰다듬었다.

— *Может жарить, варить и греть. Отдаю совершенно бесплатно.*
— *Надо поглядеть, — сказал человек, **теребя бороду*** (А. Житинский, Дитя эпохи).

　— 볶아주고, 끓여주고, 데워줄 수 있습니다. 완전히 공짜로 드립니다. — 지켜봐야 해, — 턱수염을 잡아당기며 한 사람이 말했다.

ПОДБОЧЕНИТЬСЯ
몸을 뒤로 젖히고 양손을 허리에 대다

часть тела 신체부위: *КОРПУС* 몸체
активный орган 능동 기관: *РУКА* 손
пассивный орган 수동 기관: *КОРПУС* 몸체

⚏ Физическое описание 신체 묘사

몸짓발신자는 몸짓수신자와 얼굴을 마주 보고 서서 두 손을 허리에
댄다. 이때 팔꿈치는 양 옆쪽으로 벌리거나 또는 조금 뒤쪽으로 가게
한다. 이 몸짓은 몸짓발신자에게 당당함을 부여하는 것처럼 보인다.

⚏ Сопутствующие жесты 동반 몸짓

наклонить голову набок 머리를 옆으로 기울이다

⚏ Толкование 해설

X подбоченился (X는 양손을 허리에 댔다) = '몸짓발신자 X는 자신의 역
량에 대해 확신을 지니고 있으며 자신을 스스로 방어할 준비가 되었음
을 나타낸다.'

⁂ Условия употребления 사용 조건

'*подбочениться*'의 자세는 반사작용으로 취하는 몸짓이다. 이 몸짓은 대체로 몸짓발신자를 공격하는 어떤 유쾌하지 않은 몸짓수신자의 행동에 대한 응답으로 실행된다. 그리고 만약 몸짓발신자가 유사한 행동을 몸짓수신자로부터 기대하고 있는 경우에도 이 몸짓의 실행이 가능하다.

⁂ Однословная характеристика 일어 표현

ВЫЗОВ 도전

⁂ Жестовые аналоги 유사 몸짓

выпятить грудь 가슴을 내밀다

⁂ Речевые аналоги 유사 언어

Да, я такой! 그래, 나는 그런 사람이야!; *Да ты кто такой!* 너는 뭐야!

⁂ Иллюстрации 예문

Он потерял терпение. — Скоро вы уберетесь отсюда? Миссис Додэ **подбоченилась**, *стала в самую боевую позу, смерила взглядом Слейтона с ног до головы и вдруг налетела на него, как наседка, защищающая своего цыпленка. — Нет, не уберусь!* (А. Беляев, Остров погибших кораблей)

그는 인내심을 잃었다. — 여기서 당신 곧 꺼질 거죠? 도데 여사는 허리에 손을 대고, 가장 호전적인 자세를 취하고, 머리부터 발끝까지 슬레이톤을 쭉 훑어보았다, 그리고 갑자기, 자신의 병아리를 지키려는 암탉처럼, 그에게 달려들었다. — 아니야, 난 물러나지 않겠어!

Патрикеев начал ездить опять. Один раз он проехался, **подбоченившись** *и залихватски глядя на возлюбленную* (М. Булгаков, Театральный роман).

파트리케예프는 다시 달리기 시작했다. 한번은 그는 양손을 허리에 대고 몸을 뒤로 젖히고 애인을 씩씩하게 바라보면서 지나갔다.

— *Зоя Филипповна! Пятая двойка! Старуха выпрямилась,* **подбоченилась** *и забасила* (Л. Гераскина. В стране невыученных уроков).

— 조야 필리포브나! 낙제점수 2점이 다섯 번째야! 노부인은 자세를 바로 잡고, 몸을 뒤로 젖히고 양손을 허리에 댔다. 그리고 낮은 소리로 말하기 시작했다.

Венера! Венера! — *победно прокричала Наташа,* **подбоченившись** *одной рукой, а другую простирая к луне* (М. Булгаков, Мастер и Маргарита).

비너스! 비너스! — 나타샤는 한 손은 허리에 대고, 다른 손은 달을 향해 뻗으며 의기양양하게 소리쳤다.

ПОДМИГНУТЬ, шутл.
눈으로 신호하다, 농담.

часть тела 신체부위: *ГОЛОВА* 머리
активный орган 능동 기관: *ГЛАЗ* 눈

‡ Физическое описание 신체 묘사

몸짓수신자를 바라보면서, 몸짓발신자는 빠르게 한쪽 눈을 감았다가 뜬다.

‡ Сопутствующие жесты 동반 몸짓

хитрая ухмылка 교활한 엷은 미소; *улыбка* 미소

‡ Толкование 해설

X подмигнул Y-у (X가 Y에게 윙크했다) = '몸짓발신자 X는 어떤 행동 P를 다른 사람들에게는 비밀에 부치며 실행하려고 계획한다. 그리고 P를 실행하는데 있어 몸짓수신자 Y가 자신을 지지하리라고 가정하면서 Y에게 가담하라고 호소한다.'

⚉ **Условия употребления** 사용 조건

이 몸짓은 몸짓발신자가 어떤 행농 P를 다른 사람들에게는 비밀로 하지만, 몸짓수신자는 특별히 대우한다는 몸짓발신자의 우정어린 사랑을 표현하는 역할을 한다. 몸짓발신자와 수신자는 마치 약속한 것처럼 서로를 이해한다.

행동 P는 종종 장난 또는 어리광의 성격을 지닌다. 몸짓발신자는 행동 P가 몸짓수신자에게 유쾌하리라고 생각하며 그는 P에 참여하는 것을 거절하지 않으리라고 전제한다.

몸짓 *подмигнуть*(윙크하다)는 몸짓발신자가 자신이 수행하려고 하는 행동이나 말이 어떤 비밀스런 목적을 가지고 있으며, 문자 그대로 이해해서는 안 된다는 것을 수신자에게 예고하는 상황에서 사용하는 것이 특징적이다. 몸짓 *подмигнуть*가 사용되는 또 다른 상황에서는 몸짓발신자는 몸짓수신자가 종종 금지된 어떤 행동 P를 다른 사람에게 숨기려는 의도를 지니고 있다는 것을 통찰하고 나서 자신은 몸짓수신자를 이해하며 행동 P를 정상적인 것으로 간주하기 때문에 그가 자신에게는 P를 숨기지 않을 것이라는 것을 보여준다는 것을 전제로 한다. 이러한 상황에서 이 몸짓은 주로 어른들이 어린아이를 향해 사용한다.

⚉ **Однословная характеристика** 일어 표현
СОЛИДАРНОСТЬ 연대감

⚉ **Жестовые аналоги** 유사 몸짓

похлопать по плечу 어깨를 가볍게 두드리다; *повести головой и "понимающе ухмыльнуться"* 머리를 가볍게 움직이고 다 안다는 듯이 자만하게 웃는다.

⚉ **Речевые аналоги** 유사 언어

Мы-то с вами понимаем! 우리는 이해하잖아요!

▓ Иллюстрации 예문

*С добрым утром! — сказал я. Лицо **подмигнуло** мне, затем из-под одеяла высунулась волосатая рука и принялась шарить под кроватью. Она извлекла оттуда бутылку коньяка и поставила на тумбочку* (А. Житинский, Дитя эпохи).

안녕하세요! — 내가 말했다. 그 사람은 나에게 한쪽 눈을 찡긋하더니 이불 아래에서 털북숭이의 손을 내밀어 침대 아래를 더듬기 시작했다. 그 손은 거기에서 코냑 병을 꺼내서 침대 옆 탁자에 놓았다.

*Я знаю, — сказал вошедший, — за что меня пересадили на кухню, но я не знаю, почему мне подали не очень свежие овощи. — Как, как? — переспросил Король, **подмигивая** сидящим за столом. — Тебе подали не очень ... очень свежие овощи?* (Ф. Искандер, Кролики и удавы)

전 알아요 — 들어온 사람이 말했다, — 무엇 때문에 나를 부엌으로 오게 했는지, 그러나 왜 저에게 아주 신선하지 않은 채소를 주었는지는 전 모르겠어요. — 뭐라고, 뭐라고? 왕이, 식탁에 앉아 있는 사람들에게 눈을 찡긋하면서 되물었다. — 너한테 매우 ... 매우 신선하지 않은 채소를 주었다고?

*Занавеска взмахнула крыльями, я вытянул по-жирафьи шею. Хитро, как преступник преступнику, мне **подмигнул** комод* (А. Етоев, Бегство в Египет).

커튼은 날개를 퍼덕였고, 나는 기린처럼 목을 길게 뺐다. 범죄자가 범죄자에게 하는 것처럼 장롱은 교활하게 내게 윙크했다.

*Пожилой почтовый чиновник — тотчас сообщил, что бывал в России и знает немножко по-русски, например "пацлуй", да так **подмигнул**, вспоминая проказы в Царицыне, что его толстая жена набросала в* *воздухе начало оплеухи наотмашь* (В. Набоков, Озеро, облако, башня).

중년 나이의 우체국 관리는 — 러시아에 가보았고, 러시아어를 소금, 예를 들면, 단어 "키스"를 알고 있다고 말했다, 그리고 그의 뚱뚱한 아내가 공중에서 힘차게 손을 흔들어 따귀를 때리기 시작할 정도로 짜리 최네에서의 못된 행실들을 기억하며 그렇게 강하게 윙크했다.

ПОЖАТЬ ПЛЕЧАМИ

어깨를 으쓱하다

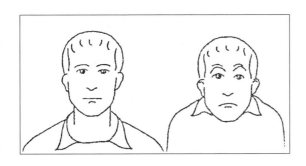

часть тела 신체부위: *КОРПУС* 몸체

активный орган 능동 기관: *ПЛЕЧИ* 어깨

⌗ Физическое описание 신체 묘사

어깨를 으쓱 올렸다가 원래의 위치로 되돌린다. 이 때 머리는 어깨 사이로 끌어당겨질 수 있으며, 이 몸짓을 과장되게 표현하는 경우에는 머리를 가볍게 뒤로 젖히는 행위를 할 수 있다.

§ ПОЖАТЬ ПЛЕЧАМИ 1 어깨를 으쓱하다 1

⌗ Сопутствующие жесты 동반 몸짓

поднять брови 눈썹을 치켜 올리다

⌗ Толкование 해설

X пожимает плечами 1 (X는 어깨를 으쓱 움츠린다 1) = '몸짓수신자는 어떤 정보나 행동 P에 대한 몸짓발신자 X의 견해를 알고 싶어 한다; X는 몸짓수신자에게 정보가 없거나 이 일에 대해 결정된 의견이 없다

는 것을 나타낸다.'

⚙ Условия употребления 사용 조건

이 몸짓은 몸짓발신자가 어떠한 정보도 가지고 있지 않다는 것을 알려줄 뿐만 아니라, 그에게서 이 정보를 얻겠다는 기대가 부당함을 의미하는 상황에서 사용하는 것이 특징적이다.

⚙ Жестовые аналоги 유사 몸짓

развести руками 양팔을 벌리다; *помотать головой* 머리를 흔들다

⚙ Речевые аналоги 유사 언어

не знаю 난 몰라; *понятия не имею* 난 아무 것도 몰라; разг.- сниж. (회화-비속어) *откуда я знаю!* 내가 어떻게 알겠어!; прост.(속어) *почем я знаю!* 어떻게 내가 알아!

⚙ Иллюстрации 예문

*И вообще: откуда ты знаешь, какой у них масштаб времени? Может быть, наш год для них — секунда?... — Да ничего я этого не знаю, — сказал Изя, **пожимая плечами** (А. и Б. Стругацкие, Град обреченный);*

그리고 대체로 그래: 그들에게 어떤 시간의 척도기가 있는지 네가 어떻게 알겠니? 아마 우리의 1년은 그들에게는 1초일지도 몰라?... — 그래 나는 이것을 전혀 모르겠어, — 이쟈는 어깨를 으쓱하며 말했다.

*Сумочка в ее руке красноречиво свидетельствовала, что на данном этапе она решила уйти сама. — Куда ты? — спросила я. Она **пожала плечами** (Ивонна Кулс, Мать Давида С.; пер. Е. Любаровой).*

그녀의 손에 든 가방은 그 시점에서 그녀가 스스로 떠나기로 결정했음을 설득력 있게 보여주었다. 어디로 가니? — 내가 물었다. 그녀는 어

깨를 으쓱 들어 올렸다.

— *Зачем?* — *Спросил Михаил Антонович, повернувшись к Жилину.*
*Жилин **пожал плечами*** (А. и Б. Стругацкие, Путь на Амальтею).

— 어째서? — 미하일 안또노비치는 질린에게로 몸을 돌리며 물었다.
질린은 어깨를 으쓱했다.

*А почему вы не увидели? Вам ближе, кажется? Янсон **пожал плечами***
(А. Рыбаков, Дети Арбата).

왜 당신은 보지 못하셨습니까? 당신에게 더 가까웠을 텐데요? 얀손
은 어깨를 으쓱했다.

§ *ПОЖАТЬ ПЛЕЧАМИ 2* 어깨를 으쓱하다 2

▦ Толкование 해설

X пожимает плечами 2 (X는 어깨를 으쓱 움츠린다 2) = 몸짓발신자 X는
몸짓수신자나 제3자에 의한 행위 P를 부정적으로 평가한다; X는 몸짓
수신자나 제3자가 왜 P를 행하는지 이해할 수 없다는 것을 나타낸다;
X는 이 행동이 무의미하고 바보 같거나 혹은 적절치 못하다고 생각은
하지만 이러한 상황에 영향을 주려고 하지는 않는다.

▦ Однословная характеристика 일어 표현
НЕДОУМЕНИЕ 의혹

▦ Жестовые аналоги 유사 몸짓
развести руками 양팔을 벌리다

⅋ Речевые аналоги 유사 언어

делай как знаешь 마음대로 해; *как хочешь ⟨знаешь⟩* 원하는 대로⟨마음대로⟩

⅋ Другие номинации 다른 명칭

вздернуть ⟨вскинуть⟩ плечами 어깨를 당겨 올리다⟨들다⟩

⅋ Иллюстрации 예문

*Небрежность извинения равнялась новому оскорблению. Крик поднялся еще пуще. Николай Всеволодович **пожал плечами** и вышел* (Ф.М. Достоевский, Бесы);

건성으로 하는 사과는 새로운 모욕이나 마찬가지였다. 울분이 더 치밀어 올라 왔다. 니콜리이 브세볼로도비치는 어깨를 으쓱하고 나가 버렸다.

*— Тайны, секреты! Откуда у нас вдруг столько тайн и секретов явилось! — не сдерживая себя, восклицал Степан Трофимович. Инженер нахмурился, покраснел, **вскинул плечами** и пошел было из комнаты* (Ф.М. Достоевский, Бесы).

— 신비, 비밀! 우리에게 갑자기 어디서 그렇게 많은 신비로운 것들과 비밀들이 생겼을까! — 자신을 자제하지 못하고 스테판 트로피모비치가 외쳤다. 기사는 미간을 찌푸리고 얼굴을 붉히며 어깨를 으쓱 들어 올리고 방에서 걸어 나갔다.

*Оставьте меня, — сказала она едва внятно. Я **пожал плечами**, повернулся и ушел* (М.Ю. Лермонтов, Герой нашего времени).

날 혼자 있게 해 줘, — 그녀가 거의 들리지 않는 목소리로 말했다. 나는 어깨를 으쓱했고, 돌아서서 나갔다.

*Может, они в тир зашли! — говорю я неуверенно. Она **пожимает плечами**, и мы направляемся в тир* (Ф. Искандер, Письмо).

아마도 그들은 사격장에 갔나봅니다! — 난 불확실하게 말한다. 그녀는 어깨를 으쓱한다, 그리고 우리들은 사격장으로 향한다.

ПОЖИМАТЬ РУКУ

악수하다

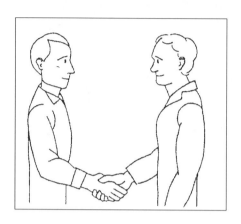

часть тела 신체부위: *РУКА* 팔

активный орган 능동 기관: *РУКА* 손

⚏ Физическое описание 신체 묘사

해당 몸짓은 두 사람에 의해 행해진다. 몸짓발신자들은 손바닥을 활짝 펴고 손가락은 살짝 구부려서 서로에게 내민다. 이때 엄지손가락은 곧게 펴서 위쪽을 향하게 한다. 몸짓발신자들의 손바닥은 서로 접촉되고 손가락은 굽혀서 상대방의 손바닥을 에워싸고 가볍게 쥔다. 그런 다음 손은 원래의 위치로 다시 돌아온다. 이때 몸짓발신자 중 한 사람이 상대편의 손을 오랫동안 잡고 있거나 손을 쥐고 흔들 수도 있다.

⚏ Сопутствующие жесты 동반 몸짓

얼굴은 호의적이며 우정 어린 표정을 하거나 또는 미소를 지을 수 있다.

§ ПОЖИМАТЬ РУКУ 1.1. 악수하다 1.1

‖ Толкование 해설

X и Y пожимают 1.1 друг другу руки (X와 Y는 서로 악수한다 1.1) = '몸짓발신자 X와 Y는 서로 인사를 나누고 공동 활동에 대한 준비가 완료되었음을 표시한다.'

‖ Условия употребления 사용 조건

이 몸짓은 서로 대칭적이다: X가 Y의 손을 잡는 행동은 Y가 X의 손을 잡는 행동과 동일한 행동이다('신체 묘사' 영역을 참고).

이 몸짓은 환영하고 교제를 맺고 화해하는 상황에서 자주 행해진다. 이러한 상황들은 상호 협력하고 서로 교제하는 것에 대한 X와 Y의 희망과 각오를 결합시켜 준다. 어떤 경우에, 예를 들면, 소개나 친교와 같은 상황에서는 해당 몸짓은 의례적인 특성으로 인하여 당위적인 성격을 지니게 된다.

만약 작별이나 스포츠 경기의 종료와 같은 상황에서 수행된다면 해당 몸짓은 몸짓발신자들이 함께 활동하고 함께 유쾌하게 시간을 보낸 것에 대해 서로에게 감사한다는 추가적 의미를 지니게 된다.

해당 몸짓을 사용할 수 있는지의 가능성에 대한 여부는 다음과 같은 요소들에 의해서 정해진다: 1) 몸짓발신자들의 친분 정도와 교류 빈도수; 2) 그들의 연령대와 사회적 지위의 상호 관계; 3) 성별 구분. 여기에서 일반적이고 합리적인 법칙은 다음과 같다: 1) 자주 만나는 사람들 사이에서는 이 몸짓은 자주 실행되지 않는다. 예를 들어, 가까운 친척이나, 이들을 배웅할 경우에는 행하지 않는다. 친분이 있는 상황을 제외하고 잘 알지 못하는 사람에게 역시 악수를 청하지 않는다. 이와 반대로, 가까운 사람이긴 하나 정기적으로 만나지 않는 경우에는 만날 때마다 이 몸짓을 실시할 수 있다. 2) 만약 연령층이 다른 두 사람이 만난다면, 연소자가 상대방에 비해 사회 계급이 특출하게 높은 경우를 제외하고는 일반적으로 연령이 높은 사람이 먼저 손을 내민다. 3) 이 몸짓은 주로 남자들의 행동이며 여성들은 내부분 공식적이지 않은 상황에서는 사용하지 않는다. 어떤 경우에서든 남성이 먼저 여성에게 손을 내밀어서는 안 된다.

공식적으로 인사하는 상황에서는 몸짓발신자와 몸짓수신자의 사회적 신분이 결정적 역할을 하며 나머지 요소들은 행위를 수행하는데 있어서 그만큼 중요하지 않다. 남성 상사는 여성을 포함하여 자신에게 소속되어 있는 사람에게 인사하기 위해서 손을 먼저 내밀 수도 있다.

⁂ Однословная характеристика 일어 표현
ПРИВЕТСТВИЕ 환영인사

⁂ Энциклопедические сведения 백과사전 정보
에라즘 로테르담스키(Эразм Роттердамский)의 증언에 따르면 악수의 행위는 17세기 말 퀘이커교도들이 처음 사용했다고 한다. *인사하다(кланяться), 모자를 벗다(снимать шляпу)* 등의 몸짓들은 몸짓수신자와 몸짓발신자 간의 불편한 불평등의 함축의미를 지니고 있는 반면, 해당 몸짓은 동등한 신분의 사람들이 서로에게 인사하는 행위이다.

⁂ Жестовые аналоги 유사 몸짓
пренебр.(멸시) *сунуть руку* 손을 내밀다

⁂ Речевые аналоги 유사 언어
Приветствую! 반갑습니다!; *Здравствуй (те)!* 안녕하세요!; *Здорово!* 안녕하세요!; *Всего доброго!* 안녕히 가세요!

⁂ Другие номинации 다른 명칭
рукопожатие 악수; *подать руку 1* 손을 내밀다 1; *протянуть руку*

손을 내밀다 (악수를 요청하는 손동작을 의미할 수가 있다); разг.(회화) *здоро-ваться за руку* 악수하며 인사하다; пренебр.(멸시) *трясти руку* 손을 쥐고 흔들다

▓ Иллюстрации 예문

*Шигалев хотя и узнал меня, но сделал вид, что не знает, и наверно не по вражде, а так. С Алексеем Нилычем мы слегка раскланялись, но молча и почему-то не **пожали друг другу рук*** (Ф.М. Достоевский, Бесы);
쉬갈례프는 나를 알아보았으나 모르는 척 했다, 아마도 악의를 품은 것은 아니겠지만 그렇게 했다. 나는 알렉세이 닐리치와 가볍게 인사는 했으나, 아무 말도 하지 않고 웬일인지 서로 악수를 하지 않았다.

*Но тут судья свистнул на перерыв. После перерыва мы с Трофимовым встретились уже на другом краю. **Пожали друг другу руки** как друзья-соперники* (А. Житинский, Дитя эпохи).
그러나 곧바로 판사는 휴식을 알리는 호루라기를 불었다. 휴식 후에 나와 트로피모프는 바로 다른 곳에서 만났다. 우리는 친구이자 경쟁자로서 서로 악수를 했다.

*Из дома выскочил Папаня, включил в сенях свет и спросил: — Кто тут? — Я, бригадир, — ответил незнакомец. Затем он вошел в сени, они **пожали друг другу руки** (значит, друзья — лаять не положено) и подошел к Биму* (Г. Троепольский, Белый Бим Черное ухо).
파파냐는 집에서 달려 나왔고, 현관에 불을 켜고 물었다: — 거기 누가 있습니까? — 나, 주임입니다, — 낯선 사람이 대답했다. 그 다음 그는 현관에 들어왔고, 그들은 서로 악수했다 (친구들이야 — 그러니까 짖지 말아야지) 그리고 빔에게로 다가갔다.

— А что это у нее на ноге? — Спрашивала Маргарита, не уставая **подавать руку** *гостям* (М. Булгаков, Театральный роман).

— 그런데 그녀 다리의 이것은 뭐예요? — 마르가리타는 줄곧 손님과 악수하면서 질문했다.

§ *ПОЖИМАТЬ РУКУ 1.2. 악수하다 1.2.*

⚌ Физическое описание 신체 묘사

해당 몸짓의 신체적인 실행은 몸짓 **пожимать руку** *1.1*과 완전히 일치한다, 그러나 이 몸짓은 몸짓발신자들의 손이 접촉하고 서로의 손바닥이 맞부딪칠 때 더 격렬하고 세게 실행된다는 것을 전제로 한다. 행위는 종종 손을 치켜 올렸다가 내리면서 악수를 하기 때문에 흔들고 당기는 소리를 내면서 실현된다.

⚌ Толкование 해설

X и Y пожимают 1.2 друг другу руки (X와 Y는 서로 악수한다 1.2) = '몸짓발신자 X와 Y는 그들이 약속한 사항들을 수행할 것이라는 것을 확인한다.'

⚌ Условия употребления 사용 조건

해당 몸짓은 보통 몸짓발신자 두 사람 사이에 이루어진 약속 등을 확인하는 것이다. 몸짓이 행해진 순간부터 합의나 약속은 행동으로 옮겨지게 되며 더 이상 재검토의 대상이 되지 않는다. 이 몸짓은 주로 남자들에 의해서 수행된다.

⚌ Однословная характеристика 일어 표현

УГОВОР 약속

⁑ Звуковое сопровождение 음성 동반

По рукам! 좋아요!

⁑ Речевые аналоги 유사 언어

Договорились! 동의했어요!; *Решено!* 결정했어요!

⁑ Другие номинации 다른 명칭

рукопожатие 악수; *ударить 〈хлопнуть〉 по рукам* 협약을 맺다

⁑ Жестовый фразеологизм 몸짓 관용구

По рукам! 찬성합니다! = '*договорились* 동의했어요.'

⁑ Иллюстрации 예문

— *Не пишите больше!* — *попросил пришедший умоляюще.* — *обещаю и клянусь!* — *торжественно произнес Иван. Клятву скрепили* **рукопожатием,** *и тут из коридора донеслись мягкие шаги и голоса* (М. Булгаков, Мастер и Маргарита);

— 더 이상 쓰지 마세요! — 들어온 사람이 간청했다. — 약속합니다 그리고 맹세합니다! — 이반이 엄숙하게 말했다. 서약은 악수로 확인되었다, 그 때 복도 저쪽에서 가벼운 발걸음과 목소리들이 들려왔다.

Знаешь, что, давай договоримся, если что-нибудь произойдет там, впереди, не будем удивляться или пугаться. Нас ведь, пожалуй, теперь ничем не удивишь. — *Идет,* — *сказал я, и мы с капитаном* **пожали** *друг другу* **руки** (Ю. Коваль, Самая легкая лодка в мире);

그곳에서 앞으로 무슨 일이 일어나더라고 우린 놀라거나 겁먹지 않겠냐고 약속하자. 왜냐하면 지금 아마도 우린 아무 것도 무섭지 않거든. — 좋아, — 나는 말했다, 그리고 나와 대위는 서로 악수를 했다.

*Я чрезвычайно рад, что мы во всем с вами сошлись. А теперь давайте руку, такое единодушие надо скрепить **рукопожатием*** (Ф. Кафка, Процесс).

나는 우리가 모든 점에서 당신과 의견이 일치되어 참으로 기쁘게 생각합니다. 지금 손을 잡고 악수합시다, 이러한 합의는 악수로 확인해야 합니다.

*К чему нам, реб Тевье, цыганские штуки, хитрить да ловчиться? Давайте **ударим по рукам** — раз, два, три и — готово!* (Шолом-Алейхем, Тевье-молочник).

무엇 때문에 우리가, 레브 테비예, 집시의 행동을 — 속이고 갈취하는 행동을 하겠나? 우리 약속해요 — 하나, 둘, 셋, 자 — 이제 됐어요!

§ *ПОЖИМАТЬ РУКУ 2, (офиц.) 악수하다 2, (공식적)*

⫴ Толкование 해설

X пожимает руку Y-у (X는 Y에게 악수한다) = '몸짓발신자 X는 몸짓수신자 Y를 축하해 주거나 또는 감사를 표한다.'

⫴ Условия употребления 사용 조건

이 몸짓은 포상, 수상 등 공식적인 상황에서 사회적으로 의미있는 일을 수행한 것에 대한 감사를 표하거나 축하하기 위해서 사용한다. 이 몸짓은 관련 사건의 사회적 의미를 강조하므로 선물이나 개인적인 청탁의 이행에 대한 감사를 표하기 위해서는 사용되지 않는다. 감사나 축하는 국가, 정부, 조직 등의 사회 기관의 인물로부터 받게 되며, 보통 사회적으로 높은 지위에 있는 대표자가 이 몸짓의 행위자로 나타난다. 비공식적인 경우에는 공식적인 상황일 때 보다 드물게 사용된다. 비공식적인 상황에서 이 몸짓의 사용은 풍자적이거나 모방적이고 유희적인 성격을 지니고 있으며 몸짓발신자가 판단하건데 몸짓수신자는 무언가

가치 있는 일을 했다는 것을 나타낸다.

‖ Однословная характеристика 일어 표현
ПОЗДРАВЛЕНИЕ 축하 / БЛАГОДАРНОСТЬ 감사

‖ Другие номинации 다른 명칭
рукопожатие 악수; *трясти руку* 손을 쥐고 흔들다

‖ Иллюстрации 예문
*Тут Иностранец отколол такую штуку: встал и **пожал** изумленному редактору **руку**, произнеся при этом слова: — Позвольте вас поблагодарить от всей душу!* (М. Булгаков, Мастер и Маргарита);

이 때 외국인은 매우 어리석은 행동을 했다: 일어서서 놀라는 편집장과 악수를 했고, 그때 이렇게 말을 했다: — 진심으로 당신에게 감사드립니다!,

*Браво! — Страшно взревел зал. Когда утихло, конферансье поздравил Канавкина, **пожал** ему **руку**, предложил отвезти в город в машине домой.* (М. Булгаков, Мастер и Маргарита).

브라보! — 무섭게 강당이 울렸다. 조용해졌을 때 사회자는 카나브킨을 축하하며 그와 악수하고 시내의 집까지 차에 태워 주겠다고 제안했다.

*А --- потом **пожал мне руку**, наклонился и на ухо сказал: "Я вашей доброты никогда не забуду, товарищ старший лейтенант! ..."* (Вен. Ерофеев, Москва — Петушки)

그리고 그는 나와 악수하고, 몸을 굽히고 내 귀에 대고 말했다: "나는 당신의 진절을 셜코 잊지 않을 것입니다, 중위 동무! ..."

Петров, вы обнаружили дефект? Вы правильно поступили. Позвольте **пожать** *вашу* **руку.** (А. Азольский, Степан Сергеич)

페트로프, 당신은 결점을 발견했나요? 당신은 바르게 처신했어요. 당신과 악수 하도록 허용해 주세요.

ПОКАЗАТЬ БОЛЬШОЙ ПАЛЕЦ
엄지손가락을 들어 올리다

часть тела 신체부위: *РУКА* 손

активный орган 능동 기관: *БОЛЬШОЙ ПАЛЕЦ* 엄지손가락

‡‡ Физическое описание 신체 묘사

손은 주먹을 쥐고 엄지손가락을 손바닥 가장자리 선과 수직이 되도록 힘차게 곧게 편다. 손의 전체적인 움직임을 몸짓수신자 쪽을 향해 조금 위 방향으로 할 수 있다.

‡‡ Толкование 해설

X показывает большой палец (X가 엄지손가락을 치켜 올린다) = 'X는 자신이 보고 있는 대상물 P나 대화의 주제가 되고 있는 P가 매우 마음에 든다는 것을 표시한다.'

‡‡ Однословная характеристика 일어 표현

ОДОБРЕНИЕ 격려 / ВОСХИЩЕНИЕ 감탄

⚏ Звуковое сопровождение 음성 동반

Во! 최고야! [자연 언어에서 본 몸짓과 동시에 나타나는 음성은 구의 구성요소들이 될 수 있다. 예를 들어, 회화에서 *Я вчера во (жест) чего придумал.* 어제 난 어떤 멋진 것을 (몸짓) 생각해 냈어; *Я во какой фильм видел!* 난 아주 멋진 영화를 (몸짓) 봤어! 처럼 사용된다]; *На большой!* 대단해!

⚏ Речевые аналоги 유사 언어

Здорово! 대단해!; *Класс!* 훌륭해!; *То, что надо!* 가장 좋다![어디에 내놓아도 부끄럽지 않다]

⚏ Иллюстрации 예문

*Комендант восторженно подпрыгивал на стуле и **показывал** мне **большой палец*** (А. и Б. Стругацкие, Сказка о тройке);

사령관은 열광하여 의자에서 뛰었다 그리고 나에게 그의 엄지손가락을 보여 주었다.

*Выпью-ка я еще. За то, чтоб не волноваться. (Выпивает) На этот раз все будет вот так. (**Показывает большой палец**) Ты увидишь...* (А. Вампилов, Утиная охота).

나는 한 잔 더 마시겠어. 걱정하지 않기를 바라며. (잔을 비운다) 이번에는 모든 것이 이렇게 잘 될 거야. (엄지손가락을 들어 올린다) 알겠지 ...

*Син-Бин-У в знак одобрения **поднял** кверху **большой палец** руки* (В. Иванов, Бронепоезд No. 14.69).

신빈우는 찬성의 표시로 엄지손가락을 위로 치켜 올렸다.

часть тела 신체부위: *РУКА* 팔

активный орган 능동 기관: *КИСТЬ* 손목에서 손끝까지

‖ Физическое описание 신체 묘사

중지, 약지, 새끼손가락을 끝이 손바닥에 접촉되도록 구부린다. 곧게 편 엄지손가락은 그의 가장 윗마디의 관절이 몸짓수신자에게 보이도록 중지와 검지 사이에 밀어 넣는다. 이 몸짓은 몸짓수신자를 향해서 실시된다. 대체로 손가락으로 *쿠키쉬(кукиш)*를 만들고 이와 동시에 또는 그 후에 굽혀진 팔꿈치를 몸짓수신자를 향해 급격하게 펴는 행동이 이루어진다. 이 몸짓의 가장 모욕적인 형태는 쿠키쉬를 상대의 얼굴 쪽으로 가져다 대는 것이다(몸짓 поднести кукиш к носу, сунуть кукиш под нос를 비교). 선택적으로 팔꿈치를 가볍게 구부렸다 펼 수 있고 팔을 축으로 주먹을 가볍게 회전할 수도 있다. 상대편을 자극하면서 몸짓발신자는 가볍게 엄지손가락을 약간 구부렸다 폈다 할 수 있고, 그 결과 엄지손가락은 이쪽에서 서쪽으로 움직이게 된다. 해당 몸짓은 시위하듯이 천천히 손가락 모양을 만드는 변형도 가능하다.

ⵘ Толкование 해설

X показывает кукиш Y-y (X는 Y에게 쿠키쉬를 보여준다) = '몸짓수신자
Y는 어떤 상황 P가 발생할 수 있다고 간주하며 그 상황이 이루어지기
를 바란다; 몸짓발신자 X는 Y에게 상황 P가 실현될 거라는 예상은 별
로 근거가 없으며, 실현되지 않았거나 또는 실현되지 않을 거라는 것을
이해하도록 한다.'

ⵘ Условия употребления 사용 조건

이 몸짓은 무례한 행위이다. 이 몸짓의 사용은 일상생활에서 조차 제
한적으로 이루어진다. 일반적으로 아이들이나 교양 수준이 낮은 사람
들 간에 사용된다. 몸짓발신자와 몸짓수신자의 사회적 신분이 동등할
때 또는 몸짓수신자의 지위가 몸짓발신자보다 낮을 경우에 사용된다.
후자의 경우 이 몸짓은 특히 무례하고 모욕적이며 예법적인 측면에서
보다는 오히려 윤리적인 측면에서 지탄을 받는다. 이 몸짓은 아이들이
아이들에게, 공식적이지 않은 상황에서 서로 동등한 관계에 있는 사람
에게, 장난삼아 어른이 아이에게 사용하는 것이 가장 보편적이다.

만약 몸짓수신자의 사회적 지위로 인해 몸짓발신자가 공개적으로 이
몸짓을 행할 수 없을 때에는 주머니에 손을 넣은 채로 하거나 등 뒤에
서 보이지 않게 한다.

상황 P가 몸짓발신자의 의지가 아닌 제3의 인물이나 외부적인 환경
에 의할 경우 이 몸짓은 상대편에게 모욕을 주기 위한 것이 아니라 몸
짓발신자의 유감을 강하게 표현하고 제3자에 대한 그의 분노를 표현하
기 위한 것이다. 비교: *Ну что, дали тебе зарплату? — Да как же,
во ⟨жест⟩!* 뭐야, 너한테 임금을 줬다고? — 어떻게 그럴 수가, 이것 받
아 (몸짓)!

ⵘ Звуковое сопровождение 음성 동반

фиг ⟨шиш⟩ тебе 엄지를 둘째와 셋째 손가락 사이에 끼워 모욕한다;

фигу 피구; *фигушки* 피구쉬끼; *накося-выкуси* 자, 여기 있다!; *а это*
видел 이것 봤지; *а это* ⟨*этого*⟩ *не хочешь* 이것 싫어?; *вот тебе* 너한
테 이것 줄께; *во!* 이것 받아! [만약 상황 P의 발생이 몸짓발신자의 의
지에 달려 있다면, 몸짓은 동반되는 소리 없이도 수행될 수 있다. 만약
상황 P의 발생이 몸짓발신자의 의지에 의한 것이 아니고 외부 환경에
의한 것이라면 동반되는 소리 없이 몸짓을 수행하기가 어렵다.]

∰ Речевые аналоги 유사 언어

груб.(비속어) *держи карман шире!* 더 벌려봐! 그래도 안 준다! [호
주머니를 크게 벌리고 기다리고 있어! 남에게 어떤 물건을 주기를 거
부할 때 비꼬는 표현으로 사용한다]; груб. или сленг.(비속어 또는 속어)
Губы раскатал! 입술을 너무 많이 내밀었어! 그래도 없어!; груб.(비속
어) *Разбежался!* 누구야! 안 해!

∰ Другие номинации 다른 명칭

показать фиг ⟨*фигу, кукиш, дулю, шиш, комбинацию из трех пальцев*⟩
상스런 손짓⟨피가, 쿠키쉬, 둘랴, 쉬쉬, 세 손가락의 조합⟩을 보여주다;
сделать ⟨*сложить*⟩ *комбинацию из трех пальцев* 세 손가락의 조합을
만들어 모욕하다; *сложить дулю* 둘랴를 만들다, 모욕하다.

∰ Энциклопедические сведения 백과사전 정보

쿠키쉬는 고대부터 존재했던 몸짓 중 하나로 이 몸짓에 대한 언급을
단테의 신곡에서 찾아 볼 수 있다:

По окончанье речи, вскинув руки
*И выпятив два **кукиша**, злодей*
Воскликнул так: "На, Боже, обе штуки!"
(Ад, XXV; пер. М. Лозинского).

말이 끝나자, 손을 위로 들고

2개의 쿠키쉬를 내밀고, 악당은,

소리쳤다: "하나님, 이것(쿠키쉬) 2개 가지세요!"

다른 여러 문화에서도 이 몸짓은 남자의 성기를 상징하므로 특히 위에 명기된 상황 이외의 사용은 금지되고 있다.

⁝⁝ Жестовый фразеологизм 몸짓 관용구

держать кукиш в кармане 호주머니 속에서 쿠키쉬를 만들다 — '수신자에게는 불유쾌한 자신의 진짜 의도를 숨긴 채 그와 함께 의견을 나누는 척하는 태도를 취한다.'

⁝⁝ Иллюстрации 예문

Париж стал совершенно невыносим. Гранд-Опера, а в ней кто-то ***показывает кукиш****. Сложит, покажет и спрячет опять. Сложит, покажет* (М. Булгаков, Театральный роман);

파리는 정말 견딜 수 없었다. 그랑드-오페라, 어떤 사람은 그것에 쿠키쉬를 보여주고 있다. 다시 또 만들어, 보여주고 숨긴다. 만들어, 보낸다.

"Восемь, говорит, тысяч!" А тот ему в ответ: "Получите!" И вынимает руку и тут же ***показывает ему шиш****!* (М. Булгаков, Собачье сердце).

"팔천, 이라고 말한다!" 그러자 그는 그 사람에게 대답한다: "받아 먹어라!" 그리고 손을 들어서 그에게 쿠키쉬를 보낸다.

Тебе бы, гнусной, молчать! — А не хочешь ли вот этого? — выкрикивала --- Перфильевна, ***показывая кукиш****, — баба жесткая в поступках* (Н.В. Гоголь, Мертвые души).

나쁜 여자 너, 조용히 해라! — 넌 여기 이것은 싫냐? --- 쿠키쉬를
보여주면서, 행동이 거친 페르필례브나는 외쳤다.

Посылайте депешу Овсову! — Накося! — сказал генерал с презрением
*и **поднес** к лицу его два кукиша* (А. Чехов, Лошадиная фамилия).
옵소프에게 전보를 보내시오! — 자, 옜다 가져라! — 장군은 멸시적
으로 말했고 그의 얼굴을 향해 2개의 쿠키쉬를 보냈다.

ПОКАЧАТЬ ГОЛОВОЙ
고개를 젓다

§ ПОКАЧАТЬ ГОЛОВОЙ 1 고개를 젓다 1

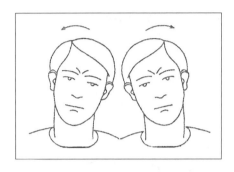

часть тела 신체부위: *ГОЛОВА* 머리

активный орган 능동 기관: *ГОЛОВА* 머리

‡‡ Физическое описание 신체 묘사

몸짓발신자는 머리를 가볍게 한쪽에서 다른 어깨 쪽으로 기울이는
데, 보통 왼쪽, 오른쪽, 그리고 또 다시 왼쪽으로 기울인다.

‡‡ Толкование 해설

X покачал головой 1 (X는 고개를 저었다 1) = '몸짓발신자 X는 수신자
의 행위 또는 어떠한 상황이 마음에 들지 않는다는 것을 표시한다.'

‡‡ Условия употребления 사용 조건

몸짓발신자는 몸짓수신자의 행위 또는 어떠한 상황에 대해 부정적인
평가를 표현하면서 간접적인 관찰자의 역할을 한다. 그러나 상황에 직
접적으로 개입하거나 그것을 변경하려고 하지는 않는다. 이 몸짓은 바

람직스럽지 못한 아이의 행동에 대한 어른의 평가를 표현할 때 전형적으로 사용된다.

⚌ Однословная характеристика 일어 표현
НЕОДОБРЕНИЕ 부인 / ОСУЖДЕНИЕ 비난 / НЕДОВОЛЬСТВО 불만

⚌ Звуковое сопровождение 음성 동반
Ай-яй-яй! 아~아!

⚌ Жестовые аналоги 유사 몸짓
нахмуриться 얼굴을 찌푸리다

⚌ Речевые аналоги 유사 언어
Нехорошо! 좋지 않아!

⚌ Иллюстрации 예문

*Поразмыслив, она **покачала головой**: — Нет, не советую, Петя.* (Ф. Абрамов, Братья и сестры).

신중히 생각한 다음 그녀는 고개를 저었다: — 아니야, 그렇게 하지 않는 것이 좋겠어, 페탸.

*Ефимова повернулась и вышла, не попрощавшись. "Какие все-таки нервные, несдержанные посетители", — подумал Семен Еремеевич. Он снисходительно **покачал головой*** (С. Антонов, Анкета).

에피모바는 돌아서서 작별 인사도 없이 떠났다. "얼마나 초조하며 성마른 방문객들인가" — 세묜 에레몌예비치는 생각했다. 그는 관대하게 고개를 흔들었다.

*Приглашение шофера подействовало на них странным образом. Они понурились и старались не смотреть в сторону машины. Шофер **покачал головой** и медленно отъехал.* (И. Ильф, Е. Петров, Золотой теленок).

운전수의 제안은 그들에게 기묘하게 작용했다. 그들은 머리를 떨구고 자동차 쪽을 바라보지 않으려고 했다. 운전수는 고개를 저으며 천천히 떠났다.

§ ПОКАЧАТЬ ГОЛОВОЙ 2 고개를 젓다 2

часть тела 신체부위: *ГОЛОВА* 머리
активный орган 능동 기관: *ГОЛОВА* 머리

⁜ Физическое описание 신체 묘사

몸짓발신자는 가볍게 머리를 왼쪽, 오른쪽 그리고 다시 왼쪽으로 흔든다.

⁜ Толкование 해설

X покачал головой 2 (X는 고개를 저었다 2) = '몸짓수신자는 P라는 의견을 말한다; 몸짓발신자 X는 P는 이루어지지 않거나 또는 P보다는 P가 아닐 확률이 더 높다고 생각한다는 것을 표시한다.'

⁜ Условия употребления 사용 조건

해당 몸짓은 종종 거절의 상황에서, 그리고 몸짓발신자가 상대편 주장의 진실을 알지 못하거나 의심하는 경우에 사용된다.

⁜ Однословная характеристика 일어 표현

НЕСОГЛАСИЕ 반대 / ОТРИЦАНИЕ 부정 / СОМНЕНИЕ 의심

‖ Другие номинации 다른 명칭
помотать головой 고개를 흔든다

‖ Речевые аналоги 유사 언어
Нет 아니야; *вряд ли* 그럴 리 없어

‖ Иллюстрации 예문
*Может быть, вы и вправду очень талантливы? — спросил я. Игорь Петрович совсем загрустил. — Нет... нет, — **покачал** он **головой**. — В том-то и дело, что я зауряден.* (А. Житинский, Дитя эпохи);

아마도, 당신은 재주가 아주 많은가 봐요? — 나는 물었다. 이골 페트로비치는 아주 서글퍼했다. — 아니요 ... 아니요, — 그는 머리를 저었다. 문제는 내가 평범하다는 것이오.

*Он так на меня смотрел ... — Наверное, ты ему понравилась... — Нет, — она **покачала головой**. — Это был не такой взгляд.* (С. Лем, Солярис; пер. Д. Брускина)

그는 나를 이상하게 그렇게 바라보았어 ... — 아마도, 네가 그 사람의 마음에 들었나 봐. ... — 아니야, — 그녀는 머리를 저었다. — 그건 그러한 시선이 아니었어.

*— Да верю я вам! Верю! — воскликнул я. — Нет, вы мне не верите, — **покачал головой** Роберт Сергеевич.* (А. Житинский, Дитя эпохи)

— 그래요 나는 당신을 믿어요! 믿는다구요! — 나는 외쳤다. — 아니요, 당신은 나를 믿지 않아요, — 로베르트 세르게예비치는 머리를 저었다.

ПОКРУТИТЬ ПАЛЬЦЕМ У ВИСКА, груб.
관자놀이에 손가락을 대고 돌리다, 비속.

часть тела 신체부위: *РУКА* 손
активный орган 능동 기관: *ПАЛЕЦ* 손가락
пассивный орган 수동 기관: *ГОЛОВА* 머리

⸬ Физическое описание 신체 묘사

몸짓발신자는 집게손가락을 곧게 펴서 관자놀이에 직각으로 붙이고, 1~2회 정도 손목을 회전한다. 이때 나머지 손가락들은 구부러져 있다. 몸짓발신자는 눈을 약간 크게 뜬다.

⸬ Толкование 해설

X покрутил пальцем у виска (X는 관자놀이에 손가락을 대고 돌렸다) = '몸짓발신자 X는 몸짓수신자의 행동을 평가하면서 그가 비정상이라고 생각할 수도 있다는 것을 그에게 보여준다.'

⸬ Условия употребления 사용 조건

부정적인 평가를 표현하는 특성으로 인해 이 몸짓은 극히 무례한 것이라고 할 수도 있지만 장난하는 상황에서 사용될 수도 있다. 몸짓발신자는 이 몸짓을 통하여 Y의 행위를 비꼬며 놀리거나 또는 그 행위에 대한 의혹을 표현하고자 한다. 몸짓 *покрутить пальем у виска*(관자놀이 에 손가락을 대고 돌리다)는 비공식적인 상황에서만 허용되며 몸짓발신자 와 몸짓수신자는 보통 사회적 지위로 보았을 때 평등한 관계이다. 이 몸짓은 특히 아이들 사이에서 사용되는 것이 전형적이다.

해당 몸짓을 통하여 몸짓발신자는 수신자의 행위를 평가할 뿐만 아니 라, 제3의 인물도 평가할 수 있다. 비교: — *А ректор-то наш совсем тю-тю! (жест).* — 그런데 우리 총장님은 완전 비정상이야! (몸짓)

⁂ Звуковое сопровождение 음성 동반

Тю-тю 튜-튜; *ку-ку* 쿠-쿠; характерный присвист(특유의 휘파람 소리).

⁂ Жестовые аналоги 유사 몸짓

постучать себя по лбу. 자신의 이마를 치다.

⁂ Речевые аналоги 유사 언어

Ты что, рехнулся 〈спятил, с ума сошел; того, совсем, с приветом〉? 너 정신 나갔구나〈미쳤구나, 제정신이 아니구나; 약간 좀 이상하지 않 아〉?; *Псих?* 정신병자 아냐?

⁂ Иллюстрации 예문

Шеф на дорогу не смотрел, а смотрел куда-то вверх, где висели знаки. Из-под наших колес непрерывно выпрыгивали пешеходы. Опомнившись, они смотрели нам вслед и ***крутили указательным пальцем у виска*** (А. Житинский, Дитя эпохи);

주방장은 길을 바라보지 않았고, 표지가 매달린 위쪽 어딘지를 바라보 았다. 우리의 바퀴 밑으로부터 계속 보행자들이 뛰어 나왔다. 정신을 차리 고 나서, 그들은 우리의 뒤를 바라보고 관자놀이에 검지를 대고 돌렸다.

*Прошу разрешения осмотреть механизмы реакторного отсека. — Ну вот опять... — вахтенный пульта **повертел у виска**, но разрешил* (А. Покровский, "... Расстрелять");

원자로 격리장소의 기계장치를 점검할 수 있도록 허가해 주세요. — 또 다시 ... — 중앙제어소의 당직자는 관자놀이에 손가락을 대고 돌렸다, 그러나, 허락했다.

*Он был очень похож на того, что стоял там, в Краснодаре, с листиком платана в зубах и **крутил пальцем у виска**, думая, что я сумасшедшая* (В. Аксенов, Апельсины из Марокко).

그는 거기 크라스노다르에서 플라타너스 잎사귀를 입에 물고 서서 나를 미치광이라고 생각하면서 관자놀이에 손가락을 대고 돌렸던 그 사람과 매우 흡사했다.

ПОМАНИТЬ ПАЛЬЦЕМ
손가락으로 부르다

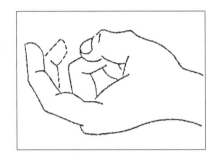

часть тела 신체부위: *РУКА* 손

активный орган 능동 기관: *УКАЗАТЕЛЬНЫЙ ПАЛЕЦ* 집게손가락

⚥ Физическое описание 신체 묘사

집게손가락을 제외한 모든 손가락은 굽혀져 있으며 자연스런 모양으로 손바닥에 가까이 근접한다. 집게손가락은 몇 회 정도 손가락 관절을 몸짓발신자 쪽으로 굽혔다 폈다 한다. 몸짓발신자는 팔을 상대편을 향하여 펼 수 있고 팔꿈치를 굽힐 수도 있다. 몸짓발신자의 시선은 상대편을 향한다. 이 몸짓을 행할 때 눈썹이 치켜 올라갈 수 있다.

⚥ Сопутствующие жесты 동반 몸짓

본 몸짓을 행하기 직전에 몸짓수신자의 주목을 끌기 위해서 손을 흔들거나*(помахать рукой)* 호출하는 *휘파람(призывный свист)* 등 비언어적 행위를 할 수 있다.

§ *ПОМАНИТЬ ПАЛЬЦЕМ 1.1* 손가락으로 부르다 *1.1*

⅏ Толкование 해설

X манит Y-a пальцем 1.1 (X는 Y를 손가락으로 부른다 1.1) = '몸짓발신
자 X는 상대편 Y에게 무엇인가 말하거나 말할 것임을 암시하면서 그
를 자신에게 다가오게 한다. 이때 X는 Y가 자신에게 다가오리라고 확
신한다.'

⅏ Условия употребления 사용 조건

몸짓발신자는 몸짓수신자가 자신에게 다가 온다고 확신한다. 왜냐하
면 몸짓발신자는 자신이 말하거나 수행하게 될 것에 대해 몸짓수신자
가 궁금해 한다는 것을 알기 때문이다. 몸짓수신자는 이미 몸짓발신자
의 "갈고리"에 걸린 것처럼, 몸짓발신자는 작은 몸짓 하나만으로 충분
히 그를 자기에게로 불러올 수 있다. 몸짓발신자는 직접 자신의 목적을
몸짓수신자에게 알리지 않고 단지 흥미롭거나 유쾌한 일이 그를 기다
리고 있다는 것만을 제시함으로써 그의 호기심을 자극한다. 또한 몸짓
수신자가 몸짓발신자에게로 와서 벌을 받아야 한다고 농담으로 위협할
때 이 행위가 전형적으로 사용된다. 몸짓발신자에게로 가까이 다가온
다는 것은 몸짓발신자의 개인적인 영역에 들어온다는 것을 의미한다.
이 경우에 몸짓수신자가 몸짓발신자에게 다가오면 그의 권력에 예속된
다는 것을 의미하기도 한다. 그러므로 간단하게 구두로 표현할 수 있는
상황에서 어떠한 동기도 없이 이 몸짓을 사용하는 것은 결례가 된다.
왜냐하면 이러한 행동은 몸짓발신자의 우월성과 몸짓수신자의 종속성
의 관계를 나타내기 때문이다. 몸짓 *поманить пальцем*은 아주 친근하
고 가까운 관계의 사람끼리만 허용되는 몸짓이다. 그러므로 이 몸짓은
*"너(Ты)"*로 호칭하는 관계에 있는 사람들이 사용할 수 있다. 이 몸짓을
사용하는 몸짓발신자는 몸짓수신자보다 높은 사회적 지위를 지니고 있
다. 이 몸짓은 아이들 또는 동물을 대할 때 사용할 수 있다.

⸬ Однословная характеристика 일어 표현
ПОДЗЫВАТЬ (손짓으로) 부르다

⸬ Звуковое сопровождение 음성 동반
이 몸짓은 *поманить пальцем 1.2* 와는 달리 이따금 언어적 표현과 함께 사용된다. 특히 1) 어휘가 반복되는 구조에서 사용되거나 (*Иди, иди сюда* 여기로 좀 와) 2) 소사 –*ка*와 함께 사용되는 것이 특징적이다(*Пойди-ка ко мне* 내게로 좀 와; *Ну-ка, ну-ка, иди сюда* 어서, 어서, 여기로 와).

⸬ Жестовые аналоги 유사 몸짓
поманить рукой 손을 흔들어 신호하다; *широко расставить руки* 팔을 넓게 벌리다; *(призывно) помахать рукой* 손을 흔들다

⸬ Речевые аналоги 유사 언어
Пойди сюда! 여기로 와!

⸬ Другие номинации 다른 명칭
поманить 손짓으로 부르다

⸬ Жестовый фразеологизм 몸짓 관용구
X поманил пальцем (X는 손가락으로 불렀다) = 'X는 극히 사소한 행동 *поманить пальцем 1.1* (손가락으로 부르다 1.1)을 실시했다. 그 결과 어떤 사람이 쉽게 X쪽으로 다가왔다.'

⸬ Иллюстрации 예문
— *Никанор Иванович Босой, председатель домового комитета и заведующий диетической столовкой. Попросим Никанора Ивановича! Дружный аплодисмент был ответом артисту. Удивленный Никанор*

Иванович вытаращил глаза, а конферансье, закрывшись рукою от света рампы, нашел его взором среди сидящих и ласково **поманил** *его* **пальцем** *на сцену* (М. Булгаков, Мастер и Маргарита);

— 주택위원회의 의장이며 요식업체 회장인 니카노르 이바노비치 보소이를 무대로 청합니다! 답례로 배우에게 따뜻한 박수를 보냈다. 놀란 니카노르 이바노비치는 눈을 휘둥그렇게 떴다, 그리고 사회자는 전기 불빛을 손으로 가리고, 앉아 있는 사람들 중에서 눈으로 그를 찾았고 다정하게 손가락으로 그를 무대로 불렀다.

А потом мы прошли мимо странных дверей, и, видя мою заинтересованность, Ильчин соблазнительно **поманил** *меня* **пальцем** *внутрь* (М. Булгаков, Театральный роман);

그런 다음 우리는 기묘한 문 옆을 지나갔다, 그리고, 일리친은 내가 흥미를 갖고 있음을 알고 유혹적으로 나를 안으로 들어오라고 손가락으로 불렀다.

Он включил большой экран и **поманил** *к себе Юру* **пальцем** (А. и Б. Стругацкие, Стажеры).

그는 스위치를 넣어 커다란 스크린을 올렸고 유라를 자기에게 오도록 손가락으로 불렀다.

§ ПОМАНИТЬ ПАЛЬЦЕМ *1.2* 손가락으로 부르다 *1.2*

⁑ **Толкование** 해설

X манит Y-а пальцем 1.2 (X는 Y를 손가락으로 부른다) = 'X는 Y에게 그가 자신에게 가까이 다가오거나 더 가까이 접근하도록 지시한다; 이 때 X는 Y와의 상호작용이나 또는 상호작용의 과정 중에 전달되는 정보가 타인들로부터 주목의 대상이 되는 것을 원하지 않는다는 것을 표시한다.'

░ Условия употребления 사용 조건

해당 몸짓은 보통 몸짓수신자가 타인들과 같은 장소에 있을 경우에 사용한다.

░ Звуковое сопровождение 음성 동반

이 몸짓을 행할 때에는 소리를 동반하지 않거나 또는 귀엣말로 한다.

░ Жестовые аналоги 유사 몸짓

поманить рукой 손짓으로 부르다

░ Другие номинации 다른 명칭

поманить 유인하다

░ Иллюстрации 예문

*Я помахал и улыбнулся ему. Он словно не заметил этого, и тогда я подмигнул ему и **поманил** его **пальцем*** (А. и Б. Стругацкие, Хищные вещи века);

나는 손을 흔들며 그에게 미소했다. 그는 이것을 보지 못한 것 같았다, 그래서 나는 그에게 윙크하며 그를 손가락으로 불렀다.

*Люди рассказывают. — Он осторожно огляделся по сторонам, **поманил** к себе Виктора и сказал ему шепотом на ухо: — Тэдди наш там оказался, подразнили его* (А. и Б. Стругацкие, Гадкие лебеди);

사람들은 말하고 있다. — 그는 조심스레 주위를 둘러보고, 빅토르에게 자기에게 오도록 손짓했고 그의 귀에 대고 속삭였다: — 우리 테디가 거기에 나타났어, 사람들이 그를 조롱했어.

— О нет! Это может кто подтвердить! — начиная говорить ломаным

языком, чрезвычайно уверенно ответил профессор и неожиданно таин-
ственно **поманил** *обоих приятелей к себе поближе* (М. Бул аков, Мастер и
Маргарита).

— А, аниоя! 이것은 확신할 수 있어! — 서툰 언어로 말하기 시작
하면서 매우 확신에 차서 교수가 대답했다 그리고 갑자기 비밀스럽게
두 친구를 그에게 더 가까이 오도록 손짓했다.

В это время его толкнули в бок. Чонкин оглянулся и увидел Самушкина,
про которого совсем забыл. Самушкин поманил его пальцем, показывая,
чтобы Чонкин наклонился, он Самушкин, ему что-то скажет (В. Войнович,
Жизнь и необычайные приключения солата Ивана Чонкина)

이때 누군가가 그의 옆구리를 찔렀다. 촌킨은 주위를 둘러보았고 그
동안 완전히 잊고 있었던 사무쉬킨을 보았다. 사무쉬킨은 촌킨에게 몸
을 굽히도록 표시하면서, 그를 손가락으로 불렀다, 사무쉬킨은 그에게
무엇인가를 말할 것이다.

ПОСТУЧАТЬ СЕБЯ ПО ЛБУ, груб.
자신의 이마를 두드리다, 비속어.

часть тела 신체부위: *РУКА* 팔
активный орган 능동 기관: *КИСТЬ* 손
пассивный орган 수동 기관: *ГОЛОВА* 머리

⋕ Физическое описание 신체 묘사

몸짓발신자의 손은 주먹을 쥐고 있다. 몸짓발신자는 주먹을 쥔 손가락의 굴절 마디나 또는 집게손가락으로 2~3회 정도 이마를 두드린다. 만약 몸짓발신자의 손이 주먹이 쥐어져 있으면 자신의 이마를 두드린 다음 이와 동일한 방법으로 쉽게 주의를 끌 수 있는 나무같이 단단한 물체를 두드릴 수 있다. 몸짓발신자의 시선은 수신자를 향하고 있으며, 눈썹은 치켜 올라간다. 몸짓발신자가 몸짓수신자의 이마를 두드리는 변형도 가능하다.

⋕ Сопутствующие жесты 동반 몸짓

сделать большие глаза 눈을 크게 뜨다

⋕ Толкование 해설

X постучал себя по лбу (X는 자신의 이마를 두드렸다) = '몸짓발신자 X 는 몸짓수신자에게 자신이 어리석은 행동을 했다는 것을 표시한다.'

⚏ Условие употребление 사용 조건

몸짓수신사의 시위는 내체로 몸짓발신자 보다 낮거나 또는 동일하다.

⚏ Жестовые аналоги 유사 몸짓

ударить ⟨хлопнуть⟩ себя по лбу 자신의 이마를 때리다⟨두드리다⟩;
покрутить пальцем у виска 관자놀이에 손가락을 대고 돌리다.

⚏ Речевые аналоги 유사 언어

Идиот! 백치!; *Дурак!* 바보!

⚏ Иллюстрации 예문

*Пашка еще раз **постучал себя пальцем по лбу** и пошел за Анкой. Антон плелся следом и старался подавить в себе сомнения. А что я, собственно, сделал, вяло думал он. Чего они надулись?* (А. и Б. Стругацкие, Трудно быть богом);

파쉬카는 한 번 더 자신의 이마를 손가락으로 두드렸다, 그리고 안까를 따라 나갔다. 안톤은 뒤를 따라 천천히 걸어가며 자신의 의심을 억누르려고 노력했다. 그런데 실제로 내가 무슨 잘못을 했나, 그는 무기력하게 생각했다. 그들은 무엇에 불만을 품고 있나?

Что я, в самом деле, урод, что ли! — *Нет, ты у меня умный, добрый и высокой нравственности,* — *сказала она, с своим застывшим смехом в лице, и **похлопала мужа по лбу**, потом поправила ему галстук, выправила воротнички рубашки и опять поглядела лукаво на Райского* (И.А. Ганчаров, Обрыв).

나는, 실제로, 병신이야! — 아니야, 당신은 영리하고 착하고 훌륭한 성품을 지녔어, — 그녀는 얼굴에 고유한 자신의 딱딱한 웃음을 띠고 말했다, 그리고 남편의 이마를 두드렸다, 그 다음 그의 넥타이를 똑바로 고쳐 주고, 셔츠의 깃을 바로 잡아 주고 다시 라이스키를 음흉스럽게 바라보았다.

ПОТИРАТЬ РУКИ

손을 비비다

часть тела 신체부위: *РУКА* 팔

активный орган 능동 기관: *КИСТЬ* 손

⚏ Физическое описание 신체 묘사

몸짓발신자는 양손바닥을 서로 힘 있게 비빈다. 얼굴은 기쁘거나 약간 탐욕스런 표정을 지을 수 있다. 턱은 다소 앞으로 내밀어져 있고 입은 일그러진 미소를 지은 상태에서 옆으로 당겨지거나 또는 살짝 이를 드러내 보이기도 한다. 눈은 조금 크게 확대되어 있다.

⚏ Сопутствующие жесты 동반 몸짓

улыбка 미소

⚏ Толкование 해설

X потирает руки (X는 손을 비빈다) = '상황 P가 곧 도래될 것을 알고 몸짓발신자 X는 P로 부터 얻을 만족감을 미리 즐기고 있음을 보여준다.'

⁂ Однословная характеристика 일어 표현
УДОВОЛЬСТВИЕ 만족 / ПРЕДВКУШЕНИЕ 예감

⁂ Жестовые аналоги 유사 몸짓
прыгать от радости 기뻐서 날뛰다; *облизнуться 1.1.* 입맛을 다시
다 1.1.

⁂ Речевые аналоги 유사 언어
Ура! 만세!; *Так-так-так!* 그래, 그래, 좋았어!; *Отлично!* 훌륭해!;
Ну что ж, приступим! 자, 시작합시다!

⁂ Иллюстрации 예문
*Рослый голубоглазый Скавронский **потирал** радостно **руки** и бормотал:*
— Так, так, так ... Давай! Истинный бог! (М. Булгаков, Театральный роман);
키가 크고 푸른 눈을 지닌 스카브론스키는 기쁨에 차서 손을 비비며
중얼거렸다: — 그래, 그래, 그래 ... 그렇게 하자! 진실한 신이여!

*Его отец, не совладев с любопытством, --- смеясь и **потирая руки**,*
--- усадил сына и доктора за плетеный стол на веранде, сам расставил
фигуры, --- и, сев рядом, стал жадно следить за игрой (В. Набоков,
Защита Лужина).
그의 아버지는, 호기심을 자제하지 않고, --- 웃으며 손을 비비면서,
--- 아들과 의사를 베란다의 등나무 탁자에 앉게 했고, 자신은 형상들
을 정리해서 나열했다 --- 그리고 나란히 앉아서 강한 호기심을 지니
고 경기를 지켜보기 시작했다.

*Уже двадцать семь дней, — заметил молодой человек, **потирая руки***
(И. Ильф и Е. Петров, Золотой теленок).

벌써 27일이나 되었어요, — 젊은 사람이, 손을 비비면서, 언급했다.

*У Вовца же память была отличная, и он каждый раз, встречая Продольного на улице, **потирал руки** и поглаживал живот, предвкушая грядущий день платежа* (А. Арканов, Рукописи не возвращаются).

보베츠는 기억력이 좋았다, 그래서 그는 거리에서 프로돌늬이를 만날 때마다 매번 장차 있을 월급날을 기대하면서, 손을 비비고 자신의 배를 쓰다듬었다.

ПОХЛОПАТЬ СЕБЯ ПО ЖИВОТУ, обиход.
자신의 배를 두드리다, 통속적.

часть тела 신체부위: *РУКА* 손
активный орган 능동 기관: *РУКА* 손
пассивный орган 수동 기관: *ЖИВОТ* 복부

‡ Физическое описание 신체 묘사

몸짓발신자는 손바닥으로 자신의 배를 가볍게 툭툭 친다. 이 몸짓의 기저에는 음식을 배불리 포식한 사람들은 크기가 늘어나고 팽창한 가득 찬 복부를 지닌다는 제시가 들어 있다.

‡ Толкование 해설

X похлопывает себя по животу (X는 자신의 배를 두드린다) = 'X는 지나치게 많이 먹어서 배가 가득 찼음을 표시한다.'

‡ Условия употребления 사용 조건

이 몸짓은 흔히 음식을 더 먹도록 권하는 것에 대한 화답의 반응으로 종종 사용된다. 자신의 배를 두드리면서 몸짓발신자는 그가 충분히 많이 먹었으며 더 이상 먹을 수 없다는 것을 보여준다.

‡ Жестовые аналоги 유사 몸짓

провести рукой по горло 손으로 목에 선을 긋다

⁑ Другие номинации 다른 명칭

похлопать по пузу ⟨брюху⟩ 손으로 배⟨복부⟩를 두드리다

⁑ Иллюстрации 예문

*Юрка слушал и с удовольствием уписывал мерзлое душистое сало, действительно на редкость вкусное. — Ох, здорово! Спасибо. — Наелся? — Ага. — Юрка убрал со стала хлеб, чайник. Сало еще осталось. — А это куда? — Вынеси в сени, на кадушку. Вечером ишо поешь. Юрка вынес сало в сенцы. Вернулся, **похлопал себя по животу**, сказал весело: — Теперь голова лучше будет соображать* (В. Шукшин, Космос, нервная система и шмат сала).

유르카는 귀를 기울이며 흡족한 마음으로 얼린 냄새가 좋은 비곗덩어리를 먹었다, 진짜로 굉장히 맛있었다. — 아 맛있어요! 고마워요. — 배불리 잘 먹었니? — 예. — 유르카는 식탁에서 빵과 찻주전자를 치웠다. 비곗덩어리는 아직 남아 있었다. — 그런데 이걸 어디에 두지? — 현관의 작은 나무통 위로 가지고 가라. 저녁에 또 다시 먹어라. 유르카는 비곗덩어리를 현관으로 가져갔다. 돌아와서, 자신의 배를 두드리며, 즐겁게 말했다: 이제 내 머리는 더 잘 돌아갈 거야.

ПОЧЕСАТЬ В ЗАТЫЛКЕ обиходн.
뒤통수를 긁적이다, 통속적.

часть тела 신체부위: *РУКА* 팔

активный орган 능동 기관: *КИСТЬ (ПАЛЬЦЫ)* 손 (손가락들)

пассивный орган 수동 기관: *ГОЛОВА* 머리

⧚ Физическое описание 신체 묘사

몸짓발신자는 손바닥이나 손가락으로 뒤통수 부분을 긁적인다. 펜이나 나뭇가지와 같은 긴 연장물체를 사용할 수도 있다. 이 몸짓의 기저에는 신체적인 은유가 담겨 있다: 몸짓발신자는 자신의 동작으로 두뇌 활동을 활성화시키고 사고를 유발시키려는 듯하다.

⧚ Сопутствующие жесты 동반 몸짓

이 몸짓은 망설임이나 놀라움을 나타내는 얼굴표정을 동반할 수 있다: 예를 들어, *눈썹을 치켜 올리거나 찌푸리거나(поднятие, нахмуривание бровей)*, *입술을 꾹 다무는(поджатие губ)* 행위를 동시에 할 수 있다.

꘡ Толкование 해설

X чешет в затылке (X는 뒤통수를 긁적인다) = '몸짓발신자 X는 자신과 관계가 있다고 판단되는 새로운 정보를 얻었다; X는 이 정보를 잘 이해하여 차후의 행동 방안을 선택하고자 한다; X에게 이 일은 해내기가 쉽지 않다; X는 긴장하면서 사태의 발생 상황에 대해 깊이 생각한다.'

꘡ Однословная характеристика 일어 표현

РАЗДУМЬЯ 심사숙고 / ЗАМЕШАТЕЛЬСТВО 당혹

꘡ Условия употребления 사용 조건

이 몸짓은 남자들이 주로 사용하며 아이들이나 여자들은 거의 사용하지 않는다.

꘡ Звуковое сопровождение 음성 동반

Н-да (*м-да*) 음~ 그래(암~ 그렇지); *хм...* 흠...

꘡ Другие номинации 다른 명칭

прост.(속어) *Поскрести в затылке* 뒤통수를 긁적이다. 보통 완료체 동사의 과거시제로 사용된다.

Он поскреб в затылке 그는 뒤통수를 긁적였다.

꘡ Иллюстрации 예문

Им царевна говорит, ...

Всех я вас люблю сердечно;

Но другому я навечно

Отдана. Мне всех милей

Королевич Елисей.

Братья молча постояли

И в затылке почесали...

(А.С.Пушкин, Сказка о мертвой царевне и о семи богатырях);

공주는 그들에게 말한다, ...

나는 당신들을 모두를 진정으로 사랑해;

그러나 나는 다른 사람에게 영원히

보내졌어. 난 다른 사람보다 가장 좋아

엘리세이 왕자가.

형제들은 조용히 서있었다

그리고 뒤통수를 긁적였다...

*Было холодно, я три ночи не спал, измучился и начинал сердиться. "Веди меня куда-нибудь, разбойник! Хоть к черту, только к месту!" — закричал я. "Есть еще одна фатера, — отвечал десятник, **почесывая затылок**, — только вашему благородию не понравится; там нечисто!"* (М.Ю. Лермонтов, Герой нашего времени).

추웠다. 나는 사흘 밤을 자지 못했고, 괴롭고 화가 나기 시작했다. "나를 어디론가 데려가, 이 도둑놈아! 악마에게라도 좋으니 어디로든지 데려가!" — 라고 외쳤다. "또 다른 집이 하나 있는데, 당신의 마음에 안 들겁니다; 거기는 지저분하거든요!" — 라고 뒤통수를 긁적이면서 십장이 대답했다.

*Когда же это было? — **почесал в затылке** чиф. — В пятьдесят восьмом, по-моему, — сказал Боря. — Точнее, в пятьдесят восьмом. Или в пятьдесят девятом. — Это было в тот год, когда в Северо-Курильск привозили арбузы, — сказал боцман* (В. Аксенов, Апельсины из Марокко).

이게 언제였던가? — 치프는 머리를 긁적였다. — 제 생각엔 58년, — 보랴가 말했다. — 더 정확하게 말하자면, 58년이에요. 아니면 59년

입니다. 그것은 북쿠릴에 수박을 가져온 그 해였어요, — 라고 갑판장이 밀했다.

*Надежда Петровна **почесала себе затылок**. "Чего же он ждет, не понимаю?", — подумала она, косясь на дверь* (А. Чехов, Месть женщины).
나데즈다 페트로브나는 뒤통수를 긁적였다. "난 이해가 안 돼. 그는 무엇을 기다리고 있는 거야?" — 곁눈질로 문을 보면서 그녀는 생각했다.

ПОЩЕЛКАТЬ ПО ШЕЕ, жарг. или прост.
목을 튕기다, 은어 또는 구어.

часть тела 신체부위: *РУКА* 팔
активный орган 능동 기관: *КИСТЬ* 손목에서 손끝까지
пассивный орган 수동 기관: *ШЕЯ* 목

⸭ Физическое описание 신체 묘사

몸짓발신자는 검지나 중지를 구부려 엄지손가락의 볼록한 부분에 손톱이 닿게 한다. 손가락을 잽싸게 펴면서 '팅'하는 특유의 소리를 나게 만들며 목의 측면을 가볍게 친다. 이때 머리는 약간 옆으로 기울인다. 몸짓에서 '팅'소리는 2~3회 반복될 수 있다. 손가락의 움직임과 그것에 의해 나는 소리는 코르크 마개가 뽑히며 병에서 튕겨져 나가는 병마개의 움직임과 소리를 모방한 것이다.

⸭ Сопутствующие жесты 동반 몸짓

(заговорщики) поднять бровь (공모자들이) 눈썹을 치켜 올린다; *указывать глазами в сторону* 눈으로 다른 쪽을 가리키다

X щелкнул себя по шее (X는 자신의 목을 가볍게 튕긴다) = '몸짓발신자 X는 술을 마시기를 원하며 몸짓수신자를 자신과 합류하도록 초대한다는 것을 표시한다.'

∷ Условия употребления 사용 조건

몸짓 *пощелкать по шее*는 몸짓발신자와 몸짓수신자의 근접 거리에 자신들의 계획에 끌어들이고 싶지 않은 다른 사람들이 있을 때 전형적으로 사용된다. 이 경우 몸짓발신자는 자신의 행동을 아주 빠르고 아무도 모르게 하려고 노력한다. 이 몸짓은 완곡한 수법이므로 대체로 언어적인 권유와 동시에 사용하지 않는다. 몸짓 *пощелкать по шее*는 음주를 좋아하는 보통사람이나 또는 그런 사람의 행동을 모방하는 사람들의 행위이며, 남성들의 몸짓이다.

언어를 사용하는 문맥에서 이 몸짓의 사용은 전반적인 음주에 대한 일반적인 개념을 전달할 수는 있으나 음주로 초대하는 의미는 사라질 수 있다. 비교: *Мы вчера здорово ...* (Жест). 우린 어제 끝내줬어... (몸짓); *У нас намечается это ...* (Жест). 우린 이것을 계획하고 있어 ... (몸짓).

∷ Энциклопедические сведения 백과사전 정보

이 몸짓은 공공장소에서의 알코올음료의 음용이 사회적 규범에 의해 처벌을 받았고 법률기관에 의해서 금지되었던 소비에트 정권 시대에 생겨났다. 그러므로 이 금지 규칙을 어기고 음주하는 사람들은 다른 사람들이 보지 않는 곳에서 하려고 노력했다. 보통 알코올음료는 개구멍, 대문 아래의 틈새, 출입구나 구석진 곳, 거리의 벤치에서, 즉 집 밖에서 일반적으로 감시자가 없는 인적이 드문 장소에서 마셨다. 왜냐하면 음주는 우선 가족으로부터도 비난을 받기 때문이었다. 술을 마시기에 적당한 장소는 일반적으로 몸짓발신자와 몸짓수신자가 있는 곳에서 멀지 않은 도보로 신속하게 도착할 수 있는 곳이다. 이것은 몸짓발신자가 참을 수 없을 정도로 매우 초조함을 느끼고 있다는 것을 의미한다. 비교: *Душа горит!* 술이 먹고 싶어서 속이 탄다!

☷ Жестовые аналоги 유사 몸짓

Ищу третьего 제3자를 찾다; *штопор* 포도주 따는 도구

☷ Речевые аналоги 유사 언어

Пойдем выпьем 〈вдарим, поддадим, хлопнем по маленькой〉 마시러 가자〈술잔을 치자, 두드리자, 작은 술잔을 때리자〉; *Пошли!* 갑시다!; *Душа горит!* 속이 탄다!; *В горле пересохло!* 목이 출출해!

☷ Иллюстрации 예문

*Хочешь не хочешь, Васильич, а я свое дело сделал и сейчас поиду газ полить. — ... Что такое "газ полить"? — спросила любознательная женщина. Мы все закашлялись, но расторопный чиф пояснил: — Такой термин, мадам. Проверка двигателя, отгазовочка, так сказать... Женщина понятливо закивала, а парень-кореспондент подмигнул чифу: знаем, мол, мы эти отгазовочки, — и выразительно **пощелкал себя по горлу.***
(В. Аксенов, Апельсины из Марокко)

아무튼, 바실리치, 나는 내 일을 다 했고 지금은 가스를 넣으러 가겠어. — ..."가스를 넣다"란 무슨 뜻이예요? — 질문을 좋아하는 여자가 물었다. 우리 모두는 기침을 했다, 그러자 민첩한 치프가 설명했다: — 이 용어는, 부인. 가스 제거하는 것, 즉, 엔진을 확인하는 거요. ... 여자는 이해했다는 듯이 고개를 끄덕였다, 그리고 젊은 통신원은 치프에게 윙크했다: 우린 이 가스 제거하는 것을 잘 알아요, — 그리고 인상적으로 자신의 목을 튕겼다[한잔 하자는 신호를 했다].

Надо понимать, Витек перехватил. Так шефу и доложим. — Он снова *обращает глаза на Сашу. — Этого, значит, не держишь, — говорит он, **щелкая себя по шее**. — И красного тоже нет? Жаль.* (А. и Б. Стругацкие, Понедельник начинается в субботу);

알아야 해, 비쪽이 다 마셨어. 그렇게 주방장에게 보고하자. — 그는 다시 사샤에게 눈을 돌린다. — 이것이 없단 말이지, — 그는 자신의 목을 튕기며 말했다. — 그런데 붉은 포도주도 역시 없어? 유감이군.

Не подмажешь — не поедешь. Ну, а это самое … (он щелкнул себя по горлу) … совсем святое дело. (Б. Пастернак, Доктор Живаго).

뇌물을 주지 않으면 갈 수 없다. 그래, 이것은 … (그는 자신의 목을 튕겼다) … 꼭 해야 하는 일이야.

*Петер --- показал жестами, что, дескать, он сам вчера был под шафе — здесь **щелкнул** себя **по шее** — в России-то он давно, жесты пьяные изучил уже, **щелкнул**, но он от волнения промахнулся и попал в кадык, от чего нелепо закашлялся, и оба рассмеялись.* (В. Высоцкий, Роман о девочках).

페테르는 자신이 어제 샤프에 있었다고 말해주는 몸짓 — 목을 튕기는 몸짓을 보여 주었다. 그는 러시아에서인지 오래 전에 이미 취객에 관한 몸짓들을 배웠고, 목을 튕겼다, 그러나 그는 흥분으로 실수하여 복숭아뼈를 쳤다, 그래서 어리석게 기침을 했고 우리 둘은 웃음을 터트렸다.

ПРИЖАТЬ РУКУ К ГРУДИ
손을 가슴에 꼭 대다

часть тела 신체부위: *РУКА* 팔
активный орган 능동 기관: *КИСТЬ* 손 (손끝에서 손목까지)
пассивный орган 수동 기관: *ГРУДЬ* 가슴

⁑ Физическое описание 신체 묘사

몸짓발신자는 수신자를 향해 정면으로 서서 한 손바닥 또는 양손바닥을 가슴의 중앙이나 심장에 갖다 댄다.

§ *ПРИЖАТЬ РУКУ К ГРУДИ 1.1, уходящ.*
손을 가슴에 꼭 대다 1.1, 고어.

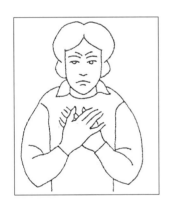

⁑ Физическое описание 신체 묘사

이 몸짓의 해당 의미를 자아내기 위해서 몸짓발신자는 몸체를 몸짓수신자 쪽으로 기울이는 것이 특징이다. 가볍게 목례를 할 수 있다. 특히 몸짓이 해당 의미를 지닐 때는 주로 양손이 사용된다.

⁂ Толкование 해설

X прижал руку к груди 1.1 (X는 손을 가슴에 꼭 냈다 1.1) = '몸짓발신자 X는 몸짓수신자에게 P를 하기를 간청했다.'

⁂ Условия употребления 사용 조건

해당 몸짓은 몸짓발신자가 간절하게 원하는 어떤 것이 보다 더 높은 사회적 지위를 지닌 몸짓수신자에게 달려 있을 때 그를 향해서 사용된다.

⁂ Однословная характеристика 일어 표현

МОЛЬБА 애원, 간청

⁂ Жестовые аналоги 유사 몸짓

молитвенно сложить руки на груди 기도하듯이 손을 가슴에 대다; *протягивать руки к чему л* …에 두 손을 뻗다

⁂ Другие номинации 다른 명칭

приложить руки 〈руку〉 к груди 두 손〈한 손〉을 가슴에 대다; *прижать руку 〈руки〉 к сердцу* 두 손〈한 손〉을 심장에 대다

⁂ Иллюстрации 예문

— *Убирайся, Блюм!* — *вскричал вдруг фон Лембке. Блюм вздрогнул, но не сдался.* — *Дозвольте же, дозвольте,* — *приступал он, еще крепче* **прижимая обе руки к груди** (Ф.М. Достоевский, Бесы).

— 물러가, 블륨! — 갑자기 렘브케 경이 소리쳤다. 블륨은 움찔했다, 그러나 굴하지 않았다. — 허락해 주세요, 허락해 주세요 제발, — 그는 양손을 가슴에 얹으며, 더욱 더 강하게 간청했다.

То есть я хочу сказать, ваше ве... Сейчас же после обеда... —

*Варенуха **прижимал руки к груди**, с мольбой глядел на Азазелло* (М. Булгаков, Мастер и Маргарита).

즉, 내가 하고 싶은 말은, 당신의 ... 바로 점심 식사 후 ... — 바레누 하는 가슴에 손을 대고 애원하는 눈빛으로 아자젤로를 바라보았다.

*Тот, кого звали Зайченко, **прижал руки к груди**: — Николай Захарович! — Я сказал!... — Да позвольте мне хоть сейчас на станцию, хоть на часок! — умоляюще проговорил Зайченко* (А. и Б. Стругацкие, Страна багровых туч).

자이첸코라고 불리는 사람은 가슴에 손을 대고 애원했다: 니콜라이 자하로비치! — 나는 말했다!... — 지금 역까지 비록 한 시간만이라도 허락해 주세요! — 자이첸코는 애원하면서 말했다.

§ ПРИЖАТЬ РУКУ К ГРУДИ 1.2.
손을 가슴에 꼭 대다 1.2.

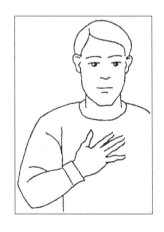

⅙ Толкование 해설

X прижал руку к груди 1.2 (X는 손을 가슴에 꼭 댔다 1.2) = '몸짓발신자

X는 몸짓수신자 Y가 P하도록 설득하기를 매우 원한다.'

Условия употребления 사용 조건

해당 몸짓은 몸짓발신자의 주장에 동의하지 않는 몸짓수신자를 설득하려고 할 때 주로 사용되며, 강조 기능을 하는 보충적이고 비언어적인 수단이 요구된다. 몸짓 *прижать руку к груди*는 몸짓발신자가 간청하는 상황일 때 주로 사용된다.

Однословная характеристика 일어 표현

УБЕЖДЕНИЕ 설득

Жестовые аналоги 유사 몸짓

бить себя в грудь 자기 가슴을 치다; *"зуб даю"* 난 맹세해

Речевые аналоги 유사 언어

Клянусь! 맹세합니다!; *Уверяю Вас!* 내 말이 맞아요!

Другие номинации 다른 명칭

приложить руку 〈руки〉 к груди 〈к сердцу〉 두 손〈한 손〉을 가슴〈심장〉에 대다; *прижать руку 〈руки〉 к сердцу* 두 손〈한 손〉을 가슴〈심장〉에 대다

Иллюстрации 예문

— Вы опять задаете мне вопросы, Андрей, на которые ... — Нет! Я все понимаю! — проникновенно сказал Андрей, ***прижимая руки к груди*** (А. и Б. Стругацкие, Град обреченный);

— 안드레이, 당신은 또 다시 나에게 대답할 수 없는 그런 질문들을 하는군요 ... — 아니요! 나는 모든 것을 이해해요! — 안드레이는 가슴

에 손을 얹으면서 진심으로 말했다.

*Хотите жаловаться на военных — жалуйтесь. Хотите жаловаться на меня... — Не хочу я на вас жаловаться, — отвечал Павор, **прижимая руки к груди*** (А. и Б. Стругацкие, Гадкие лебеди).

군인들에 대해 고소하고 싶으면 그렇게 하세요. 나에 대해 고소하고 싶으면 ... — 난 당신에 대해 고소하고 싶지 않아요, — 파보르가 가슴에 손을 대며 대답했다.

*Я сейчас...я больше ничего не понимаю. Ведь это невозможно? Я, — и она **прижала** стиснутые ослабевшие **руки к груди**, — ничего не знаю, кроме... кроме Хари!* (С. Лем, Солярис. пер. Д. Брускина).

난 지금... 아무것도 이해가 안 돼요. 결국, 이건 불가능한 건가요? 전, — 그녀는 주먹을 쥐고 가녀린 손을 자신의 가슴에 댔다, — 아무것도 몰라요 ... 하리를 빼고는!

§ *ПРИЖАТЬ РУКУ К ГРУДИ 2* 손을 가슴에 대다 2

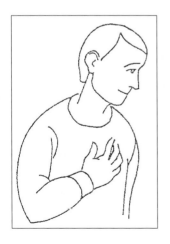

⚏ Сопутствующие жесты 동반 몸짓
поклониться 인사하나

⚏ Толкование 해설
X прижал руку к груди 2 (X는 손을 가슴에 꼭 댔다 2) = '몸짓수신자의 태도에 감동한 몸짓발신자 X는 그에게 진심으로 감사를 표한다.'

⚏ Условия употребления 사용 조건
몸짓 *Прижать руку к груди 2*를 실행하면서 몸짓발신자는 그가 단순하게 상대에게 감사하는 것이 아니라, 상대의 행위나 말에 깊이 감동했다는 것을 보여준다. 해당 몸짓의 사용은 상대의 칭찬에 대한 응답으로 행하는 것이 특징이다. 작별할 때 역시 손을 가슴에 얹고서 몸짓발신자는 환대에 대해 사의를 표한다. 이 몸짓이 사용되는 다른 전형적인 경우는 정중하게 거절하는 상황이다: 상대는 무엇인가 제의를 하고 몸짓발신자는 제안자에게 자신의 감사를 표하면서 거절한다.

⚏ Однослованая характеристика 일어 표현
БЛАГОДАРНОСТЬ 감사

⚏ Жестовые аналоги 유사 몸짓
поклон 인사; *пожимать руку 2* 악수하다 2

⚏ Речевые аналоги 유사 언어
Благодарю! 감사합니다!

⚏ Другие номинации 다른 명칭
приложить руки ⟨руку⟩ к груди ⟨к сердцу⟩ 두 손⟨한 손⟩을 가슴⟨심장⟩에 대다

— *Крикните ему: "Приветствую вас, король вальсов!" Маргарита крикнула это. Человек от счастья вздрогнул и левую руку* **приложил к груди**, *правой продолжая махать оркестру белым жезлом* (М. Булгаков, Мастер и Маргарита);

— 그에게 외치세요: "왈츠의 왕, 당신을 환영합니다!" 마르가리타는 그렇게 외쳤다. 그 사람은 행복에 몸을 떨었다, 그리고 오른손으로는 계속 흰 지휘봉으로 오케스트라를 지휘하면서 왼손은 가슴에 얹었다.

Прокурорша улыбнулась еще нежней, потащила кредитку к себе и молвила музыкальным голосом: Бедные дети не забудут вашей щедрости. Ипполит Матвеевич издали **прижал руки к груди** *и поклонился на целый аршин глубже, чем кланялся обычно* (И. Ильф и Е. Петров, Двенадцать стульев).

검사의 부인은 더 부드럽게 미소를 짓고, 신용 카드를 잡아 당기고, 노래하는 것 같은 목소리로 말했다: 가난한 아이들은 당신의 관대함을 절대 잊지 못할 것입니다. 이폴리트 마트베예비치는 멀리서 그의 가슴에 손을 대고 보통 때보다도 더 깊게 고개 숙여 절했다.

— *Валико, иди к нам!* — *Никак не могу, дорогой,* — *сказал Валико и* **приложил руку к сердцу** (Ф. Искандер, Созвездие Козлотура).

— 발리코, 우리에게 와! — 결코 그럴 수 없어요, — 발리코는 말하고 손을 가슴에 얹고 감사를 표했다.

ПРИЛОЖИТЬ ПАЛЕЦ К ГУБАМ
손가락을 입술에 대다

часть тела 신체부위: *РУКА* 손

активный орган 능동 기관: *УКАЗАТЕЛЬНЫЙ ПАЛЕЦ* 검지

⊞ Физическое описание 신체 묘사

곧게 편 검지를 다문 입술에 댄다. 입술과 손가락이 십자가 모양이
되도록 유지한다. 나머지 손가락들은 구부린다. 이때 입술은 약간 앞으
로 당기듯 내밀고 눈은 약간 크게 뜨고 위를 향한다.

§ ПРИЛОЖИТЬ ПАЛЕЦ К ГУБАМ 1
손가락을 입술에 대다 1

⊞ Толкование 해설

X приложил палец к губам 1 (X는 손가락을 입술에 댔다 1) = '몸짓발신
자 X는 몸짓수신자 Y에게 그가 잠자코 있거나 조용히 말하기를 바란다

고 표시한다.'

‡ Звуковое сопровождение 음성 동반

Tc-c-c! 쉿! [동반되는 소리는 귓속말로 실행된다]

‡ Жестовые аналоги 유사 몸짓

замахать руками 양손을 흔든다

‡ Речевые аналоги 유사 언어

Тише! 조용해!; *Молчи!* 입 다물어!

‡ Другие номинации 다른 명칭

поднести ⟨приставить, прижать⟩ палец к губам. 손가락을 입술에
대다⟨놓다, 얹다⟩.

‡ Иллюстрации 예문

Иван без всякого испуга приподнялся на кровати и увидел, что на
*балконе находится мужчина. И этот мужчина, **прижимая палец к губам**,*
прошептал: Тссс! (М. Булгаков, Мастер и Маргарита);

이반은 전혀 놀라지 않고 침대에서 일어나서 발코니에 한 남자가 있
는 것을 보았다. 그러자 이 남자는 손가락을 입술에 대고 속삭였다: 쉬!

Натали (полушепотом): Ни о чем не думай, Лев, все будет хорошо.
*Гуревич пробует что-то сказать (**Прикладывает пальчик к губам**). Тсс...*
Все дрыхнут (Вен. Ерофеев, Вальпургиева ночь, или шаги Командора).

나탈리 (거의 귓속말로): 아무 것도 생각하지 마, 레프, 모든 것이 잘 될
거야. 구레비치는 뭔가를 말하려고 한다 (손가락을 입술에 댄다). 쉬... 모두
들 자고 있어요.

*— Генрих Яковлевич спит, — говаривала Лизочка, **приложив палец
к губам, и вся вспыхивая*** (О. Мандельштам).

— 겐리흐 야코블레비치가 자고 있어요, — 얼굴을 붉히며 손가락을
입술에 대고 리조츠카가 말했다.

Светозар Алексеевич спал, уронив усталую голову. --- *Ольга Сергеевна
поднесла палец к губам* (В. Дудинцев, Белые одежды).

스베토자르 알렉세예비치는 지친 머리를 떨어뜨리고, 잠을 잤다.
--- 올가 세르게예브나는 조용히 하라는 의미로 손가락을 입술에 댔
다.

§ *ПРИЛОЖИТЬ ПАЛЕЦ К ГУБАМ 2*
손가락을 입술에 대다 2

⁝ Толкование 해설

X приложил палец к губам 2 (X는 손가락을 입술에 댔다 2) = '몸짓발신
자 X는 몸짓수신자에게 어떤 정보가 비밀로 유지되어야 한다는 것을
표시한다.'

⁝ Условия употребления 사용 조건

해당 몸짓은 몸짓발신자가 어떠한 정보에 대해 몸짓수신자에게 알리
자마자 그가 이 정보를 제3자에게 발설할 의도가 생길 수도 있음을 계
산에 넣고 정보에 대한 비밀 유지를 부탁하는 상황에서 전형적으로 사
용된다.

⁝ Звуковое сопровождение 음성 동반

Тс-с-с! 쉬!

об этом ни слова 이에 대해 한 마디도 하지 마; *никому ни слова* 누구에게도 한 마디도 하지 마; *этого никому не говори* 아무에게도 말하지 마; *(об этом) молчок!* 이 일에 대해서 입 다물어!

‖ **Иллюстрации** 예문

*Только я сделал несколько шагов, как он снова окликнул меня. Я оглянулся. — Про пещеру пока молчи, — сказал он и **приложил палец к губам**. — Хорошо, — ответил я и быстро пошел в сторону кофейни* (Ф. Искандер, Созвездие Козлотура);

내가 몇 발짝 걸어갔을 때 그는 다시 나를 불러 세웠다. 나는 주위를 돌아보았다. — 동굴에 대해서 당분간 말하지 마, — 그는 손가락을 입술에 대면서 말했다. — 좋아요, — 나는 대답하고 급히 다방 쪽으로 걸어갔다.

*"Мне можно идти?" — спросил Перец. Менеджер страшно нахмурился, **прижал палец к губам**, а потом замахал на Переца рукой* (А. И Б. Стругацкие, Улитка на склоне).

"가도 괜찮아요?" — 페레츠가 물었다. 매니저는 무섭게 얼굴을 찡그리며, 손가락을 입술에 댔다, 그리고 페레츠에게 손을 내저었다.

*Однажды я чувствую, он стоит за мной, — продолжала она, — я не оборачиваясь, спрашиваю: "Вы не заберете Сашу?" Он молчит, ничего не отвечает. Я не выдержала, оглянулась, он **приложил палец к губам**, пятится от меня и пропал в толпе* (А. Рыбаков, Дети Арбата).

어느 날 나는 그가 내 뒤에 서 있다는 것을 느낀다. — 그녀는 계속했다, — 나는 돌아보지 않고 묻는다: "당신은 사샤를 안 데리고 가나요?" 그는 침묵을 지키며 아무 대답도 하지 않는다. 나는 참지 못하고, 뒤를 돌아보았다, 그는 손가락을 입술에 댔고, 나에게서 뒷걸음질 쳐서 군중 속으로 사라졌다.

*Я хочу туда–а, — пропела девочка на несуществующий мотив, — там–там, где боги и духи, там–там, живут на свободе... Мать дернула ее за руку, **приложила палец к губам** и, сделав страшные глаза, кивнула на толпу скорбящих* (В. Пелевин, Желтая стрела).

그곳~에 가고 싶어 — 소녀는 지어 낸 멜로디로 노래했다, 신들과 영혼이 있는 곳에, 자유롭게 살고 있는 그곳에... 어머니는 그녀의 손을 끌어당기고, (조용히 하라고) 입술에 손가락을 댔다, 그리고 무섭게 눈을 뜨고, 애도를 표하고 있는 군중들을 고개로 가리켰다.

ПРИСЕСТЬ НА ДОРОГУ, необиходн.
기도하기 위해서 길가에 앉다, 비통속.

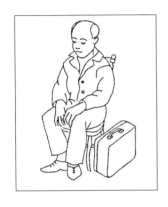

часть тела 신체부위: *КОРПУС* 몸체

активный орган 능동 기관: *КОРПУС* 몸체

⧚ Физическое описание 신체 묘사

몸짓발신자는 잠시 동안(약 1~2분 정도) 침묵하며 편한 자세로 앉아 있다가 단호하게 일어난다. 몸짓발신자가 두 다리를 앞으로 길게 펴는 다른 변형도 가능하다.

⧚ Толкование 해설

X присел на дорогу (X는 길가에 앉았다) = '몸짓발신자는 자신에게 매우 중요한 여행을 떠날 준비를 하면서 여행을 성공적으로 마치기를 원한다, 그리고 성공적인 여행은 강한 의지에 달려있다고 전제하면서 그는 앞으로 있을 여행에 자신의 의지와 생각을 집중하고 자신을 보호해 줄 강한 힘을 기원한다.

⧚ Условия употребления 사용 조건

이 몸짓은 의례적인 성격을 지니고 있다. 이 몸짓은 짐 꾸리기와 여행의 마지막 채비를 이미 마친 여행 떠날 사람이 출발하기 전에 자신의 집 현관 바로 앞에서 본능적으로 실시한다. 만약 배웅자가 있으면 그들도 여행을 떠날 사람과 함께 잠시 앉는다. 이러한 경우 배웅하는 사람은 여행 떠날 사람이 일어난 다음에 즉시 일어난다.

몸짓발신자를 배웅하는 사람의 입장에서는 다음과 같은 약간 다른 방식의 몸짓 해석이 적용될 수 있다: '가까운 사람이 의미 있는 여행을 계획하고 있고 이 여행을 성공적으로 하려는 것을 알고 있다, 그리고 성공적인 여행은 강한 의지력에 달려 있다고 전제하면서, 여행자에 대해서 사랑으로 생각하고 그를 도와 줄 강한 힘을 진정으로 기원한다.' 여행자에 대해서 배웅자는 자신의 기도의 힘으로 그의 여행이 무사하고 만족스럽게 되기를 원한다. 배웅자는 여행자의 행복한 여행을 기원할 뿐만 아니라 그가 내적으로 길 떠날 준비가 완비되는 순간을 기다린다. 바로 이러한 이유로 배웅자는 항상 여행자가 먼저 일어난 다음에 일어나는 것이다.

이 몸짓을 행할 때 몸짓발신자들은 자신에게 몰입한다. 그 어떤 것도 몸짓발신자가 정신적으로 몰입하는 것을 방해하지 않도록 모든 외부 영향력을 배제한다. 몸짓은 정적이 흐르고 소란스럽지 않은 적절한 외부 환경을 요한다. 해당 몸짓은 오래 전부터 기도문 낭독을 병행하면서 실시되어 왔다.

보통 외국으로 출국하거나 군에 입대할 경우나 또는 중요한 출장을 떠나는 경우처럼 원거리 여행의 어렵거나 위험한 길에 오를 때 본 몸짓을 행한다.

몸짓을 실시하기 직전 몸짓발신자는 함께 모여 있는 사람들에게 다음과 같은 문구들을 사용하면서 이 몸짓을 실시하기 위해 잠시 앉기를 제안하고 몸짓의 종결을 표시한다: *"Присядем на дорожку ⟨дорогу, перед дорогой!⟩* 여행을 떠나기 전에 길가에⟨길에, 여행에 앞서⟩ 앉자! "; *"Ну, все ⟨ладно⟩* 자, 됐어⟨좋아⟩ "; *"Пора!* 이제 시간이 되었어 "; *"Я пошел ⟨поехал⟩* 시간 됐어⟨난 이제 간다⟩ "; *"Двинулись ⟨пошли, отправились⟩* 움직이자⟨가자, 출발하자⟩ "

⚉ Жестовые аналоги 유사 몸짓

перекрестить⟨ся⟩ 성호를 그어 축복하다; *хлопнуть по колену 2* 무릎을 치다 2

⚉ Другие номинации 다른 명칭

присесть ⟨сесть⟩ на дорожку 여행 출발 전에 앉다; *присесть ⟨сесть⟩ перед дорогой* 여행 떠나기 전에 앉다

⚉ Иллюстрации 예문

— *Ну, молодцы, родимые, с богом?* — *сказал-спросил горбун.* — **Присядем на дорожку**, *за удачей двинулись мы... Все* **присели**, *а горбун сказал:* — *Верю я, будем нам удача* — *по святому делу пошли, друга из беды вызволять* (А. Вайнер и Г. Вайнер, Эра милосердия).

— 자, 여보게, 젊은이들, 하나님과 함께? — 곱사등이가 말했고 요청했다. — 길 떠나기 전에 앉읍시다 ... 모두 앉았다. 그러자 곱사등이가 말했다: — 난 믿어요. 우리는 성공할 거라고 — 왜냐하면 친구를 불행에서 구출하려는, 신성한 일을 하기 위해 출발했으니까.

Филат, Филат! — *позвали они дворника.* — *Филат, проводи нас, голубчик, в "Черногорию". ... Спаси тебя Христос. Ну,* **присядем на прощание**, *и с Богом* (Б. Пастернак, Доктор Живаго).

필라트, 필라트! — 그들은 청소부를 불렀다. — 필라트, 우리를 데려가 줘, "체르노고리야 호텔로". ... 그리스도가 너를 구원하기를. 자, 작별하기 전에 잠시 앉자, 하나님과 함께 하기를.

*Ну, --- на дорожку... * **Посидели немного**, *поднялись. — До свиданья, отец, спасибо. Давай* (В. Шукшин, Охота жить).

자, --- 길 떠나기 전에... 그들은 잠시 앉았다가 일어섰다. — 아빠, 안녕히 계세요, 고마워요. 갑시다.

ПРИЩУРИТЬСЯ

실눈을 뜨다

часть тела 신체부위: *ГОЛОВА* 머리
активный орган 능동 기관: *ГЛАЗА* 눈

⁑ Физическое описание 신체 묘사

몸짓발신자는 의심쩍은 시선으로 상대대화자를 바라본다, 이 때 두 눈은 가늘게 뜬다.

⁑ Сопутствующие жесты 동반 몸짓

улыбка 미소; *подмигнуть* 눈짓하다

⁑ Толкование

X прищурился (X는 실눈을 떴다) = '몸짓발신자는 몸짓수신자가 모르는 어떤 것을 알고 있다. 그래서 마음속으로 그를 비웃고 있다.'

⁑ Однословная характеристика 일어 표현

УСМЕШКА 경멸적인 미소

⁑ Условия употребления 사용 조건

해당 몸짓은 중년보다 조금 더 나이 든 성인들, 일반적으로 교활하고 냉소적이며 자신을 경험이 풍부하다고 간주하는 사람들의 특징이다. 몸짓발신자는 위에서 아래로 몸짓수신자를 멸시적으로 바라본다. 해당 몸짓을 사용하는 가장 전형적인 상황은 다음과 같다: 나이가 더 많거나 경험이 더 풍부한 몸짓발신자는 몸짓수신자가 어떤 난처한 상태에 빠질 수 있다고 간주하고 그를 빈정거리거나 선의적으로 비웃는다.

⁑ Жестовые аналоги 유사 몸짓

щелкнуть по носу 코를 튕기다

⁑ Другие номинации 다른 명칭

прищурить глаза 실눈을 뜨다; *прищур* 실눈

⁑ Иллюстрации 예문

*Сердилась, отчитывала мама Лизу и вдруг **прищуривала** хитро глаз, и Лиза, только что обиженная, надутая, нахлобучивала отцовскую кепку и пускалась в дикий пляс* (Н. Кожевникова, Внутренний двор);

어머니는 화를 냈고 리자를 책망했다, 그리고 갑자기 의미심장하게 실눈을 떴다. 그래서 금방 모욕을 당했고, 뾰로통했던 리자는 아버지의 모자를 눌러쓰고, 기묘한 춤을 추기 시작했다.

*Умный коренастый блондин Щур хитро **прищурился** и подмигнул собеседникам куда-то на северо-восток* (М. Булгаков, Белая гвардия).

영리하고 다부진 체격의 금발머리 슈르는 음흉하게 실눈을 뜨고 어딘지 북동쪽의 대화자들에게 윙크했다.

*Манюся **прищурила** глаза и показала ему кончик языка, потом засмеялась и ушла* (А. Чехов, Учитель словесности).

마뉴샤는 실눈을 하고 그에게 혀끝을 내밀었다, 그리고 웃으면서 나 갔다.

*Когда Нина спросила, кто дает ей заграничные патефонные пластинки, нагло **прищурилась*** (А. Рыбаков, Дети Арбата).

니나가 그녀에게 외국의 레코드판을 누가 주냐고 물었을 때, 그녀는 뻔뻔스레 실눈을 떴다.

*Я видел, как "следователь" смотрит на меня **с прищуром**, ждет реакции* (Ф. Незнанский, Э. Тополь, Журналист для Брежнева).

나는 "수사관"이 실눈을 뜨고 나를 바라보며 반응을 기다리는 것을 보았다.

ПРОВЕСТИ РУКОЙ ПО ГОРЛУ
손으로 목에 선을 긋다

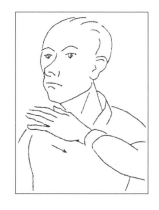

часть тела 신체부위: *РУКА* 손
активный орган 능동 기관: *ЛАДОНЬ* 손바닥
пассивный орган 수동 기관: *ШЕЯ* 목

▓ Физическое описание 신체 묘사

몸짓발신자는 손을 펴고 그 손의 능선을 사용하여 엄지손가락 쪽에서 그 손의 어깨 쪽으로 곧게 세워 마치 목을 자르려고 하는 것처럼 목을 가로지른다. 이와 동시에 머리는 반대편으로 돌려진다. 목은 앞쪽으로 당겨진다. 이 몸짓을 행할 때 눈은 위쪽으로 치켜뜨며, 눈썹도 약간 올라간다. 해당 몸짓의 기저에는 두 종류의 은유가 깔려 있는데, 하나는 포만감에 대한 은유로 몸짓발신자는 어떤 물질이 너무 많아 목까지 가득하다는 것을 표시한다. 다른 하나는 몸짓발신자의 단호한 움직임은 어떤 상황을 더 이상 참을 의도가 없다는 그의 결단성을 보여주면서, 마치 선을 긋는 것과 같은 그의 결심을 표시한다.

▓ Толкование 해설

X провел рукой по горлу (손으로 목에 선을 그었다) = '몸짓발신자 X는 어떤 상황 P가 여러 차례 일어났거나, 어떤 대상 P가 대량으로 발생하고 있다고 지적한다; 어떤 대상이나 상황 P는 X에게 매우 성가신 것이

며 그는 더 이상 P가 발생하는 것을 결코 원하지 않는다.'

ⅲ Однословная характеристика 일어 표현

НАДОЕДАТЬ 싫증나다 / ДОСТАВАТЬ 충분하다 / ПРЕВЫШАТЬ МЕРУ 정도를 초과하다

ⅲ Условия употребления 사용 조건

이 몸짓은 어떤 행동 P나 또는 대상 P와 연관된 어떤 행동을 실현시키고자 하는 몸짓수신자의 요청이나 제안에 대한 응답으로 비공식적인 친교의 상황에서 가장 빈번하게 사용된다. 선을 긋는 행동에서 몸짓은 지나치게 많은 분량만을 표시할 수 있다. 비교: *У него этих игрушек — во (жест)!* 그 아이에겐 장난감이 이렇게나 많아 — 보 (몸짓)!

ⅲ Звуковое сопровождение 음성 동반

Р мне уже во где сидит! P는 나에게 보 여기까지, 목까지 찼어!; *Во где ⟨как⟩!* 보 여기까지⟨이제 지겨워⟩!; *Во!* 보 됐어!

ⅲ Речевые аналоги 유사 언어

Сыт по горло! 가득 찼어!; *Хватит с меня этого Р!* P는 내게 충분해!

ⅲ Жестовый фразеологизм 몸짓 관용구

이 몸짓을 기저로 하여 관용적 표현 *Р по горло* — '*очень много*'가 형성된다. 비교: *дел ⟨хлопот, проблем, стирки⟩ по горло* 일 ⟨걱정거리, 문제, 세탁물⟩이 산더미처럼 많다.

ⅲ Иллюстрации 예문

*— Не могу, Анатолий Борисович, — сказал Дауге. — И все-таки я очень прошу вас, — еще мягче сказал Ермаков. Дауге молча **провел ребром***

ладони по горлу (А. и Б. Стругацкие, страна багровых туч).

— 아나톨리 보리소비치, 난 못해요, — 다우게가 말했다. — 저는 그래도 진정으로 당신에게 부탁합니다, — 더욱 부드럽게 에르마코프가 말했다. 다우게는 말없이 손의 능선으로 그의 목에 선을 그었다(거절했다).

*Марк ... пошел еще к директору издательства и попросил означить мое имя на обложке. Дескать, я активно помогал ему при сборе материалов, так что я — естественный соавтор. И деректор замечательно ему ответил. — Милый Марк, — сказал директор, — нам на обложке вот так хватит одного! — И выразительно **провел рукой по горлу** (И. Губерман, Наша поллинная жизнь).*

그리고 마르크는 ... 출판사의 부장에게 가서 책 표지에 내 이름을 넣도록 요구했다. 난 열심히 자료 수집을 하면서 그를 도왔다, 그러니까 당연히 나는 공동저자가 될 수 있다고 말했다. 그러나 부장은 멋지게 그에게 대답했다. — 친애하는 마르크 씨 — 부장이 말했다. — 표지에는 이 사람 하나로 충분합니다! — 그리고 강조하듯이 손으로 목에 선을 그었다.

*Я уже давно живу с другим человеком, а ты мне вот так... Она **проводит рукой по горлу** (Е. Кукаркин, Любой ценой).*

난 이미 오래전부터 다른 사람과 살고 있어, 그리고 넌 나에게 필요 없어... 그녀는 손으로 목에 선을 그었다.

*Петя Быстров --- **провел ладонью по горлу** и одними губами сказал: — Ох, и плохо же мне! (А. и Б. Стругацкие, Полдень, XXII век)*

페쨔 븨스트로프는 --- 손바닥으로 목에 선을 그었고 입술로만 말했다: — 오, 난 지금 최악이야!

РАЗВЕСТИ РУКАМИ
손을 벌려 보이다

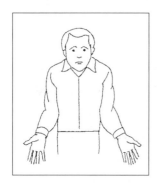

часть тела 신체부위: *РУКА* 팔
активный орган 능동 기관: *ЛАДОНЬ* 손바닥

⸬ Физическое описание 신체 묘사

몸짓발신자는 마치 그의 손에 아무 것도 없다는 것을 보여 주려고 하는 것처럼 펼친 손바닥의 내부 표면이 몸짓수신자에게 보이도록 양 옆으로 손을 벌린다.

⸬ Сопутствующие жесты 동반 몸짓

해당 몸짓은 몸짓 *пожимать плечами*(어깨를 으쓱 들어 올리다)와 함께 사용될 수 있다. 유감을 나타내는 표정도 역시 가능하다.

⸬ Толкование 해설

X развел руками (X는 양손을 벌려 보였다) = '몸짓수신자는 몸짓발신자 X가 어떤 좋은 방법으로 당면한 어려운 상황에 영향을 줄 수 있다고 기대하면서 몸짓발신자에게 호소했다; 몸짓발신자 X는 자신이 이것을 할 수 없다는 것을 알게 한다, 그리고 이에 대해 미안하게 생각한다는 것을 또는 몸짓수신자의 기대가 부적절하다는 것을 표시한다.'

⚄ Условия употребления 사용 조건

해당 몸짓은 몸짓발신자가 복잡한 상황을 변경시킬 수 있다고 몸짓수신자가 기대하는 경우에 전형적으로 사용된다. 이와 관련해서 몸짓발신자는 몸짓수신자가 기대하는 것과는 다른 감정과 견해를 지닐 수 있다. 어떤 면에서 몸짓발신자는 상황에 영향을 끼칠 힘이 없음을 유감스럽게 생각할 수 있다. 이 경우 그는 몸짓수신자에게 미안하게 생각한다. 또 다른 면에서 몸짓발신자는 몸짓수신자의 기대가 합당치 않다고 간주할 수 있고 그가 어떠한 근거에서 그러한 기대를 가질 수 있는지 의혹을 품을 수 있다.

후자의 경우에 해당 몸짓은 특히 몸짓 *пожать плечами*(어깨를 으쓱하다)와 연동해서 사용하는 것이 특징적이다. 이러한 전형적인 경우와는 별도로 해당 몸짓은 몸짓수신자가 어떠한 기대를 하고 있다는 것을 전제로 하지 않고 변질된 형태로 사용될 수 있다. 이러한 경우에 몸짓수신자는 단지 그가 발생하고 있는 상황에 영향을 미칠 힘이 없다는 것만을 나타낸다. 이렇게 변질되어 사용되는 경우에 해당 몸짓은 사물의 자연법칙 앞에서의 겸손을 표현할 수 있다.

⚄ Жестовые аналоги 유사 몸짓

махнуть рукой 2 체념하다 2; *пожать плечами* 어깨를 으쓱하다

⚄ Речевые аналоги 유사 언어

Ничем не могу помочь 도와줄 게 아무 것도 없어; *Ничего не поделаешь* 아무 것도 할 수 없어; разг.(회화) *Увы и ах!* 아 유감이야!

⚄ Иллюстрации 예문

*Положение наше печально и затруднительно, и я не знаю, как быть. Бегемот только горько **развел руками** и надел кепку на круглую голову, поросшую густым волосом, очень похожим на кошачью шерсть* (М.

Булгаков, Мастер и Маргарить);

우리의 상황은 매우 에치롭고 어렵다, 그리고 나는 어떻게 힐지를 모르겠다. 베게모뜨는 단지 고통스럽게 양 팔을 벌려 보이고, 고양이털을 닮은 숱이 많은 둥근 머리에 모자를 썼다.

*Ну, что же, теперь, я надеюсь, вы вспомнили мою фамилию? Но Степа только стыдливо улыбнулся и **развел руками*** (М. Булгаков, Мастер и Маргарита).

그럼, 지금은 내 성을 기억하겠지? 그러나 스테파는 단지 수줍게 미소를 지었고 두 손을 벌려 보일 뿐이었다.

*— Опять хороший способ, — сказал я, — Что делать? — **развел он руками.** — Но все же такой образ жизни имеет и теневые стороны, накладывает на человека свой отпечаток* (В. Аксенов, Пора, мой друг, пора).

— 이것도 좋은 방법이야, — 나는 말했다 — 무엇을 할 수 있겠어요? — 그는 두 손을 벌려 보였다. — 그러나 모든 그러한 생활 방식은 부정적인 측면도 지니고 있으며, 그것은 사람에게 자신의 자취를 남긴다.

СКЛОНИТЬ ГОЛОВУ, необиходн.
애도를 표하기 위해 고개를 숙이다, 비통속.

часть тела 신체부위: *ГОЛОВА* 머리
активный орган 능동 기관: *ГОЛОВА* 머리

⚜ Физическое описание 신체 묘사
몸짓발신자는 머리를 숙이고 서서 아래를 본다. 겸손과 애도를 표하는 태도를 취한다.

⚜ Сопутствующие жесты 동반 몸짓
обнажить голову 모자를 벗다

⚜ Толкование 해설
X склонил голову (X는 머리를 숙였다) = '몸짓발신자 X는 고인에 대해 생각하고 슬픈 감정을 느낀다.'

⁙ Условия употребления 사용 조건

해당 몸짓은 몸짓수신자가 관심을 가지고 있있던 사람의 무덤가에서 행해진다. 과거에는 해당 몸짓은 몸짓수신자가 고개를 숙인 다음 마음 속으로 기도문을 외우는 것을 전제로 했었다. 현재에는 몸짓수신자는 단순히 고인에 대한 생각과 회상에 잠길 수 있다.

⁙ Однословная характеристика 일어 표현

СКОРБЬ 애도

⁙ Звуковое сопровождение 동반 음성 표현

이 몸짓은 보통 말없이 침묵을 지키면서 수행된다.

⁙ Жестовые аналоги 유사 몸짓

закрыть лицо руками 2 얼굴을 가리다 2; *обнажить голову* 모자를 벗다

⁙ Иллюстрации 예문

*Они подняли тело межпланетника и осторожно положили его на пол. — Ну что ж, лучшего памятника, чем этот планетолет, для него не придумаешь. — Ермаков **склонил голову*** (А. и Б. Стругацкие, Страна багровых луч).

그들은 우주선의 몸체를 들어 올려서 조심스럽게 마루 위에 놓았다. — 그래, 그에게 이 우주선보다 더 좋은 기념비는 생각할 수 없어. — 에르마코프는 머리를 숙였다.

*Над прахом **головы склонив**,*

Вновь думать, кто же вместо них? (К. Симонов, Разведка).

유해 위에 머리를 숙이고,

다시 생각해 본다, 누가 그들을 대신할 것인가?

Экипаж из семи человек погиб. Эта скорбная весть молнией облетела Армению и вызвала первую волну скорби. Каждый армянин, --- низко **склоняет голову** *перед памятью новых жертв трагедии* (Уппсальский корпус).

일곱 명의 승무원이 사망했다. 이 슬픈 소식은 아르메니아에 순식간에 퍼져 최초의 애도의 물결을 일으켰다. 모든 아르메니아인들은 --- 새로운 비극의 희생자들을 추모하며 깊숙이 고개를 숙였다.

СМОТРЕТЬ В ОДНУ ТОЧКУ
한 곳을 응시하다

часть тела 신체부위: *ГОЛОВА* 머리
активный орган 능동 기관: *ГЛАЗА* 눈

⚏ Физическое описание 신체 묘사

몸짓발신자의 시선은 비교적 장시간 동안 공간의 한 지점을 바라본다. 몸짓발신자의 자세는 마치 굳어 버린 듯 움직임이 없다.

⚏ Толкование 해설

X смотрит в одну точку (X는 한 지점을 바라보고 있다) = 'X는 자신에게 몰두해서 긴장된 모습으로 어떤 상황 P에 대해 생각한다.'

⚏ Условия употребления 사용 조건

이 몸짓은 몸짓발신자가 어떤 생각에 깊이 몰두하고 있으며 그의 상태가 이성으로 조절될 수 없고 거의 병적인 상태에까지 이르렀음을 보여준다. 몸짓발신자는 외부세계와 완전히 단절된 것처럼 보인다. 이 몸짓은 특히 몸짓발신자에게 시련이 도래했거나 해결할 어떤 어려운 문제들이 있을 때 사용된다.

⁜ Однословная характеристика 일어 표현
ПОГРУЗИТЬСЯ В СЕБЯ 자신에게 몰두하다

⁜ Жестовые аналоги 유사 몸짓
закрыть лицо руками 2 얼굴을 손으로 가리다 2, *сощурить глаза* 눈살을 찌푸리다

⁜ Другие номинации 다른 명칭
глядеть ⟨уставиться⟩ в одну точку 한 곳을 응시하다⟨한 지점에 시선을 돌리다⟩; *устремить ⟨направить⟩ взгляд ⟨взор⟩ в одну точку* 한 곳에 시선⟨눈길⟩을 주시⟨집중⟩하다

⁜ Иллюстрации 예문

— *Он горестно уронил руки и застыл, глядя в однут точку перед собой.* (А. Кабаков, Последний герой);
— 그는 슬픔에 잠겨 두 팔을 늘어뜨리고 자기 앞의 한 지점을 바라보면서 움직이지 않았다.

Он сидел погруженный в себя, неподвижно глядел в одну точку, потом внезапно впадал в панику. (Ивонна Келс, Мать Давида С.; пер. Е. Любаровай)
그는 움직이지 않고 한 곳을 응시하며 자신의 생각에 잠겨 앉아 있다가, 갑자기 혼란 상태에 빠졌다.

Иван Иваныч сидел у себя в кабинете в большом кресле совершенно неподвижно и глядел в одну точку. (А. Чехов, Жена)
이반 이바늬치는 전혀 움직이지 않고 자신의 사무실의 커다란 안락의자에 앉아서 한 곳을 응시하고 있었다.

*Христофоров **смотрел** куда-то вдаль, **в одну точку.*** (Б. Зайцев, Голубая звезда)

호리스토포로프는 어딘지 멀리, 어느 한 지점을 응시했다.

"СТОП!"

"중지!"

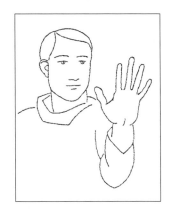

часть тела 신체부위: ***РУКА*** 팔

активный орган 능동 기관: ***РУКА*** 팔

⚒ **Физическое описание** 신체 묘사

활짝 편 손바닥과 손가락을 위로 들어 올려 몸짓수신자에게로 향한다. 몸짓발신자는 가볍게 팔을 펴고 상대를 향해 마치 그를 멈추게 하려는 듯한 행동을 한다. 강한 인상을 주기 위해서 몸짓을 몇 번 반복할 수 있고 두 손을 이용할 수도 있다.

⚒ **Толкование** 해설

X совершил жест "стоп" (X는 몸짓 "중지"를 수행했다) = '몸짓발신자 X는 무엇인가를 하고 있거나 하려고 준비하는 몸짓수신자를 제지한다.'

⚒ **Условия употребления** 사용 조건

해당 몸짓을 사용하여 상대의 말 흐름을 중단시킨다. 또한 이 몸짓은 신체 움직임을 중단시키기 위해서 사용될 수도 있다. 해당 몸짓은 몸짓수신자의 말이나 행동이 몸짓발신자에게 옳지 않거나, 쓸모가 없거나, 또는 경솔한 것으로 판단되었을 때 전형적으로 사용된다. 몸짓발신자는 대화 상황이 그가 원치 않는 방향으로 흘러가는 것을 저지한다. 몸짓발신자가 봄짓수신자의 관섬을 이미 다 이해했지만 자신의 입론올 주장하고 싶을 때에도 이 몸짓을 사용하는데, 이 경우에 몸짓발신자는 몸짓수신자가 자신의 견해를 듣고 나면 상황을 더 완전하고 정확하게 이해할 수 있을 것이라고 생각한다. 해당 몸짓은 몸짓수신자가 몸짓발신자와 동등한 지위이거나 더 낮은 지위일 때 사용된다.

⁞ Звуковое сопровождение 음성 동반

Стоп! 그만!; *Подожди!* 기다려!; *Погоди-погоди!* 좀 기다려!; *Будет!* 여기까지!; *Хватит!* 그만!; *Всё-всё-всё!* 이제 됐어!

⁞ Другие номинации 다른 명칭

해당 몸짓은 고정된 명칭을 가지고 있지 않다. 그러므로 텍스트에서 이 몸짓을 지칭하기 위해서 다양한 기술적 표현들이 사용될 수 있다. 예들 들어, *прервать ⟨остановить⟩ движением руки* (손의 움직임으로 중단시키다⟨멈추게 하다⟩); *движением руки предупредить реплику* (손의 움직임으로 답변을 저지하다) 등이 있다.

⁞ Иллюстрации 예문

Снова все встали, снова привычная овация, привычный гром аплодисментов, Сталин вышел на трибуну, движением руки прекратил аплодисменты, тихо заговорил (А. Рыбаков, Дети Арбата).

모두들 다시 일어났고, 다시 습관적으로 박수갈채, 습관적으로 우레와 같은 박수를 보냈다. 스탈린은 연단에 나왔고, 손을 들어 박수를 저지했다, 그리고 조용히 말하기 시작했다.

Сталин движением руки остановил его: — Политики всегда претендуют на власть (А. Рыбаков, Дети Арбата).

스탈린은 손을 움직여 그를 중지시켰다: — 정치가들은 항상 권력을 요구한다.

Когда секция построилась, ротмистр движением руки остановил Гая, подбежавшего с рапортом, подошел к строю вплотную и скомандовал: Надеть каски! (А. и Б. Стругацкие, Обитаемый остров)

그 섹터가 건설되었을 때 대장은 보고서를 가지고 달려온 가이를 손을 움직여서 제지했다, 그리고 대열로 다가가서 명령했다: 안전모를 쓰시오!

СТОЯТЬ С ПРОТЯНУТОЙ РУКОЙ

구걸하다

часть тела 신체부위: **РУКА** 팔

активный орган 능동 기관: **КИСТЬ** 손

ⅲ Физическое описание 신체 묘사

몸짓발신자는 팔꿈치를 약간 굽히고 손을 살짝 앞으로 손바닥을 위로 하여 내민다. 손바닥은 무엇인가를 얹어놓을 수 있도록 모양을 만들고 손가락은 모아서 약간 구부린다. 몸체는 인사하듯 약간 굽히고 머리는 가볍게 아래로 떨군다. 몸짓발신자의 자세와 얼굴은 공손함과 겸손을 나타낸다. 몸짓을 행할 때는 왼손을 주로 이용하고, 오른손은 감사의 뜻을 표하는 몸짓 — 성호를 긋기 위해 남겨 둔다. 이 몸짓은 보조물체를 사용할 수도 있는데, 그러한 경우에는 손을 아래로 내리고, 그 손에 폴리에틸렌 봉지나 돈을 담는 가방을 들 수 있다.

ⅲ Сопутствующие жесты 동반 몸짓

стоять на коленах 무릎을 꿇고 서다; *поклон* 경례

ⅲ Толкование 해설

X стоит с протянутой рукой (X는 손을 내밀고 서 있다) = '몸짓발신자 X는 구걸을 한다.'

⁘ Условия употребления 사용 조건

몸짓발신자는 보통 인적이 붐비는 공공장소에 자리하고 있다. 그 장소는 사원이나 묘지의 입구, 대중교통의 요지나 혼잡한 거리 등이 될 수 있다. 대체로 몸짓에 앞서 그가 구걸을 할 수 밖에 없는 자신의 상황에 대한 설명이 선행되거나 그 상황을 읽을 수 있도록 문서로 작성하여 보여주기도 한다. 이 호소문은 기억되기 쉽게 간단명료해야 하며, 구걸로 인해 끼치는 불편함에 대한 사죄와 건강과 행복을 기원하는 문구로 시작한다.

구걸하는 자는 대체적으로 사회적 지위가 낮거나 병자 또는 금전적인 도움이 시급한 극한상황에 놓여 있는 사람이며 노인이나 어린아이인 경우도 많다. 이들의 빈곤한 처지는 보통 겉으로 드러난 용모에 의해서 쉽게 증명된다. 몸짓발신자는 자신이 지원을 호소하는 모든 사람들이 부자라고 생각하고 자신의 낮은 사회적 지위를 더욱 강조한다. 호의를 베푸는 사람은 예의상 당시의 주머니 사정에 상응하는 만큼의 금액을 주는 것이 통례이다. 이 금액으로 인하여 구걸하는 자가 굴욕감을 느끼지 않도록 해야 한다.

구걸하는 자에게 금전을 희사할 때는 어떠한 언어적 표현을 동반하지 않는다. 그러나 구걸하는 자는 언어적 응답이 가능하다. 응답은 간결하며 표준적이고 의례적이다. 이것은 베푼 자와 그의 친척에 대한 감사와 건강과 행복의 의미를 담은 표현으로 "*Дай Вам Бог здоровья* (당신께 하나님이 건강을 주시기를 바랍니다)"; "*Благодарствую* (감사합니다)" 등이 있다. 구걸하는 자는 또한 스스로에게 성호를 긋거나(перекреститься сам) 베푼 자에게 성호를 그어 줄 수 있다(перекрестить).

⁘ Энциклопедические сведения 백과사전 정보

기독교에서 거지들은 도움을 줘야 하는 신이 보낸 사람으로 간주되기 때문에 이들이 간청할 때 거절하지 않는 것이 좋다.

⁂ Звуковое сопровождение 동반 음성

Подайте, Христа ради! 제발, 도와주세요!; *Подайте, люди добрые!* 자비로우신 분들이여, 도와주세요!

해당 몸짓과 함께 동반되는 표현은 특유의 애원하고 간청하는 음색을 지닌다.

⁂ Жестовые аналоги 유사몸짓

встать на колени 무릎을 꿇고 서다; *приложить руку у груди* 손을 가슴에 대다; устар.(사어) *кланяться* 간청하다

⁂ Речевые аналоги 유사말

спец.(전문) *Помогите на что-л.* 도와주세요.

⁂ Другие номинации 다른 명칭

просить милостыню ⟨подаяние⟩ 동냥⟨적선⟩을 청하다

⁂ Жестовый фразеологизм 몸짓 관용구

стоять с протянутой рукой (손을 내밀고 서 있다) — 'быть вынужденным просить кого-либо о чем-либо и тяготиться этим состоянием (어쩔 수 없이 ~에게 ~를 요청할 수밖에 없으며 이 상황이 매우 고통스럽다).'

⁂ Иллюстрации 예문

*"Христа ради! — шептала она, **протягивая руку**, — вы тоже проси-*
ли меня — я не отказала... помните? Подайте и мне" (И.А. Гончаров, Обрыв);

"제발! — 그녀는 손을 내밀며 속삭였다, — 당신도 제게 요구했잖아요. — 그때 전 거절하지 않았어요 ... 기억하시죠? 제게도 적선해 주세요."

*Жена его расстреляна в казахстанском лагере, мать **просила подаяние** на астраханских улицах и умерла* (А. Солженицин, Архипелаг ГУЛАГ).

그의 아내는 까작스딴스크의 진영에서 총을 맞았다, 어머니는 아스트라한스크 거리에서 구걸하다가 사망했다.

*[Он] теснит старушек, торгующих яблоками у метро, музыкантов в подземном переходе, нищенку, **просящую подаяния*** (Архив НГ).

[그는] 지하철 역 근처에서 사과를 파는 노인들, 기차역 네거리에서의 음악가들, 적선을 청하는 여자거지들을 압박한다.

СХВАТИТЬСЯ ЗА ГОЛОВУ
머리를 감싸다

часть тела 신체부위: **РУКА** 팔
активный орган 능동 기관: **КИСТЬ** 손
пассивный орган 수동 기관: **ГОЛОВА** 머리

⚏ Физическое описание 신체 묘사

몸짓발신자는 양손으로 머리를 감싸 안는다. 보통 손바닥으로 머리를 에워싸듯이 머리의 뒤통수나 양 옆 부분을 쥔다. 이 몸짓은 두통이 생길 때 통증을 완화시키기 위해 취하는 신체적 행위에서 비롯되었다.

⚏ Сопутствующие жесты 동반 몸짓

만약 몸짓발신자가 공포나 두려움 또는 절망과 같은 부정적 감정을 강하게 느끼는 경우라면, 이 몸짓에 머리나 몸통 전체를 흔드는 동작이 수반될 수 있다. 당혹감에 싸이거나 망연자실하는 상황에서는 머리를 흔드는 행위만을 사용할 수 있다.

⁞⁞ Толкование 해설

X схватился за голову (от Y) (X는 Y 때문에 머리를 감쌌다) = 'X는 어떤 상황 Y를 매우 좋지 않다고 인식하며, X는 현재 당면한 상황을 어떻게 해결해야 할 지 난감하다, 따라서 부정적인 감정을 강하게 느낀다.'

⁞⁞ Однословная характеристика 일어 표현

УЖАС 두려움 / ОТЧАЯНИЕ 절망 / РАСТОЯННОСТЬ 곤혹

⁞⁞ Условия употребления 사용 조건

이 몸짓은 몸짓발신자가 자신이 어느 정도 연루되었다고 간주하는 상황 Y에 대한 예상하지 않은 새로운 정보를 알게 되었을 경우에 가장 전형적으로 사용된다. 그 다음으로 자주 사용되는 상황은 몸짓발신자가 자신에게 정당하지 않고 돌이킬 수 없다고 판단되는 어떤 일을 했다는 것을 갑자기 이해하고 자각하는 경우이다. 이 몸짓은 표현성이 풍부하며 주로 성인들에 의해 실시된다. 이 몸짓의 표현성은 종종 몸짓발신자의 행동에 약간의 연극성, 과장성을 부여하면서 보충적이고 실제적인 느낌을 자아낸다.

⁞⁞ Другие номинации 다른 명칭

сжать ⟨стиснуть, обхватить⟩ голову руками 머리를 손으로 조이다⟨쥐다, 껴안다⟩; *браться за голову* 머리를 부여잡다; устар.(사어) *схватить себя за голову* 머리를 감싸다

⁞⁞ Жестовый фразеологизм 몸짓 관용구

хвататься за голову 머리를 감싸다. 비교: *Чему ж вы радуетесь? От таких известий впору за голову хвататься* ['*сильно расстраиваться, приходить в ужас*']. 낭신은 무엇이 그렇게도 기쁜가요? 그러한 소식들에 머리를 부여잡을 수밖에 없어요. [크게 실망하다, 공포에 빠지다]

*Литвинов долго не сводил глаз с карточки, потом тихонько ее отодвинул и снова **схватился** обеими **руками за голову**. Все кончено!* — *прошептал он, наконец* (И.С. Тругенев, Дым);

리트비노프는 오랫동안 카드로부터 눈을 떼지 않다가, 조용히 그것을 옆으로 밀어냈다. 그리고 다시 양손으로 머리를 움켜쥐었다. 모든 것이 끝났어! — 그는 결국 그렇게 속삭였다.

*Я поглядел налево: там также было написано "...". Боже, я **схватился за голову** и вернулся в вагон, и снова онемел и заметался...* (Вен. Ерофеев, Москва – Петушки);

나는 왼쪽을 바라보았다: 거기에도 역시 쓰여 있었다 "...". 맙소사, 나는 머리를 감싸 안고 열차 안으로 돌아왔다, 그리고 다시 벙어리가 되고 몸부림쳤다.

*Из зеркала глядело на меня лицо со сморщенным лбом, оскаленными зубами и глазами, в которых читалось не только беспокойство, но и задняя мысль. Я **схватился за голову**, понял, что зеркало меня подвело и обмануло, и бросил его на пол* (М. Булгаков, Театральный роман).

거울 속에서는 주름진 이마와 이빨을 드러내고 있는, 그리고 불안뿐만 아니라 음흉한 생각도 읽을 수 있는 눈을 가진 얼굴이 나를 바라보고 있었다. 나는 머리를 움켜쥐고, 거울이 나를 곤경에 빠뜨렸으며 속였다는 것을 깨닫고, 그것을 바닥에 내동댕이쳤다.

ТОЛКНУТЬ В БОК
옆구리를 쿡 찌르다

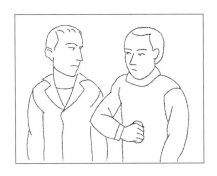

часть тела 신체부위: *РУКА* 팔
активный орган 능동 기관: *ЛОКОТЬ* 팔꿈치

⸙ Физическое описание 신체 묘사

몸짓발신자는 강하지 않게 몸짓수신자의 옆구리를 팔꿈치로 찌른다. 이 몸짓은 보통 제3자의 주목을 끌지 않게끔 비밀스럽게 사용된다.

§ ТОЛКНУТЬ В БОК 1 옆구리를 쿡 찌르다 1

⸙ Сопутствующие жесты 동반 몸짓

подмигнуть 윙크하다; *поднять бровь* 눈썹을 치켜 올리다

⸙ Толкование 해설

X толкнул Y-a в бок 1 (X는 Y의 옆구리를 쿡 찔렀다 1) = '몸짓발신자 X는 상황 P에 대한 정보가 몸짓수신자 Y에게 중요할 것이라고 간주하면서 Y의 관심을 상황 P나 또는 대상 P에게로 돌리게 한다.'

ⅲ Условия употребления 사용 조건

이 몸짓은 주로 남성 2인에 의해서 가장 많이 사용된다. 이 몸짓은 대체로 몸짓발신자와 몸짓수신자는 매우 친밀한 사이이며 공통의 목적을 가지고 있거나 또는 몸짓발신자는 몸짓수신자의 목적을 잘 알고 있으므로 그들은 한마디 말만으로 서로를 이해한다는 것을 보여준다.

ⅲ Жестовые аналоги 유사 몸짓

указать глазами 눈으로 가르키다

ⅲ Речевые аналоги 유사 언어

разг.(회화) *Видал?* 봤어?; *Понял?* 이해했어?; *Смотри!* 저것 좀 봐!

ⅲ Другие номинации 다른 명칭

пихнуть ⟨ткнуть⟩ в бок 옆구리를 밀치다⟨찌르다⟩

ⅲ Иллюстрации 예문

*Один из них поймал взгляд Андрея, поспешно отвел глаза и **толкнул** другого в бок* (А. и Б. Стругацкие, Град обреченный);

그들 중의 한 사람은 안드레이의 시선을 느끼고, 그는 급히 눈길을 돌리며 다른 사람의 옆구리를 꾹 찔렀다.

*Завидев вдалеке голубое платье Марины, Пашка **толкнул** меня **в бок** и быстро потащил на другую сторону улицы* (Л. Владимиров, Тяжба).

멀리서 마리나의 하늘색 옷을 보고, 빠쉬카는 내 옆구리를 찌르고 나를 길 건너편으로 황급히 끌고 갔다.

*Анна Николаевна торопилась за нами. Оборачиваясь, я ловил ее улыбку, **тыкал** Вовку Крошкина **в бок** и приговаривал: — Постой-ка, брат мусью!*

(А. Лиханов, Крутые горы)

안나 니콜라예브나는 급히 우리 뒤를 따라 왔다. 돌아보면서 나는 그녀의 미소를 느꼈고, 보브카 크로쉬킨의 옆구리를 찌르고 말했다: ─ 멈춰요, 형씨!

§ *ТОЛКНУТЬ В БОК 2* 옆구리를 쿡 찌르다 *2*

⁂ **Толкование** 해설

X толкнул Y-а в бок 2 (X는 Y의 옆구리를 쿡 찔렀다 2) = '몸짓발신자 X는 몸짓수신자 Y가 규정 P에 따라 행동해 줄 것을 다른 사람들이 눈치 채지 않게 호소한다.'

⁂ **Условия употребления** 사용 조건

이 몸짓은 몸짓발신자가 몸짓수신자에게 예법을 준수할 것을 권고하는 상황에서 가장 전형적으로 사용된다. 몸짓발신자는 적당히 힘을 실어서 쿡 찌르는 행동을 하며 즉시 "몸짓수신자가 알아채기"를 원한다.

⁂ **Жестовые аналоги** 유사 몸짓

наступить на ногу под столом 식탁 밑에서 발을 밟다

⁂ **Речевые аналоги** 유사 언어

Прекрати! 그만 해!; *Веди себя прилично!* 똑바로 행동해!

⁂ **Другие номинации** 다른 명칭

пихнуть 〈ткнуть, двинуть, садануть〉 в бок 옆구리를 밀치다〈찌르다, 밀다, 때리다〉

🎜 Иллюстрации 예문

Она была очень красивая в черном платье с белым воротником и все
*время **толкала** меня **в бок**, чтобы я не хохотал слишком громко* (А. и
Б. Стругацкие, Путь на Амальтею).

흰 칼라가 달린 검은 옷차림의 그녀는 매우 아름다웠다 그리고 내가
너무 큰 소리로 호호대지 않도록 내 옆구리를 줄곧 찔러댔다.

Маргарита смотрела, как Бегемот намазывает горчицей устрицу.
*— Ты еще винограду сверху положи, — тихо сказала Гелла, **пихнув в***
***бок** кота* (М. Булгаков, Мастер и Маргарита);

마르가리따는 베게모트가 굴에 겨자를 바르는 것을 바라보았다. —
너는 포도도 위에 놓아라, — 겔라가 조용히 고양이의 옆구리를 찌르면
서 말했다.

*Он зевнул, **ткнул** Быкова **в бок**, хихикнул: — Чего уставился, Алексей?*
(А. и Б. Стругацкие, Страна багровых туч).

그는 하품을 하고 뷔코프의 옆구리를 꾹 찌르며 낄낄대며 웃었다: —
알렉세이, 넌 나를 왜 빤히 바라보는 거야?

Все трое присели, и все захихикали. — Эк его разбирает! — говорил
Егорка, — врезамшись, должно быть, в Веру Васильевну ... Пелагея
ткнула** его кулаком **в бок (И.А. Гончаров, Обрыв).

세 사람은 모두 자리에 앉아서, 낄낄대며 웃었다. — 에이 그는 어쩔
수가 없어! — 에고르까가 말했다, — 아마도 베라 바실리예브나에게
홀딱 반했어... 뻴라게야는 그의 옆구리를 주먹으로 찔렀다.

x

ТОПНУТЬ НОГОЙ

발을 구르다

часть тела 신체부위: *НОГА* 다리
активный орган 수동 기관: *НОГА* 다리

‖ Физическое описание 신체 묘사

몸짓발신자는 한쪽 발을 단호하게 한번 구른다. 몸체는 단정하게 똑바로 세운다. 부수적으로 단호하지만 강하지 않게 머리를 위로 하는 움직임이나(вскинуть голову를 참고) 턱을 앞으로 내미는 행위가 가능하며 몸짓수신자를 향해 악의적이거나 도발적인 시선을 보내기도 한다.

‖ Сопутствующие жесты 동반 몸짓

нахмурить брови 눈썹을 찌푸리다

‖ Толкование 해설

X топнул ногой (X는 발을 굴렀다) = 'X는 상황 P가 일어나기를 간절히 바란다. 그러나 X가 생각하기에 바람직하지 못한 환경이 상황 P의

실현을 방해하여 P는 일어나지 않는다. X는 상황 P의 실현을 위한 현실적인 방안이 없다는 것을 깨닫고, X는 그 때문에 짜증이 난다. X는 상황 P의 실현에 반대되는 다른 모든 사정들 보다 그 자신의 소망이 더 중요하므로 상황 P는 반드시 실현되어야 한다는 견해를 몸짓수신자에게 표시한다.'

ⅲ Условия употребления 사용 조건

특히 몸짓발신자가 원하는 상황이 몸짓수신자 측의 저지로 실현되지 않을 때 주로 사용된다. 해당 몸짓의 행위자로는 변덕스러운 아이나 또는 여성이 전형적이다.

이 몸짓은 희망과 현실의 충돌로 야기된 몸짓발신자의 흥분은 그의 내면상태를 이미 언어가 아닌 행동으로 표출해야만 하는 국면에까지 이르렀음을 표시한다. 정서적인 불안을 나타내는 몸짓으로서의 *топнуть ногой*는 공식적인 상황에서는 일반적으로 사용되지 않는다. 총괄적으로 해당 몸짓의 사용은 에티켓 규범에 의해 질책을 받기도 한다.

ⅲ Однословная характеристика 일어 표현

КОНФЛИКТ 충돌 / ЗЛОСТЬ 악의 / УПРЯМСТВО 완고 / КАПРИЗ 변덕

ⅲ Жестовые аналоги 유사 몸짓

ударить кулаком по столу 주먹으로 탁자를 치다; *хлопнуть дверью* 문을 쾅 닫다

ⅲ Речевые аналоги 유사 언어

А я хочу〈буду, не стану〉 P! 난 P를 원해〈하겠어, 하지 않겠어〉!

해당 몸짓에 동반되는 언어 표현으로 *все равно* 마찬가지야; *все-таки* 어쨌든과 같은 유형의 요소들이 있다.

▓ Иллюстрации 예문

Я никогда, никогда больше не встречу никого! — всхлипывала она. — *Это останется со мной на всю жизнь.* — *Встретишь...* — вяло возразил я. — *Не смей так говорить!* — **топнула** она **ножкой**. *С трудом удалось ее успокоить* (А. Житинский, Дитя эпохи);

나는 절대로 어느 누구도 더 이상 만나지 않을 거야! — 그녀는 흐느꼈다. — 내가 살아 있는 동안 그럴 거야. — 너는 만나게 될 거야... — 나는 희미하게 반대했다. — 넌 감히 그렇게 말하지 마! — 그녀는 발을 굴렀다. 가까스로 그녀를 진정시켰다.

Я не умею говорить, но если мы не будем покоряться... Лаврецкий стиснул руки и **топнул ногой** (И.С. Тургенев, Дворянское гнездо);

난 말할 줄 몰라, 그러나 우리가 만약 복종하지 않는다면... 라브레츠키는 손을 꽉 조이고 발을 굴렀다.

Что с вами? — спросил, нахмурившись, Ратмиров. *Ирина продолжала хохотать.* — *Да что такое?* — повторил он и **топнул ногой** (И.С. Тургенев, Дым).

무슨 일이예요? — 라트미로프는 눈살을 찌푸리며 물었다. 이리나는 계속 깔깔대며 웃었다. — 그래 무슨 일이냐고요? — 그는 반복하며 발을 굴렀다.

УДАРИТЬ КУЛАКОМ ПО СТОЛУ
주먹으로 탁자를 치다

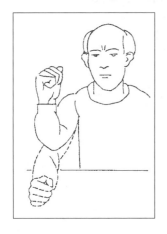

часть тела 신체부위: *РУКА* 팔
активный орган 능동 기관: *КУЛАК* 주먹

⧉ Физическое описание 신체 묘사

몸짓발신자는 주먹으로 세게 큰 소리가 나도록 책상의 표면 같은 편편한 물체의 수평면을 친다. 주먹은 보통 수직으로 놓는다. 변형도 가능한데, 이 경우엔 손바닥을 펴고 두 손바닥으로 한 번 또는 연속적으로 치는 행위를 수행할 수 있다. 몸짓을 행하는 순간 몸짓발신자는 단호하게 일어날 수 있다.

⧉ Толкование 해설

X ударил кулаком по столу (X는 주먹으로 탁자를 쳤다) = '몸짓발신자 X는 몸짓수신자의 어떤 행위 또는 현재 처한 상황으로 인해 격노하며 자신의 분노를 나타내고 몸짓수신자의 이러한 행위를 멈추거나 또는 상황을 변경하기를 요구한다.

⁝ Условия употребления 사용 조건

몸짓 *ударить кулаком по столу*는 몸짓발신자의 인내심이 한계에 달했으며 결정적인 행동을 원하지 않는 다소 수동적인 관망으로부터 상황을 변경하거나 중단하는 결정적인 행동으로의 급격한 전환을 표시한다. 이 몸짓은 사교적 관계에 있어서 몸짓발신자가 상대방보다 권위가 우월하다는 것을 증명한다. 몸짓발신자는 몸짓수신자와 비교하여 더 높거나 동등한 사회적 지위를 지니고 있다. 해당 몸짓은 일반적으로 남성들에 의해 사용된다.

⁝ Однословная характеристика 일어 표현

ЯРОСТЬ 격노 / ГНЕВ 분노

⁝ Жестовые аналоги 유사 몸짓

хлопнуть дверью 문을 쾅 닫다; *топнуть ногой* 발을 구르다

⁝ Речевые аналоги 유사 언어

Хватит! 그만!; *Не позволю!* 안 돼!; *Молчать!* 입 닥쳐!; *Отставить!* 그만해!

⁝ Другие номинации 다른 명칭

треснуть 〈*стукнуть, хватить, трахнуть, ахнуть, жахнуть, грохнуть*〉 *кулаком по столу*. 주먹으로 탁자를 때리다〈두드리다, 후려치다, 쾅 치다, 강타하다, 힘껏 때리다, 쿵 내려치다〉.

⁝ Иллюстрации 예문

*Я тебя прошу в моем доме никогда не **стучать кулаком** по столу. Мне это неприятно. Кроме того, у меня соседи, мне перед ними неудобно: раньше муж на меня **стучал кулаком**, теперь брат* (А. Рыбаков, Дети Арбата);

내가 너에게 부탁하는데, 내 집에서 절대로 주먹으로 책상을 치지 마. 난 이런 것이 불쾌하거든. 그 외에도 내겐 이웃이 있고, 그 사람들이 내겐 편하지 않아: 전에는 남편이 나를 향해 주먹으로 탁자를 쳤는데, 지금은 동생이 그렇게 하는군.

— *Юра, что ты говоришь? Он* **ударил кулаком по столу**, *заорал: — Я знаю, что я говорю!...* (А. Рыбаков, Дети Арбата);

— 유라, 무슨 말을 하는 거야? 그는 탁자를 주먹으로 내리치고 큰 소리로 외쳤다: — 나는 내가 무슨 말을 하는지 알고 있어!...

Генерал набычился так, что можно было бы и испугаться, но мужики вокруг стола, наоборот, засмеялись. Генерал **треснул по клеенчатой столешнице кулаком**: — *И не хрена ржать!* (А. Кабаков, Сочинитель)

장군은 너무도 얼굴을 찡그렸기 때문에 놀랄 정도였다, 그러나 반대로 탁자 주위에 앉아 있는 남자들은 웃기 시작했다. 장군은 비닐 식탁보가 깔린 탁자를 주먹으로 내리쳤다: — 그리고 바보스럽게 웃지 마!

Федя! — воскликнула она испуганно. Но щупленький Федя Долгов впал в непривычное буйство. Раскраснелся, пристукнул кулаком по столу: *— Не останавливай меня, все равно скажу* (Н. Кожевникова, Внутренний двор).

페쟈! — 그녀는 깜짝 놀라서 외쳤다. 그러나 보잘것없는 페쟈 돌고프는 평소와는 달리 난폭했다. 얼굴을 붉히고, 테이블을 주먹으로 쳤다: — 나를 말리지 마, 어쨌든 말하겠어.

УДАРИТЬ СЕБЯ ПО ЛБУ
자신의 이마를 때리다

часть тела 신체부위: *РУКА* 팔

активный орган 능동 기관: *КИСТЬ* 손

пассивный орган 수동 기관: *ГОЛОВА* 머리

⚎ Физическое описание 신체 묘사

몸짓발신자는 주먹이나 손바닥으로 이마를 때린다. 해당 몸짓의 기저에는 벌(наказание)을 의미하는 은유가 담겨있다.

⚎ Толкование 해설

X ударил себя по лбу (X는 자신의 이마를 때렸다) = '몸짓발신자 X는 우둔하게 행동했다는 것을 불현듯 깨닫고 자신에게 화를 낸다.'

⚎ Жестовые аналоги 유사 몸짓

хлопнуть по колену 2 무릎을 치다 2; *хлопнуть себя по лбу 2* 자신의 이마를 때리다 2; *покрутить пальцем у виска* 손가락을 관자놀이에 대고 돌리다; *постучать себя по лбу* 자신의 이마를 때리다

⚎ Речевые аналоги 유사 언어

Идиот! 백치!; *Как же я мог!* 어떻게 내가 그랬을까!; *Черт возьми!* 제기랄!

⁂ Другие номинации 다른 명칭

шлепнуть 〈стукнуть, треснуть〉 себя по лбу 자신의 이마를 두드리다〈때리다, 치다〉; *хлопнуть себя по лбу 1* 자신의 이마를 때리다 1

⁂ Иллюстрации 예문

*А ты звал ее на мазурку? — Нет еще... — Смотри, чтоб тебя не предупредили... — В самом деле? — сказал он, **ударив себя по лбу** (М. Ю. Лермонтов, Герой нашего времени);*

그런데 넌 그녀에게 마주르카를 추자고 요청했어? — 아니, 아직... — 이거 봐, 넌 선수를 빼앗기지 않도록 조심해... — 정말? — 자신의 이마를 때리고 그가 말했다.

*Тут я **хлопнул себя по лбу**. — Елки-палки! Значит, все мои киберы были в полном порядке! (А.Б. Стругацкие, Малыш).*

그 때 나는 자신의 이마를 두드렸다. — 아 짜증 나! 모든 나의 사이버네틱스 기계들이 완벽하단 말이지!

*В комнате у Барабаша Юрковский вдруг **хлопнул себя по лбу**. — Растяпа, — сказал он. — Я забыл камни на столе у управляющего (А. и Б. Стругацкие, Стажеры).*

바라바쉬의 방에서 유르코프스키는 갑자기 자신의 이마를 때렸다. — 바보 같아, 사무주임 탁자에 난 돌들을 두고 왔어. — 라고 그가 말했다.

*Юрковский вдруг яростно **хлопнул себя по лбу**. — Что с тобой? — встревоженно спросил Дауге. — Дьявольщина!... Я забыл электобритву в гостинице (А. и Б. Стругацкие, Страна багровых туч).*

유르코프스키는 갑자기 화를 내며 자신의 이마를 때렸다. — 너 무슨 일이야? — 다우게가 물었다. — 젠장, 망했군!... 나 호텔에 전기면도기를 두고 왔어.

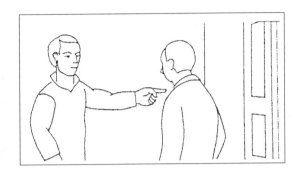

часть тела 신체부위: *РУКА* 팔

активный орган 능동 기관: *КИСТЬ* 손

░ Физическое описание 신체 묘사

몸짓발신자는 몸짓수신자를 정면으로 보며 팔을 똑바로 뻗어 준엄하게 집게손가락으로 출입구 방향을 가리킨다. 이와 동시에 머리의 움직임도 같은 방향으로 할 수 있다. 이 때 몸짓발신자는 몸짓수신자가 나갈 때까지 이 동작을 유지하고 있다. 만약 문이 닫혀 있다면 몸짓을 행하기 직전에 직접 몸짓발신자가 다가가서 문을 활짝 열어 줄 수 있다.

░ Сопутствующие жесты 동반 몸짓

нахмурить брови 눈썹을 찌푸리다

░ Толкование 해설

X указывает Y-у на дверь (X는 Y에게 문을 가리킨다) = '몸짓발신자 X는 몸짓수신자 Y의 어떤 행동 때문에 매우 격분하여 앞으로는 그가

자신과 동일한 장소에 함께 있기를 원하지 않으며 그에게 나가 줄 것을 명령한다는 것을 나타낸다.'

⁞⁞ Условия употребления 사용 조건

몸짓 *указывает на дверь*는 사용 빈도수가 점점 줄어들고 있다. 현재는 누군가를 문 밖으로 내쫓으면서 언어적 형태만을 사용하는 경우가 더 많다. 이 몸짓의 사용은 몸짓발신자가 몸짓수신자를 몰아낸 그 공간을 자신의 영역으로 생각한다는 것을 시사한다. 따라서 어떤 주택의 거주자나 사실의 주인으로부터 비록 높은 사회적 지위를 가진 인물이라 할지라도 자신의 영역이 아닌 장소의 체류권을 박탈하기 위해서 해당 몸짓을 사용할 수 없다. 몸짓발신자는 대체로 분노, 격분과 같은 매우 강한 부정적인 감정을 느낀다. 따라서 일반적으로 이 몸짓과 함께 동반되는 음성은 격앙된 어조로 발성되는 경우가 많고, 몸짓발신자의 얼굴은 창백하거나 또는 반대로 얼굴이 붉어지고 실눈 뜨기(суженные глаза)와 같은 위에서 언급한 감정의 징후적인 현상들이 나타날 수 있다.

⁞⁞ Однословная характеристика 일어 표현

ВЫГНАТЬ 추방하다

⁞⁞ Звуковое сопровождение 동반 음성 표현

Вон! 저리 나가!; *Позвольте Вам выйти вон!* 꺼져 줄래!

⁞⁞ Жестовые аналоги 유사 몸짓

отвернуться 단교하다; *отпрянуть* 껑충 뛰어 비키다

⁞⁞ Речевые аналоги 유사 언어

Убирайтесь! 물러가시오!; устар.(사어) *С глаз ⟨долой⟩ моих!* 내 눈 앞에서 사라져⟨꺼져⟩!; *Чтобы духа твоего здесь больше не было!* 여기

에 네 모습이 없길 바란다!

⚊ Другие номинации 다른 명칭

показывать на дверь 나가라고 문을 가리키다

⚊ Энциклопедические сведения 백과사전 정보

해당 몸짓은 집 또는 장소를 거절하는 상황에서 사용되었다. 몸짓수신자는 그 장소에서 떠나야 했을 뿐만 아니라 차후 그 장소에 나타날 수 있는 권리까지 빼앗겼다.

⚊ Иллюстрации 예문

*Обломов поклонился иронически Захару и сделал в высшей степени оскорбленное лицо. — Помилуйте, Илья Ильич, разве я равняю вас с кем-нибудь? ... — С глаз долой! — повелительно сказал Обломов, **указывая рукой на дверь*** (И.А. Гончаров, Обломов);

오블로모프는 자하르에게 비꼬듯이 절을 하고 최고로 모욕당한 얼굴 표정을 지었다. — 살려주세요, 일리야 일리이치, 제가 정말로 감히 당신을 어떤 다른 사람과 똑같이 취급하겠습니까? ... — 눈앞에서 꺼져! — 손으로 방문을 가리키며 오블로모프는 명령하듯 말했다.

*Он пересчитал деньги, записал в бланк, дал расписаться. И положил в стол. Квитанцию вам принесут. Он **показал на дверь*** (А. Рыбаков, Дети Арбата).

그는 하나하나 돈을 세어 보았고, 서식 용지에 기입하고 서명했다. 그리고 책상 속에 넣었다. 당신에게 영수증을 가져 올 겁니다. 그는 나가라고 방문을 가리켰다.

Антон Петрович ... быстро шагнув к двери, завопил ... — Убирайтесь

вон *сию минуту, убирайтесь из дому!* (В. Набоков, Подлец)

안톤 페트로비치 ... 문 쪽으로 빠르게 걸어가서, 고함치기 시작했다.... — 당장 나가, 집에서 꺼져!

СТОЯТЬ РУКИ В БОКИ обиходн.
양손을 옆 허리에 대다, 통속.

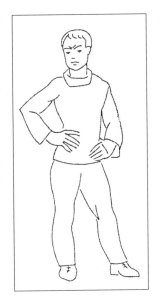

часть тела 신체부위: *КОРПУС* 몸체
активный орган 능동 기관: *РУКА* 팔
пассивный орган 수동 기관: *КОРПУС* 몸체

⫶ Физическое описание 신체 묘사

몸짓발신자는 몸짓수신자를 도전하거나 위협하는 듯한 얼굴로 바라보면서 빠르고 강한 동작으로 주먹이나 손바닥을 옆 허리에 댄다. 이때 팔꿈치는 양 측면으로 향하게 하거나 약간 뒤로 가게 하고, 몸통은 몸짓수신자 방향으로 향하며 다리는 넓게 벌린다.

⫶ Толкование 해설

X встал руки в боки (양손을 옆 허리에 댔다) = '몸짓발신자 X는 몸짓수신사 Y에게 그의 행동 때문에 화가 났으며 그를 벌할 준비가 되어 있음을 보여준다.'

⫸ Условия употреблени 사용 조건

이 몸짓은 몸짓수신자에 대한 몸짓발신자의 권위적이고 지배적인 관계를 나타낸다. 이 자세는 몸짓수신자와의 관계에 있어서 몸짓발신자의 도전을 표시한다. 종종 몸짓발신자는 이 몸짓에서부터 시작해서 손가락으로 *위협을 하거나(погрозить пальцем)* 주먹으로 *위협하는(показать к улак)* 등과 같이 더 강도 높은 위협적인 몸짓으로 발전시킬 수 있다. 음성을 동반할 때에는 단호하고 위협적인 목소리를 전제로 한다.

⫸ Онословная характеристика 일어 표현

УГРОЗА 위협

⫸ Жестовые аналоги 유사 몸짓

погрозить пальцем 손가락으로 위협하다

⫸ Речевые аналоги 유사 언어

разг.(회화) *Я тебя ⟨те⟩ задам ⟨дам⟩!* 널 그냥 두지 않을 거야!; *Ах, ты...* 아, 너...; разг.(회화) *Ну, погоди!* 기다려! *Ты у меня дождешься!* 바로 기다려!; *Это кто тут хулиганит?!* 누가 망나니 짓 하는 거야?!

⫸ Другие номинации 다른 명칭

упереть руки в боки 허리에 팔을 받치다

⫸ Иллюстрации 예문

— *Но расскажите же! Я знать должен,* — горестно возопил Швондер, *вздымая в воздух свою суковатую палку, будто хотел ударить ею Дарью. Дарья повернулась,* **уперла руки в бока.** — *Ничего я тебе не скажу, хрыч старый!* — прокричала она в лицо Швондеру. (А. Житинский, Внук доктора Борменталя);

— 그러나 말 좀 해 줘요! 난 알아야겠어요, — 슈본데르는 마치 지팡이로 다리야를 때리려고 하는 것처럼, 자신의 옹이가 있는 지팡이를 허공에 들어 올리며, 슬프게 고함질렀다. 다리야는 돌아서서 허리에 손을 댔다. — 너에게 아무 말도 하지 않겠어, 영감쟁이야! — 그녀는 슈본데르 얼굴에 대고 외쳤다.

*"Нет", сказал Максим, и сейчас же тетка за барьером ужасно заорала, затрясла щеками, и тогда Максим, наконец, признался: "Не понимаю". Тетка выскочила из-за барьера, ни на секунду не переставая кричать, подлетела к Максиму, встала перед ним, **уперев руки в бока**, и все вопила, а потом схватила его за одежду и принялась грубо шарить по карманам.* (А. и Б. Стругацкие, Обитаемый остров)

"아니요", 막심은 말했다, 그러자 아주머니는 장막 뒤에서 끔찍하게 소리를 지르며 얼굴을 떨었다, 그리고 그때 막심은 드디어 인정했다: "난 이해할 수 없어요." 아주머니는 장막에서 뛰어나와, 잠시도 멈추지 않고 외쳐대며 막심에게로 돌진하여 그의 앞에 섰다, 그리고 손을 옆구리에 대고 계속 고함을 쳤다, 그 다음 그의 옷자락을 붙잡고 호주머니를 더듬더듬 거칠게 뒤지기 시작했다.

*В лаборатории имел место скандал. В кресле Бегемота за столом Бегемота сидел незнакомый человек с квадратным шелушащимся лицом и красными отечными глазами. Бегемот стоял перед ним, расставив ноги, **уперев руки в бока** и слегка наклонившись. Он орал. Шея у него была сизая, лысина пламенела закатным пурпуром, изо рта далеко летели брызги.* (А. и Б. Стругацкие, Обитаемый остров)

실험실에서 소동이 일어났다. 베게모트 테이블의 팔걸이의자에는 피부가 벗겨진 사각진 얼굴과 부어오른 붉은 눈을 지닌 어떤 낯선 사람이 앉아있었다. 베게모트는 양 발을 벌리고, 허리에 손을 대고 몸을 약간

굽히고 그의 앞에 서있었다. 그는 소리를 질렀다. 그의 목은 회청색이
었고, 벗겨진 머리는 노을빛과 같은 보라색으로 불타올랐고, 입에서 침
거품이 튀어 멀리까지 날아갔다.

*А ты бы помолчала, Люська! — Сима, обвязанная по пояс тельняшкой,
подошла ко мне и* **уперла руки в бока.** *— Ты бы уж лучше не чирикала,
а то вот расскажу твоему Эдику про твоего Витеньку, а твоему Витеньке
про твоего Герочку, а про длинного из Петровского порта забыла?* (В.
Аксенов, Апельсины из Марокко)

류시카, 넌 좀 조용히 해 줄래! — 해군복 셔츠를 허리에 동여 맨 시
마는 나에게 다가와서 허리에 손을 얹었다. — 넌 나불대지 않는 것이
좋을 거야, 안 그러면 너의 에딕에게 너의 비텐코에 대해서, 너의 비텐
코에게 너의 게로치에 대해서 말하겠어, 페트로프스크 항구에서의 키
가 큰 사람에 대해서 잊었어?

УСТАВИТЬСЯ, прост.

응시하다, 구어.

часть тела 신체부위: *ГОЛОВА* 머리
активный орган 능동 기관: *ГЛАЗА* 눈

⚹ Физическое описание 신체 묘사

몸짓발신자는 비교적 장시간 어떤 물체를 끊임없이 응시한다. 몸짓
발신자의 머리는 약간 앞으로 내밀어 진다.

⚹ Толкование 해설

X уставился на Y (X는 Y를 응시했다) = '어떤 물체 또는 인물 Y가 그
의 특징 또는 움직임으로 몸짓발신자 X를 매우 놀라게 했기 때문에 X
는 Y로부터 눈을 뗄 수가 없다.'

⚹ Условия употребления 사용 조건

어떤 대상을 향한 높은 관심은 그것을 소유하고 싶은 소망으로 해석
될 수 있다. 사람을 장시간 바라보는 시선은 상대를 불쾌하게 할 수 있
다. 그러므로 에티켓 규정은 Y가 어떤 인물이거나 타인에게 속해 있는
물건일 경우에는 해당 몸짓의 사용을 자제하도록 권고한다. 만약 그 대
상이 사람일 경우에 해당 몸짓의 사용은 몸짓발신자가 문화적 수준이
낮거나 교양이 부족한 사람이라는 것을 말해 준다. 몸짓발신자가 몸짓

수신자를 *뚫어지게 바라보면*(*уставился на*) 그는 이 몸짓이 불쾌하다는 것을 표시하고 무례한 회화체 어투로 '*뭘 봐?*(*Чего уставился?*)'라고 말함으로써 그 몸짓을 멈추게 할 수 있다.

해당 몸짓은 어리둥절한 상황에 처했을 때 사용하는 것이 특징이다. 이 경우에 몸짓발신자는 오랫동안 몸짓수신자나 대상 물체를 바라보면서 일어난 상황을 파악하고 이해하려고 노력한다. 몸짓 *уставиться*는 몸짓발신자에 대해서 지적 능력이 낮고 우둔한 사람이라는 인상을 형성해 줄 수 있다.

⁂ Однословная характеристика 일어 표현
УДИВЛЕНИЕ 놀라움 / НЕДОУМЕНИЕ 의혹

⁂ Жестовые аналоги 유사 언어
сделать большие глаза 눈을 크게 뜨다; *вытаращить глаза* 눈을 휘둥그렇게 뜨다

⁂ Другие номинации 다른 명칭
уставить взгляд на что-л ~에 시선을 고정하다; *уходящ.*(고어) *вперить взгляд* 주시하다

⁂ Иллюстрации 예문
Кто готовил этот обед? — спросил Быков. Он оглядел всех и снова **уставился на** *кастрюльки* (А. и Б. Стругацкие, Путь на Амальтею);
누가 이 점심식사를 준비했어? — 븨고프가 물었다. 그는 모두를 바라보고 다시 냄비를 응시했다.

Валенки, — монотонно ответил Най и, скосив глаза к носу, посмотрел туда, где находились носки его сапог. — Как? — не понял генерал и *удивленно **уставился на** полковника. — Валенки сию минуту давайте* (М. Булгаков, Белая гвардия);

발렌키를 주세요, — 나이는 단조로운 목소리로 대답했다, 그리고 코쪽으로 눈길을 돌려서, 그 쪽을, 그의 장화의 앞부리가 있던 곳을, 바라보았다. — 뭣이라구? — 장군은 이해하지 못하고 놀래서 대령을 응시했다. 발렌키를 당장 주십시오.

*Глаза у него были круглые, он не отрываясь смотрел на Виктора. Виктор спросил хрипло: — Ну, чего **уставился**?* (А. и Б. Стругацкие, Гадкие лебеди)

그의 두 눈은 휘둥그레졌고, 그는 눈을 떼지 않고 빅토르를 바라보았다. 빅토르는 쉰 목소리로 물었다: — 글쎄, 넌 왜 날 째려보냐?

*Наташа, забыв про валяющееся на полу мятое платье, подбежала к трюмо и жадными, загоревшимися глазами **уставилась на** остаток мази.* (М. Булгаков, Мастер и Маргарита)

나타샤는 바닥에 널려있는 구겨진 옷가지에 대해 잊어버리고서, 거울로 달려갔다 그리고 탐욕스럽게 불타는 눈으로 남은 고약을 응시했다.

ХЛОПНУТЬ ПО КОЛЕНУ
무릎을 치다

часть тела 신체부위: **РУКА**

активный орган 능동 기관: **КИСТЬ**

пассивный орган 수동 기관: **КОЛЕНО**

§ *ХЛОПНУТЬ ПО КОЛЕНУ 1* 무릎을 치다 *1*

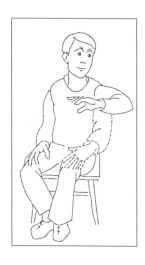

⠿ Физическое описание 신체 묘사

몸짓발신자는 앉아서 손바닥으로 무릎을 날쌔게 스치듯이 치거나 주먹으로 자신의 무릎을 탁 친다.

⠿ Толкование 해설

хлопнуть по колену 1 (무릎을 치다 1) = '몸짓발신자 X는 어떤 상황 P를 상당 시간 동안 서둘지 않고 이해하거나 상기하려고 노력했다; 갑

자기 X는 P에 대해서 알아내고 기억했다.'

‖ Жестовые аналоги 유사 몸짓

Поднять вверх указательный палец 검지를 위로 올린다; *ударить себя по лбу* 자신의 이마를 친다

‖ Другие номинации 다른 명칭

Стукнуть ⟨хватить⟩ кулаком по колену. 주먹으로 무릎을 치다⟨후려 치다⟩.

‖ Иллюстрации 예문

... Планк, — сказал я, чтобы не запутывать Симаковского. Симаковский задумался. Он пошевелил губами, произнося про себя трудную фамилию. Потом он хлопнул рукой по колену. — Бланк! — сказал он (А. Житинский, Дитя эпохи);

플랑크, — 나는 시마코프스키를 헷갈리지 않게 하기 위해 말했다. 시마코프스키는 생각에 잠겨 있었다. 그는 마음속으로 어려운 성을 발음해 보면서 입술을 움직였다. 다음에 그는 손으로 무릎을 탁 쳤다. — 블랑크! — 그는 말했다.

Туго соображающий Лесник со скрипом копался в волосах, отвесив нижнюю губу. Видно было, как идея медленно доходит до него, он часто заморгал, оставил в покое шевелюру, оглядел всех просветлевшим взглядом и, оживившись, хлопнул себя по коленям (А. и Б. Стругацкие, обитаемый остров);

생각이 느린 레스닉은 버스럭 소리를 내며 머리카락을 헤집었고, 아랫 입술을 내밀었다. 생각이 천천히 그에게 다가오고 있음이 분명했다, 그는 눈을 자주 깜빡거렸고, 숱이 많은 머리를 그대로 내버려 두고, 밝아진 눈빛으로 주위를 둘러보았다, 그리고 생기에 차서 자기 무릎을 탁 쳤다.

*Ты совершенно права, они женщины Мариано. Или, чтобы быть точнее, Мариано принадлежит им. Он весело **хлопнул** себя **по колену**, затем повернувшись к самой высокой из женщин — той, которая высказалась лишь однажды, — и спросил: Почему бы тебе не рассказать ей о нас?*
(Ф. Доннер, Жизнь в сновидении; пер. с англ.)

네가 전적으로 옳아, 그들은 마리아노의 여자들이야, 아니 더 정확하게 말하자면, 마리아노가 그들에게 속해 있어. 그는 쾌활하게 자기 무릎을 친 다음, 언젠가 한번 말을 나누었던, 여인들 중에서 가장 키가 큰 여성에게 돌아섰다, — 그리고 물었다: 너는 우리에 대해서 그녀에게 말하면 좋았을 텐데 왜 말하지 않았어?

§ *ХЛОПНУТЬ ПО КОЛЕНУ 2* 무릎을 치다 2

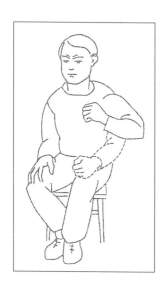

⠿ **Физическое описание** 신체 묘사

몸짓발신자는 앉아서 손을 들어 올린다, 그리고 손바닥이나 주먹으로 자기의 무릎을 힘차게 내리친다. 무릎을 친 다음, 몸짓발신자는 일어나서 어디론가 향한다.

⧣ **Толкование** 해설

X хлопнул по колену 2 (X가 무릎을 쳤다 2) = '몸짓발신자 X는 어떤 행동 P를 실행할 것이라는 각오를 표현한다.'

⧣ **Условия употребления** 사용 조건

해당 몸짓은 보통 다음과 같은 상황에서 사용된다: 몸짓발신자가 선행하던 상황 P를 중단하고 싶지 않을 때나(예를 들면, 손님으로 초대받은 자리에서 떠나고 싶지 않을 때), 또는 몸짓발신자가 P를 하고 싶지 않을 때에 그는 무릎을 탁 친 다음, 한계를 설정하여 결정을 내리는 것처럼 선행상황 P를 종결한다는 것을 의미한다.

⧣ **Однословная характеристика** 일어 표현

РЕШИМОСТЬ 각오

⧣ **Жестовые аналоги** 유사 몸짓

махнуть рукой 2.2 체념하다 2.2; *резко встать* 급하게 일어나다

⧣ **Иллюстрации** 예문

*Он долго курил, пил мутный чай, рассматривая клеточки на старой скатерти. Прошло с четверь часа или около того, ... наконец он **хлопнул** себя **по колену**, поднялся и двинулся к выходу* (А. Паншин, Обряд перехода).

그는 오래된 식탁보에 있는 십자수를 바라보면서, 오랫동안 담배를 피우고 탁한 차를 마셨다. 약 15분 정도 흘러갔을 것이다, ... 드디어 그는 자신의 무릎을 탁 치고, 일어나서 출구를 향해 움직였다.

*Отец горестно крякнул, **хлопнул** себя **по колену** и потянулся за курткой*

(Л. Владимиров, Тяжба).

아버지는 비탄에 잠겨 탄식하고, 자신의 무릎을 탁 치고, 손을 뻗어 재킷을 집었다.

ЩЕЛКНУТЬ ПО НОСУ, шутл.
코를 튕기다, 농담.

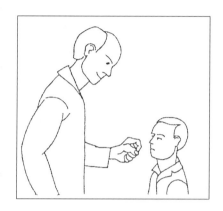

часть тела 신체부위: *РУКА* 팔
активный орган 능동 기관: *КИСТЬ* 손
пассивный орган 수동 기관: *НОС* 코

⸭ Физическое описание 신체 묘사

몸짓발신자는 검지나 중지를 구부려 엄지손가락에 붙인다. 손가락을 힘을 주어 펴면서 몸짓수신자의 코끝에 닿게 한다. 이 때 가볍게 '팅'하는 소리가 난다. 몸짓발신자가 곧게 편 검지로 상대방의 코끝의 옆이나 또는 위에서 아래로 때리는 변형도 가능하다. 이 때 몸짓발신자의 행위는 어떤 경우에도 상대방에게 고통을 느끼게 하지 않는다.

⸭ Толкование 해설

X щелкнул Y-a по носу (X가 Y의 코를 튕겼다) = '몸짓발신자 X는 몸짓수신자 Y에게 그가 자신의 능력을 과대평가하고 있다는 것을 표시한다'.

⠿ Условия употребления 사용 조건

해당 몸짓은 보통 어린아이를 향해 성인들이 사용한다. 몸짓발신자는 몸짓수신자를 어린아이처럼 대한다. 몸짓수신자가 보다 더 어른스럽고 보다 더 강하게 보이고 싶어 한다는 것을 알고서 몸짓발신자는 몸짓수신자에게 그의 행동들은 그의 능력에 부합되지 않는다, 그래서 저절로 미소를 머금게 한다는 것을 표시한다. 몸짓은 "*저지하는(сдерживающая)*" 역할을 수행한다: 몸짓발신자는 마치 몸짓수신자가 그의 연령층에 어울리는 자연스런 행동으로 돌아가도록 촉구하는 듯하다.

⠿ Жестовые аналоги 유사 몸짓

Потрепать по голове 머리를 치다; *стряхнуть пыль с ушей* 귀에서 먼지를 털다; *надуть щеки* 볼을 부풀게 하다

⠿ Речевые аналоги 유사 언어

Цыц, малявка ⟨козявка⟩! 쉿 그만 둬, 애송이⟨피도 안 마른 것⟩!; *Ша! 입 닥쳐!; Не зарывайся!* 분수없게 덤비지 마!

⠿ Иллюстрации 예문

Она ... много с себе думает, первой умницей себя, кажется, считает. ... Но ведь это, говорит, пройдет; это там, в институте, да дома легко прослыть умницею-то, а в свете, как раз да два **щелкнут** *хорошенько по курносому* **носику**-*то, так и опустит хохол* (Н.С. Тургенев, Накануне).

그녀는 ... 너무 우쭐댄다, 자신을 가장 현명한 여자로 생각하는 것 같다. ... 그러나 실제로 이런 현상은 지나갈 거라고 말한다; 대학교와 가정에서는 현명한 여자로 쉽게 이름을 떨칠 수 있다, 그러나 세상에서는 매부리코를 한두 번 튕겨주면 즉시 머리를 숙이게 된다.

*Я ожидал того, что он **щелкнет** меня **по носу** этими стихами и скажет: "Дрянной мальчишка ...", — но ничего такого не случилось; напротив, когда все было прочтено, бабушка сказала: "Charmant", и поцеловала меня в лоб* (Л.Н. Толстой, Детство. Отрочество, Юность).

나는 이러한 시들로 인해 그가 내 코를 튕기고 이렇게 말할 거라고 기대했었다: "가엾은 애송이 ... ", — 그러나 그러한 사태는 전혀 일어나지 않았다; 반대로 모두 다 읽었을 때 할머니가 말씀하셨다: "훌륭하구나", 그리고 내 이마에 입을 맞추셨다.

*Господа! — сказал он, это ни на что не похоже. Печорина надо проучить! — Эти петербургские слетки всегда зазнаются, пока их не **ударишь по носу**!* (М.Ю. Лермонтов, Герой нашего времени)

여러분들! — 그가 말했다, 이런 경우가 생기면 안 됩니다. 페쵸린에게 따끔한 맛을 보여 줘야 합니다! — 이러한 페테르부르크의 애송이들은 그들의 코를 납작하게 해 줄때까지는 항상 너무 우쭐댑니다!

얼굴표정 단위의 사전 항목의 모형

ОБРАЗЕЦ СЛОВАРНОЙ СТАТЬИ МИМИЧЕСКОЙ ЕДИНИЦЫ

우리는 마지막으로 구체적인 감정의 하나인 '공포(страх)'를 느낄 때 인간의 표정이 어떻게 반응하는지에 대해서 종합적 기술을 시도한 실험적인 사전 항목으로 독자들을 인도하고자 한다. 텍스트에 기술된 모든 몸짓의 항목들은 공포의 증후적 현상이다; 텍스트에서 그들의 명칭과 만날 때 독자들은 정확하게 그 명칭을 해당 감정과 연관시켜야 한다.

СТРАХ (лицо выражает 'страх')
공포 (얼굴이 '공포'를 표현한다)

﹟ Физическое описание 신체 묘사

사람이 두려움을 느낄 때는 무엇보다도 동공이 확대되고 눈이 휘둥그레지며 시선은 경직된다. 얼굴빛은 창백해지고 표정은 경직되며 일그러진다. 입은 약간 벌어지고 이마에서는 식은땀이 날 수 있다.

﹟ Сопутствующие жесты 동반 몸짓

사람들은 어떤 무서운 것을 보게 되면 보통 본능적으로 피하고 뒤로 물러서게 되며 무엇인지에 바짝 기대고 숨게 된다. 손으로 얼굴을 가리거나, 눈을 가늘게 뜨고, 손으로 쥘 수 있는 물체에 강하게 매달린다.

﹟ Звуковое сопровождение 음성 동반

이 몸짓은 사람에게 공기가 부족할 때처럼 공기를 흡입하는 소리를 수반할 수 있다. 그리고 공포를 의미하는 다양한 감탄사를 수반할 수 있다. 비교: *А!* 아!; *Ах!* 아이고!; *Боже!* 맙소사!; *Господи!* 젠장 야단났군!; *Ужас!* 끔찍하군!

﹟ Иллюстрации 예문

*Елена в ужасе **жмурилась**, жалась к значкам, братья опять вскрикивали "ну-ну", а Мышлаевский мертво храпел, показывая три золотых коронки* (М. Булгаков, Белая гвардия);

엘레나는 공포에 휩싸여 눈을 가늘게 뜨고, 휘장에 바짝 다가갔고 오빠들은 다시 '저~ 저~' 하고 소리를 질렀다, 그런데 믜이슐랍스키는 금으로 된 3개의 치관을 들어내고 죽은 듯이 코를 골고 있었다.

*Николка в ужасе прижался к стене и **уставился** на видение* (М. Булаков, Белая гвардия);

니꼴카는 공포감에 휩싸여 벽에 달라붙어 기댔고 허깨비를 응시했다.

*Она наполовину провалилась в эту стену и как в мелодраме, простирая руки, сияя **огромнейшими** от ужаса **глазами**, прокричала: — Офицер!* (М. Булгаков, Белая гвардия)

그녀는 거의 절반쯤 이 벽으로 떨어졌고 감상적인 통속극에서처럼 두 팔을 뻗치면서 공포로 인해 크게 뜬 두 눈을 번뜩이며 소리쳤다: — 장교님!

*Николкины **глаза выпятились** на Елену **в ужасе**, ему не хватало воздуху* (М. Булгаков, Белая гвардия).

니콜낀의 두 눈은 두려움에 사로잡혀 엘레나에게 고정되었고, 그는 숨이 부족했다.

*У него **просекся голос**, и он ничего не мог вымолвить, а только смотрел, выпучив глаза от ужаса* (Ф.М. Достоевский, Бесы).

그의 목소리는 중간에서 끊겼고 한 마디도 할 수가 없었다, 무서워서 눈을 휘둥그레 뜨고 단지 바라보기만 할 뿐이었다.

*Как раз в эту минуту кто-то хлопнул дверью, и я **вздрогнул** и громко крикнул от страха* (И. Бунин, У истока дней).

바로 그 순간에 누군가가 문을 두들겼고, 나는 무서워서 몸을 떨면서 큰 소리로 외쳤다.

***Широко раскрытыми глазами** он смотрел на меня, и лицо его было совсем **белое и окаменевшее** от ужаса* (А. и Б. Серугацкие, Хищные вещи века).

눈을 크게 뜨고 그는 나를 쳐다보았다, 그의 얼굴은 공포로 인해 아주 창백해 졌고 굳어졌다.

능동 및 수동 기관에 대한 색인
УКАЗАТЕЛЬ ПО АКТИВНОМУ И ПАССИВНОМУ ОРГАНУ

이 색인은 몸짓 의사소통에서 몸짓수신자들이 시각적인 표시에 따라 몸짓을 인식하고 식별할 수 있도록 도움을 주기 위해서 설계되었다. 첫 번째 열은 몸짓을 실현하는 신체부위와 기관에 대한 색인을 포함하고 있다. 두 번째 열에서는 몸짓이 실현되는 장소를 제공하는 수동적인 기관이 표시되어 있다. 세 번째 열에서는 몸짓의 명칭, 사전에서 그것이 위치하는 주소가 제공된다. 몸짓에서 이러한 수동 기관과 능동 기관의 결합이 유일한 것은 아니며, 오직 한 의미의 구체적인 몸짓을 표시하는 것은 아니다. 이것은 단지 검색 분야를 축소하는 것뿐이다.

능동 기관 АКТИВНЫЙ ОРГАН	수동 기관 ПАССИВНЫЙ ОРГАН	몸짓 ЖЕСТ
голова		*покачать головой*
голова		*склонить голову*
рука	голова	*обнажить голову*
рука	борода/подбородок	*поглаживать бороду*
голова		*отвернуться*
корпус		*отпрянуть*
корпус		*отшатнуться*
рука	корпус	*подбочениться*
глаза		*захлопать глазами*

язык	губы	*облизнуться*
нога		*топнуть ногой*
кисть	грудь	*бить себя в грудь*
кисть	лицо	*закрыть лицо руками*
кисть	уши	*заткнуть уши*
кисть		*"ищу третьего"*
кисть		*махнуть рукой*
кисть		*стоять с протянутой рукой*
кисть		*показать большой палец*
кисть		*показать кукиш*
кисть	лоб	*постучать себя по лбу*
кисть		*потирать руки*
кисть	голова	*почесать в затылке*
кисть	шея	*пощелкать по шее*
кисть	голова	*схватиться за голову*
кисть		*указывать на дверь*
кисть	колено	*хлопнуть по колену*
кисть	нос	*щелкнуть по носу*
кисть		*ударить кулаком по столу*
кисть	шея	*провести руками по шее*
кисть		*развести руками*
кисть	голова	*покрутить пальцем у виска*
рука		*голосовать*
рука		*ломать руки*
рука		*махнуть рукой*
рука		*поднять руку*
рука		*пожимать руку*
рука		*"стоп!"*
указательный палец		*поманить пальцем*
указательный палец	губы	*приложить палец к губам*

몸짓 의미의 일어 표현에 대한 색인
УКАЗАТЕЛЬ ПО ОДНОСЛОВНОЙ ХАРАКТЕРИСТИКЕ СЕМАНТИКИ ЖЕСТА

본 색인은 몸짓들의 의미의 선택된 구성분에 따라 몸짓의 검색을 실시할 수 있도록 하며 의사소통에서 어떤 의미를 표현하기 위해서 어떠한 몸짓들이 사용될 수 있는지의 질문에 대해 대답해 준다.

의미의 일어 표현 ОДНОСЛОВНАЯ ХАРАКТЕРИСТИКА СЕМАНТИКИ	몸짓 ЖЕСТ
бессилие	*ломать руки*
благодарность	*пожимать руку 2* *прижать руку к груди 2*
гнев	*ударить кулаком по столу*
восхищение	*показать большой палец*
вызов	*подбочениться 2*
задумчивость	*поглаживать бороду*
замешательство	*почесать в затылке*
каприз	*топнуть ногой*
негодование	*указывать на дверь*
неодобрение	*покачать головой 1*
одобрение	*показать большой палец*
осуждение	*покачать головой 1*

отвращение	*отпрянуть*
	отшатнуться
отчаяние	*ломать руки*
	схватиться за голову
поздравление	*пожимать руку*
приглашение	*пощелкать по шее*
превышать меру	*провести рукой по горлу*
надоедать	*провести рукой по горлу*
раздумья	*почесать в затылке*
растерянность	*схватиться за голову*
решимость	*хлопнуть по колену 2*
	махнуть рукой 2.2
скорбь	*обнажить голову*
	склонить голову
согласие	*голосовать 1*
сосредоточиться	*закрыть лицо руками 2*
сумасшествие	*покрутить пальцем у виска*
клясться	*бить себя в грудь*
угроза	*упереть руки в боки*
ужас	*схватиться за голову*
уйти в себя	*закрыть лицо руками 2*
безнадежность	*махнуть рукой 2.2*
злость	*топнуть ногой*
каприз	*топнуть ногой*
конфликт	*топнуть ногой*
мольба	*прижать руку к груди 1.1*
недоумение	*захлопать глазами*
	пожать плечами 2
несогласие	*покачать головой 2*
обида	*вытянуть губу*
	надуть губы
отрицание	*покачать головой2*
погрузиться в себя	*смотреть в одну точку*
подзывать	*поманить пальцем 2*
подчинение	*встать навытяжку 1.1*

부차적 명칭에 대한 색인
УКАЗАТЕЛЬ ПО НЕОСНОВНЫМ НОМИНАЦИЯМ

색인의 좌측 열에는 텍스트에 나타나는 몸짓의 부차적 언어적 명칭이 자리한다. 우측 열에는 사전에서 그 명칭하에서 그에 대한 정보를 검색하는 몸짓의 기본적 명칭이 표시된다.

명칭 НОМИНАЦИЯ	몸짓 ЖЕСТ
браться за голову	*схватиться за голову*
гладить бороду	*поглаживать бороду*
гладить подбородок	*поглаживать бороду*
забрать бороду в кулак	*поглаживать бороду*
зажать уши	*заткнуть уши 1*
закрыть глаза руками	*закрыть лицо руками 1*
закрыть глаза рукой	*закрыть лицо руками 1*
закрыть уши	*заткнуть уши 1*
заламывать руки	*ломать руки*
заморгать глазами	*захлопать глазами*
обхватить голову руками	*схватиться за голову*
отмахнуться	*махнуть рукой 1*

поглаживать подбородок	*поглаживать бороду*
поднести палец к губам	*приложить палец к губам 1*
поднять руку	*голосовать*
пожать руку 1	*пожимать руку 1*
показать дулю	*показать кукиш*
показать комбинацию из трех пальцев	*показать кукиш*
показать фиг	*показать кукиш*
показать фигу	*показать кукиш*
показать шиш	*показать кукиш*
поскрести в затылке	*почесать в затылке*
прижать палец к губам	*приложить палец к губам*
приставить палец к губам	*приложить палец к губам*
протянуть руку	*пожимать руку 1.1*
рукопожатие	*пожимать руку*
сделать комбинацию из трех пальцев	*показать кукиш*
сжать бороду в кулак	*поглаживать бороду*
сложить дулю	*показать кукиш*
сложить комбинацию из трех пальцев	*показать кукиш*
стиснуть голову руками	*схватиться за голову*
стукнуть кулаком по колену	*хлопнуть по колену*
стучать себя в грудь	*бить себя в грудь*
сунуть руку	*пожимать руку*
шлепнуть себя по лбу	*ударить себя по лбу*
ахнуть кулаком по столу	*ударить кулаком по столу*
вздернуть плечами	*пожать плечами*
вперить взгляд	*уставиться*
вскинуть плечами	*пожать плечами*

выпятить губы	*выпятить губу*
выпятить челюсть	*выпятить губу*
вытянуть руки по швам	*стоять навытяжку*
вытянуться в струнку	*стоять навытяжку*
вытянуться перед кем ̄л.	*стоять навытяжку*
глядеть в одну точку	*смотреть в одну точку*
грохнуть кулаком по столу	*ударить кулаком по столу*
двинуть в бок	*толкнуть локтем в бок*
жахнуть кулаком по столу	*ударить кулаком по столу*
забрать бороду в кулак	*поглаживать бороду*
зажать уши	*заткнуть уши*
захлопать ресницами	*захлопать глазами*
здороваться за руку	*пожимать руку 1.1*
кивок	*кивнуть*
ловить машину	*голосовать 3*
надуться	*надуть губы*
наклонить голову в знак приветствия	*кивнуть 2*
направить взгляд 〈взор〉 в одну точку	*смотреть в одну точку*
опустить руки по швам	*встать навытяжку 1.1*
остановить движением руки	*"стоп!"*
отвести взгляд	*отвести глаза*
пихнуть в бок	*толкнуть локтем в бок*
погладить по брюху	*погладить по животу*
погладить по пузу	*погладить по животу*
подать руку	*пожимать руку 1.1*
поманить	*поманить пальцем*
помотать головой	*покачать головой*

послать рукойпоцелуй	воздушный поцелуй
прервать движением руки	"стоп!"
прижать руку ⟨руки⟩ к сердцу	прижать руку к груди
приложить руку ⟨руки⟩ к груди	прижать руку к груди
присесть на дорожку	присесть на дорогу
присесть перед дорогой	присесть на дорогу
прищур	прищурить глаза
спрятать лицо	закрыть лицо руками 2
стоять по стойке смирно	встать навытяжку
прищурить глаза	прищуриться
просить милостыню	стоять с протянутой рукой
просить подаяние	стоять с протянутой рукой
садануть в бок	толкнуть локтем в бок
сжимать подбородок	поглаживать бороду
сощуриться	сощурить глаза
стоять по струнке	встать навытяжку 1
стоять руки по швам	встать навытяжку 1
стукнуть кулаком по столу	ударить кулаком по столу
стукнуть себя по лбу	ударить себя по лбу
схватить себя за голову	схватиться за голову
теребить бороду	поглаживать бороду
ткнуть в бок	толкнуть локтем в бок
трахнуть кулаком по столу	ударить кулаком по столу
треснуть кулаком по столу	ударить кулаком по столу
треснуть себя по лбу	ударить себя по лбу
трясти руку	пожимать руку
ударить по рукам	пожимать руку 1.2
ударять себя в грудь	бить себя в грудь

указывать движением головы	*кивнуть 3*
уставить взгляд на что-л.	*уставиться*
уставиться в одну точку	*смотреть в одну точку*
устремить взгляд в одну точку	*смотреть в одну точку*
хватить кулаком по столу	*ударить кулаком по столу*
хлопнуть по рукам	*пожимать руку 1.2*

유사어 색인

УКАЗАТЕЛЬ ПО АНАЛОГАМ

색인의 왼쪽 열에는 사전 단위들의 유사-몸짓들이 나타나고, 오른쪽 열에는 몸짓의 조항에서 적절한 유사 몸짓이 언급되는 몸짓의 기본 명칭이 위치한다.

유사 몸짓 ЖЕСТОВЫЙ АНАЛОГ	몸짓 ЖЕСТ
барабанить пальцами по столу	*поглаживать бороду*
бить себя в грудь	*прижать руку к груди 1.2*
встать на колени	*стоять с протянутой рукой* *встать навытяжку*
выпятить грудь	*подбочениться*
выпятить губу	*надуть губы*
вытаращить глаза	*уставиться*
грызть ручку	*поглаживать бороду*
закрыть лицо руками 2	*обнажить голову* *склонить голову* *смотреть в одну точку*
закрыть лицо руками 3	*отвернуться 2*
замахать руками	*приложить палец к губам 1*
заткнуть уши 2	*закрыть лицо руками*
захлопать глазами	*всплеснуть руками*

"зуб даю"	бить себя в грудь
	прижать руку к груди 1.2
"ищу третьего"	пощелкать по шее
кланяться	стоять с протянутой рукой
махнуть рукой 2	развести рукой
махнуть рукой 2.2	хлопнуть по колену 2
молитвенно сложить руки на груди	прижать руку к груди 1.1
надуть губы	выпятить губу
надуть щеки	отвернуться 1
	щелкнуть по носу
"насвистывать"	поглаживать бороду
наступить на ногу под столом	толкнуть в бок 2
насупиться	выпятить губу
	надуть губы
нахмуриться	покачать головой 1
не подать руку для пожатия	отвернуться 1
облизнуться	погладить себя по животу
облизнуться 1.1	потирать руки
обнажить голову	встать навытяжку 1.2
	склонить голову
опустить глаза	отвести глаз 2
	выпятить губу
	закрыть лицо руками 1
	надуть губы
	отвести глаза 1.1
отвернуться	отвести глаза 1.2
	отпрянуть
	отшатнуться
	указывать на дверь
отвести глаза	отвернуться 1
отдать честь	встать навытяжку 1.1
	отвернуться 1
отпрянуть	отшатнуться
	указывать на дверь
отсесть	отвернуться 1
	отвести глаза 1.1

пощелкать по шее	*"ищу третьего"*
преклонить колени	*встать навытяжку 1.2*
преклонить колено	*обнажить голову*
(призывно) помахать рукой	*поманить пальцем 1.1*
прикрыть рот рукой	*всплеснуть руками*
приложить руку к груди	*бить себя в грудь* *стоять с протянутой рукой*
приподнять шляпу	*кивнуть 2*
провести рукой по горлу	*похлопать себя по животу*
протягивать руки к *чему-л. (кому-л.)*	*прижать руку к груди 1.1*
прыгать от радости	*потирать руки*
развести руками	*пожать плечами 1* *пожать плечами 2*
расширить глаза от ужаса	*отшатнуться*
резко встать	*хлопнуть по колену 2*
сделать большие глаза	*всплеснуть руками* *захлопать глазами* *уставиться*
сделать шаг вперед	*голосовать 1*
сидеть за партой, положив руку на руку	*встать навытяжку 1.1*
склонить голову	*встать навытяжку 1.2* *закрыть лицо руками 2*
смотреть в одну точку (в пространство)	*закрыть лицо руками 2*
снять шляпу	*обнажить голову*
сощурить глаза	*закрыть лицо руками 2* *смотреть в одну точку*
"стоп!"	*заткнуть уши 2*
стряхнуть пыль с ушей	*надуть щеки* *щелкнуть по носу*
сунуть руку	*пожимать руку 1.1*
теребить ухо	*поглаживать бороду*
топнуть ногой	*ударить кулаком по столу*
ударить кулаком по столу	*топнуть ногой*